Entre Impérios:

Formação do Rio Grande na crise
do sistema colonial português
(1777-1822)

ENTRE IMPÉRIOS:

Formação do Rio Grande na crise
do sistema colonial português
(1777-1822)

Maximiliano M. Menz

Copyright © 2009 Maximiliano M. Menz

Edição: Joana Monteleone
Editora Assistente: Marília Chaves
Assistente de produção: Fernanda Pedroni Portijo
Capa: Pedro Henrique de Oliveira
Projeto gráfico e diagramação: Pedro Henrique de Oliveira
Revisão: Laudizio Correia Parente Jr.

Imagem da capa: Johann Moritz Rugendas. *Gaúchos e cavalos selvagens* (Argentina), 1846.

Dados Internacionais de Catalogação na Publicação (CIP)
(Sindicato Nacional dos Editores de Livros, RJ, Brasil)

M519e

Menz, Maximiliano M.
 Entre impérios : formação do Rio Grande na crise do sistema colonial português (1777-1822) / Maximiliano M. Menz. - São Paulo : Alameda, 2009.
 286p.
 Apêndice
 Inclui bibliografia
 ISBN 978-85-7939-008-1

 1. Rio Grande do Sul - História. 2, Brasil - História - Período colonial, 1500-1822. I. Título.

09-5022.   CDD: 981.65
                                 CDU: 94(816.5)

22.09.09   30.09.09 015416

[2009]
Todos os direitos desta edição reservados à
ALAMEDA CASA EDITORIAL
Rua Conselheiro Ramalho, 694 - Bela Vista
CEP: 01325-000 - São Paulo - SP
Tel. (11) 3862-0850
www.alamedaeditorial.com.br

Sumário

Prefácio — 9
Traçando fronteiras:
uma história de crise e formação

Introdução — 15

1. Problemas da expansão portuguesa no extremo-sul: política e geopolítica — 33

2. Formas de integração econômica do extremo-sul — 85

3. O Rio Grande e a conjuntura (1777-1822) — 127

4. Projetos de integração e política colonial — 187

Conclusão — 253

Apêndice — 261

Referência Bibliográfica — 267

Fontes Documentais — 283

Abreviaturas — 289

Agradecimento — 291

Para Nina

Prefácio

Traçando fronteiras uma história de crise e formação

Territórios de fronteira quase sempre têm uma história complicada, mais tarde atormentada por debates sobre identidade cultural e nacional que atribuem valor a mitos de origem, a genealogias, a heranças. O extremo sul do Brasil não foi exceção.

Disputado pelos impérios coloniais espanhol e português desde o fim da União Ibérica, dividido entre as Missões Jesuíticas do Paraguai, a rota de contrabando da prata potosina através de Buenos Aires e a criação de gado para as Minas Gerais, o outrora Continente do Rio Grande de São Pedro desdobrou-se por muito tempo em lealdades opostas, traduzidas depois na longa e às vezes áspera polêmica travada pelos seus historiadores a partir do final do século XIX. Tratava-se aí de definir qual a influência predominante na identidade do sul – a luso-brasileira ou a platina. Mais recentemente a primeira interpretação recebeu novo contorno, ao inscrever-se numa vertente que enfatiza a importância do mercado interno na colônia brasileira, gravitando em torno do Rio de Janeiro do século XVIII e início do XIX.

Diante de todo esse contexto posiciona-se o presente livro de Maximiliano Mac Menz, fruto da tese de doutorado por ele defendida na Universidade de São Paulo. Ela retoma o conceito fundamental de 'formação', próprio de uma tradição brasileira decisiva que remonta a textos clássicos da década de 30 à de 60, e propõe o que chama de "inversão do tema" no qual costumava se debater a historiografia gaúcha: a relação entre o Rio Grande do Sul e o Brasil ou a região do Rio da Prata passa a importar não tanto por si mesma, e sim dentro do jogo formativo de uma sociedade cindida "entre impérios", como diz o título do livro, e marcada pelo contexto da crise do Antigo Sistema Colonial. Todos os fatos alegados e as evidências reivindicadas pelos paradigmas opostos da historiografia são aqui colocados sob novo enfoque, que os problematiza.

Assim, a semelhança pleiteada do modo de vida agropecuário nos dois lados da fronteira, que diluiria inclusive a definição desta última para unir o Rio Grande aos pampas castelhanos, passa a ser entendida como algo determinado pelo seu oposto, digamos; ou seja, pela inserção dessa economia no mercado luso-brasileiro, a quem era complementar, e não concorrente. Pelo outro lado, a pertença do Rio Grande ao Brasil se determinou pela proximidade platina, que tornava o elo interessante para os mercados tropicais. No marco de tal dialética, as "fidelidades alternativas" dos habitantes da fronteira eram habilmente exploradas pela metrópole portuguesa e depois pela Corte no Rio de Janeiro, para o cumprimento do plano de expansão que daria ao projetado "império" o acesso a uma região estratégica.

A política nesses limites jogava com as identidades nacionais, portanto, não podendo excluir nenhuma por princípio. E por esse jogo, pela seqüência dessas alternativas, surge verdadeiro processo de "formação" daquela sociedade: da inserção como mero entreposto no contrabando da prata do Alto Peru e fornecedor de gado em pé para as minas de ouro do Brasil, o Rio Grande aos poucos se converte em produtor de alimentos – em especial o trigo, ali bem aclimatado, e a carne seca, chamada justamente pelo nome quéchua, "charque". Essas atividades é que permitem aumentar e fixar a população no território, conferir importância à sua economia, criar a realidade administrativa do que viria a ser uma capitania da colônia e uma província do Império independente. É só então que se "forma" o Rio Grande do Sul.

Mais do que isso, porém. Este livro evidencia o papel-chave desempenhado pelo novo território na "formação" do próprio Brasil. Por ali se trocavam prata e ouro, num movimento fundamental para a compensação das balanças do comércio colonial, analisadas em detalhe pelo autor. Ali se realizava a rivalidade de portugueses e espanhóis, em avanços e recuos geralmente violentos sobre terra alheia – pois além do contrabando de mercadorias e de metais preciosos estava em jogo o controle dos rios da bacia do Prata, pelos quais era muito mais rápido e simples do que por terra viajar para o centro do continente; não é à toa que por ali também se travou a Guerra do Paraguai algumas décadas mais tarde. Por fim, quando a presença da Corte no Brasil ensejou a plena substituição do projeto colonial-mercantil por um projeto imperial, a produção agropecuária distinta da região permitiu colocá-la como complementar à das regiões do centro (Rio de Janeiro) e do norte (Bahia e Pernambuco) do país. Nesse contexto, inclusive, formulam-se já planos de marcar a diferença econômica da região também pela mão de obra, que deveria deixar de ser composta por escravos africanos e passar ao emprego de assalariados imigrantes da Europa: é a origem, junto com o mito de que o território fora "despovoado" de índios depois das guerras missioneiras, do mito do Rio Grande do Sul "branco".

Disputada agora por dois projetos alternativos – o mercantil e o imperial –, a nova fronteira permanece, todavia, como espaço do contrabando que marca a crise do Antigo Sistema Colonial. Assinalar a complexidade também dessa cisão e das negociações legais e ilegais que ela originou é outra tese forte do autor. Ele argumenta que apenas então o projeto hegemônico do século XVIII, que procurava vincular as várias colônias brasileiras diretamente à metrópole, sofre um abalo suficiente para abrir espaço a um projeto de cunho imperial. Embora as mercadorias produzidas pelo Rio Grande fossem de tal tipo que dificilmente poderiam ser exportadas a Portugal, a intenção antes era essa, de acordo com documentos trocados entre oficiais da capitania do sul e os ministros em Lisboa.

E com isso o livro revela um objetivo maior. Não se trata só de uma história regional, mas na medida em que ela é estratégica para a história do país que se formava na passagem da colônia à vida autônoma, trata-se da história dessa passagem mesma. Através dos dados econômicos e demográficos cuidadosamente analisados, dos eventos descritos e reinterpretados, das relações de força postas sob nova luz, o trabalho da presente obra retoma no fundo o sentido da colonização. Sem dúvida o laço com a metrópole não era algo absoluto, comportando ao contrário tensões e distensões. O comércio de cada colônia "em direitura" com as praças portuguesas era o desideratum e o sentido maior de todo um sistema, que devia conformar-se entretanto a situações específicas. Mas o próprio comércio intercolonial tendia a se inserir no quadro mais amplo, como mediação inevitável para alcançar por meios tortos o objetivo final, às vezes distanciado, para alguns difícil de perceber na superfície dos fenômenos.

Intervindo assim no debate atualíssimo que vem acendendo parte significativa da historiografia brasileira, Maximiliano Mac Menz toma partido, para acrescentar contribuição séria. A descoberta de elementos que já no sistema antecipavam a futura ordem imperial não justifica o anacronismo de negar a existência 'tout court' do sistema. Procura-se aqui demonstrar, aliás, que a esse último também correspondia uma acepção de "império", de modo que a transição do começo do século XIX se dá de fato para uma nova acepção: de um "império" mercantilista para outro, de feição "napoleônica". Tal é o significado do título "entre impérios", que o livro defende e sobre o qual nos avisa na sua conclusão. Enfaticamente retomada aqui, a "crise" de todo um mundo social foi o elemento que propiciou o surgimento de outro.

Num momento em que revisionismos de variado tipo tomam conta até da historiografia mundial, é tarefa crucial insistir na postura crítica que desnuda mecanismos de exploração e avança no delineamento sempre mais complexo das assimetrias e oposições postas em jogo para assegurar a dominação de classe. Essa é a ambição maior do trabalho que o leitor tem em mãos. Trata-se para nós de 'seguire il corso'.

Jorge Grespan
Universidade de São Paulo

(...) *por ser próprio em Príncipes Soberanos dilatar seus domínios, como pela utilidade que deles se segue a Sua Real Fazenda e aumento de seus vassalos* (...): *do que resulta achar-se o Reino abundante de prata, mais consumo às fazendas, mais crescidos os direitos das alfândegas, como no lusimento dos moradores e povoadores que sendo os mais deles sumamente pobres e vivendo na última miséria, se vêem hoje fartos e abundantes de todo o necessário, senhores de escravos que os servem e ajudam* (...) (Cristóvão Pereira de Abreu, Colônia de Sacramento, 1731).

O aumento do preço (...) *das carnes é um sintoma dos progressos da civilização* (...). (Rodrigues de Brito, Bahia, 1807).

(...) *quando Vertot acabou de escrever a narrativa do cerco de Malta e lhe indicaram documentos, respondeu que era tarde demais, que o seu cerco já estava feito.* (Paul Hazard, 1934)

Introdução

São poucos os historiadores que ainda acreditam na possibilidade de produzir uma História totalmente objetiva e sem qualquer tipo de valoração. Afinal, além das óbvias e já conhecidas proposições, "o historiador é filho de seu tempo", "a compreensão do passado necessariamente passa por questões do presente", a escolha, a definição e a interpretação dos fatos seguem uma lógica específica, determinada, em última instância, pelos quadros teóricos e pela tradição historiográfica aos quais o autor, conscientemente ou não, se filia.

O tema mais geral deste livro, as relações entre o Império Luso-brasileiro e o extremo-sul americano, e o seu problema específico, a formação do Rio Grande[1] na crise do sistema colonial português, têm origem na confluência de duas tradições historiográficas muito distintas que, bem ou mal, formaram este autor. Sendo assim, é necessário apresentar sucintamente as duas tradições para delimitar a relação tema/problema e encaminhar as questões teórico-metodológicas.

---

1 O termo Rio Grande do Sul, em oposição ao "Rio Grande do Norte", só começou a aparecer na década de 1790 em documentos originados em Pernambuco e na Bahia, quando engrossou o comércio com o nordeste. Somente em 1807 que o Rio Grande se tornou "Capitania Geral", com todas as prerrogativas legais e com o nome de "Rio Grande de São Pedro". Em todo o caso, optei pelo termo "Rio Grande", referindo-se ao território vez que outra pelas expressões "Capitania" e "Continente", sempre com letra maiúscula.

O tema do trabalho teve origem na tradição historiográfica rio-grandense que desde o século XIX procurou explicar as relações do Rio Grande do Sul com o Brasil. Neste caso, os discursos historiográficos variaram no tempo, ao sabor das disputas políticas de frações da classe dominante local com os grupos que comandavam a política nacional. Assim, na passagem do século XIX para o século XX o discurso dominante realçou os vínculos do estado com a Região Platina, enfatizando a singularidade do Rio Grande frente ao Brasil. Mais tarde, na década de 1920, inverteu-se o modelo, caracterizando o Rio Grande do Sul como o mais brasileiro de todos os estados.

Estas duas visões ou, para usar o termo consagrado por Ieda Gutfreind, *matrizes* historiográficas delimitaram o campo interpretativo sobre o qual se desenvolveu toda a produção local de conhecimento histórico, ao menos até meados da década de 70. Vejamos com um pouco mais de cuidado o que caracterizava cada uma destas matrizes[2].

Em primeiro lugar a *matriz platina,* relacionada com as agitações republicanas e com a própria Revolução Federalista (1893). Devem ser destacadas as figuras de Alfredo Varella, Alcides Lima, Assis Brasil, que estiveram engajados nos movimentos republicano e/ou federalista, e de Carlos Teschauer, jesuíta. Esta matriz defendia que a Revolução Farroupilha tivera um caráter separatista e que o Rio Grande sofrera em sua formação política, cultural e econômica uma grande influência da região platina. Por último, via grande semelhança entre o gaúcho rio-grandense e os habitantes do pampa uruguaio e argentino[3].

Na década de 1920 a fundação do Instituto Histórico e Geográfico do Rio Grande do Sul, num contexto de reorganização das elites políticas regionais e de fortalecimento da ideologia nacionalista, ensejou a

---

2   Seguimos aqui a obra de Ieda Gutfreind (GUTFREIND, Ieda. *A historiografia rio-grandense.* Porto Alegre: Ed. da UFRGS, 1992).

3   A idéia da influência platina fica muito clara nas palavras de Alfredo Varella: "Politicamente o Império a centenas de quilômetros adiante, socialmente todo resto da Província [do Rio Grande] gravita para as Repúblicas platinas." *(apud:* GUTFREIND, Ieda. *A construção de uma identidade:* A historiografia sul-rio-grandense de 1925-1975. São Paulo: FFLCH/USP, tese de doutorado, 1989, p. 59).

formação de um discurso historiográfico que se opunha violentamente à matriz então dominante. Aurélio Porto, Souza Docca, Arthur Ferreira Filho e Moyses Vellinho foram os principais expoentes da *matriz lusa*[4]. No imaginário destes autores o Rio Grande do Sul tornou-se uma região destinada a pertencer ao Império português; legitimavam o seu discurso nas primeiras expedições portuguesas de caça de escravos no extremo-sul, desqualificando assim a ocupação espanhola de parte do território através das Missões jesuíticas[5]. Ao contrário da matriz platina, não reconheciam nenhuma influência dos países vizinhos; a fronteira seria o marco excludente na formação de duas identidades antagônicas: o gaúcho castelhano era ladrão, contrabandista e *caudilhista*, enquanto que o gaúcho rio-grandense era ordeiro e trabalhador. Por último, negavam o caráter separatista da Revolução Farroupilha, afirmando que o seu objetivo era principalmente republicano.

Além de todos os impropérios que com muita justiça se poderiam colar às duas matrizes – racista, sexista, etnocêntrica –, elas foram solidárias em dois "pecados". Em primeiro lugar a obsessão pela origem, sobre a qual Marc Bloch uma vez escreveu, que consiste em buscar um princípio no passado para justificar ou condenar uma situação no presente[6]. Em segundo lugar, e em decorrência do primeiro "pecado", vinha o anacronismo geográfico, a tentativa de construir uma história para um corpo político definido *a posteriori*. Assim se entende a razão dessa historiografia

---

4   Idem, ibidem.

5   Moyses Vellinho, por exemplo, atacou Serafim Leite – que afirmara terem Bandeiras Paulistas despovoado o território – pois estas expedições justificavam o destino luso-brasileiro do Rio Grande do Sul. Ao final concluía: "Mas, admitida essa hipótese, que tipo de civilização teria vingado aqui se não fosse a ação dos negregados mamelucos? (...) está claro que outra seria, e para mal nosso, a composição étnica de nossa população básica (...) A catequese (...) operou milagres (...), mas no plano das elaborações históricas só poderia oferecer como resultado, segundo o implacável prognóstico de Oliveira Martins, 'um Brasil indiocretino.' (VELLINHO, Moyses. *Capitania d'El-Rei:* Aspectos polêmicos da formação Rio-grandense. 2. ed. Porto Alegre: Ed. Globo, 1970, p. 58-59).

6   Cf. BLOCH, Marc. *Introducción a la Historia*. 2. ed. México: FCE, 1957, p. 27-29.

tradicional concentrar seus estudos no período colonial e as constantes tentativas de remeter a história do Rio Grande do Sul ao Tratado de Tordesilhas. No mesmo período, os historiadores do centro do país chegaram a sugerir outros modos de interpretar a relação entre o Rio Grande e o Brasil colônia. Nelson Werneck Sodré identificou no fenômeno mineiro a força que atraiu economicamente a região do Rio Grande do Sul ao Império português pelo fornecimento de gado em pé. Já Caio Prado Jr. estabeleceu para a segunda metade do século XVIII a incorporação econômica do Rio Grande, primeiramente pela exportação de couros e, em seguida, pela produção do charque. Tem-se ainda Fernando Henrique Cardoso que, em sua obra sobre a escravidão no "Brasil Meridional", desenvolveu interessantes reflexões a respeito das relações entre a economia rio-grandense, os mercados brasileiros e a concorrência platina no século XIX[7].

De modo geral, a influência destes autores sobre a historiografia rio-grandense foi muito restrita na época. Só no final da década de 70 e início dos anos 80 houve uma renovação na historiografia local, permitida pela abertura política e pelo surgimento de cursos de pós-graduação no estado, que assumiu as sugestões de Nelson Werneck Sodré, Caio Prado Jr. e Fernando Henrique Cardoso. No entanto, não houve uma problematização maior de suas ideias; é que a renovação historiográfica foi principalmente de caráter temático, daí um grande número de teses a respeito do processo de industrialização regional, do movimento operário, da formação do Estado burguês e outros assuntos caros ao marxismo, em detrimento do debate sobre o período colonial.

A exceção a este quase deserto na historiografia colonial dos anos 80 foi Corcino Santos que, numa pesquisa empírica exaustiva, escreveu o livro *Economia e Sociedade no Rio Grande do Sul* para o qual reuniu uma

---

[7] SODRÉ, Nelson Werneck. *Formação histórica do Brasil*. 2. ed. São Paulo: Brasiliense, 1963, p. 143. PRADO JR., Caio Prado. *História econômica do Brasil*. 34. ed. São Paulo: Brasiliense, 1986 (a 1ª edição é de 1945), p. 94-100. CARDOSO, Fernando Henrique, *Capitalismo e Escravidão no Brasil Meridional*. O negro na sociedade escravocrata do Rio Grande do Sul. 2 ed. Rio de Janeiro: Paz e Terra, 1977 (1ª edição é de 1962).

enorme documentação[8]. No entanto, seu trabalho deixou a desejar no aspecto interpretativo e suas conclusões não avançaram muito em relação aos modelos dos autores referidos.

Contudo, já nos anos 90, o livro de Heloísa Reichel e Ieda Gutfreind[9] retomou a discussão tradicional entre as matrizes lusa e platina e sugeriu que o Rio Grande e o Rio da Prata, durante o período colonial, faziam parte da mesma região socioeconômica; a zona da campanha é considerada como um *continuum* geográfico e o conceito de fronteira perde o caráter excludente que possuía na matriz lusa. Com a influência do marxismo inglês e da historiografia rio-platense, as autoras demonstram que as semelhantes práticas agropecuárias e o contrabando fundamentaram uma cultura popular em comum; seu trabalho abre todo um novo campo para pesquisas em história social do Rio Grande do Sul.

No entanto, Heloísa Reichel e Ieda Gutfreind apoiam algumas das conclusões da matriz platina e, neste sentido, atualizam a obsessão pelas origens, presente na historiografia tradicional. Não é à toa que o seu livro se chama *As raízes históricas do Mercosul*, remetendo ao novo quadro político e econômico dos anos de 1990.

Por último, há que se chamar a atenção para a importante tese de Helen Osório, desenvolvida no âmbito acadêmico carioca[10]. Com a utilização massiva de fontes primárias dos mais diversos arquivos e com o trato quantitativo dos dados, a autora ilumina diversos aspectos da economia sul-rio-grandense, ultrapassando as interpretações tradicionais sobre a vida material na região e permitindo repor a discussão historiográfica em outro nível. No que diz respeito à relação de sua tese com as duas matrizes da historiografia rio-grandense é possível deduzir uma espécie de solução de compromisso: na análise da estrutura agrária regional a comparação é

---

8 SANTOS, Corcino Medeiros dos. *Economia e sociedade do Rio Grande do Sul*: século XVIII. São Paulo: Ed. Nacional, Brasília: INL, 1984.

9 REICHEL, Heloísa, Gutfreind, Ieda. *As raízes históricas do Mercosul*. A região platina colonial. São Leopoldo: Ed. Unisinos, 1996.

10 OSÓRIO, Helen. *Estancieiros, lavradores e comerciantes na constituição da extremadura portuguesa na América*: Rio Grande de São Pedro, 1737-1822. Niterói, Tese de doutorado, UFF, 1999.

com a região platina; ao mesmo tempo, na sua interpretação dos laços entre o Rio Grande e o Brasil realça a conexão da Capitania com o "mercado interno colonial" brasileiro, de acordo, basicamente, com a interpretação de João Fragoso. Aliás, é neste nível que ficarão mais claras nossas eventuais discordâncias de interpretação, como se verá logo adiante.

Como já adiantei, o tema desta tese vem diretamente dos debates historiográficos gaúchos, porém fica a pergunta: como escapar da obsessão pelas origens e do anacronismo geográfico?

A sugestão está dada por Fernando Novais que, em uma entrevista recente, afirma que para evitar o anacronismo na elaboração de sua tese teve de partir não do Brasil, mas do processo de colonização em geral[11]. O primeiro "segredo de polichinelo" de meu trabalho é, portanto, repensar o tema da historiografia tradicional: das relações entre o Rio Grande e o Brasil, passou-se a perguntar sobre as relações entre o Império colonial português e o extremo-sul americano; bem entendido que o extremo-sul é aqui um objeto indefinido que só vai tomando contornos claros com o próprio processo de colonização. Deste modo "cronológico", por assim dizer, é que devem ser contextualizados os modelos de integração econômica identificados pelos autores dos anos 60 (Werneck Sodré, Caio Prado e Fernando Henrique Cardoso). Com efeito, a inversão do tema está fundada numa outra tradição historiográfica que deverá ser mais bem discutida.

Estou falando da tradição historiográfica paulista, mais precisamente da escola do "sentido da colonização" que teve em Caio Prado Jr. o seu precursor. Na análise deste autor, a colonização era um desdobramento da expansão mercantil europeia e o Brasil um dos seus resultados históricos. Daí o caráter extrovertido da economia brasileira e o sentido da colonização ser "(...) uma vasta empresa comercial (...) no proveito do comércio europeu"[12].

Fernando Novais desenvolveu o modelo de Caio Prado e ao sentido mercantil agregou a compulsão do trabalho e a acumulação externa, des-

---

11 Cf. "A descolonização da História." Entrevista com Fernando Novais por Sylvia Colombo. In: Mais! *Folha de São Paulo*. 20.11.2005, p. 6.

12 PRADO JR., Caio. *Formação do Brasil contemporâneo*. 20. ed. São Paulo: Brasiliense, (1ª edição é de 1942), 1986, p. 31.

crevendo desta forma o Antigo Sistema Colonial[13]. Mais importante para o meu estudo é a sua descrição das instituições da colonização portuguesa, afinal, para recordar aqui o livro clássico de George Beer, o sistema colonial não era nada mais que o corpo da legislação decretada para garantir que as vantagens econômicas das colônias fossem em favor da mãe pátria e não das nações rivais. O exclusivo colonial, acima de tudo, o trabalho forçado e o tráfico de escravos seriam as instituições fundamentais do sistema[14].

O modelo foi frutífero e diversos autores escreveram trabalhos que problematizaram e aprofundaram as teses de Caio Prado e Fernando Novais. Destaquem-se aqui o livro de Jobson Arruda, sobre o Brasil e o comércio colonial, o de José Ribeiro Jr. sobre a Companhia de Comércio de Pernambuco e o de Vera Ferlini, sobre as relações sociais na colônia, mais precisamente no nordeste[15].

A contraposição entre estes trabalhos de tradição da paulista, a historiografia rio-grandense e o tema de minha pesquisa já indica uma questão fundamental: enquanto que no comércio colonial e na região açucareira as relações com o sistema colonial são imediatas e até um pouco óbvias, ao centrar a análise no extremo-sul constata-se que até a década de 1780 a posse da fronteira sul-americana dos Impérios Ibéricos estava em disputa e que o comércio direto entre Portugal e esta região praticamente inexistia.

---

13 NOVAIS, Fernando. *Portugal e o Brasil na crise do antigo sistema colonial*. 6. ed. São Paulo: Hucitec, (a 1ª edição é de 1979), 1995, *passim*. Ver também a entrevista de Fernando Novais em MORAES, José G. V. e REGO, José M. *Conversa com historiadores brasileiros*. São Paulo: Editora 34, 2002, p. 136.

14 BEER, G. L. *The old colonial system*. Vol. 1, New York: Macmillan, 1908. Vol. 1. Ver também a resenha do primeiro volume do livro de autoria de WRIGHT, Charles M. "Review". In: *The Journal of Political Economy*, vol. 17, n. 5, maio 1909, p. 303-304.

15 ARRUDA, José Jobson de. *O Brasil no comércio colonial*. São Paulo: Ática, 1980; RIBEIRO JR., José. *Colonização e monopólio no Nordeste brasileiro*. São Paulo: Hucitec, 1976 e FERLINI, Vera L. A. *Terra, trabalho e poder*. O mundo dos engenhos no Nordeste colonial. São Paulo: Brasiliense, 1988.

Portanto, a relação entre o sistema colonial português e a formação do Rio Grande deve ser pensada enquanto um *problema* historiográfico e conceitual, o que significa refletir a respeito das mediações entre o processo mais geral de acumulação de capitais, num contexto de disputa entre os Estados europeus, a formação do território, a consolidação do domínio político e a exploração econômica. No entanto, esta relação deve ser pensada ainda enquanto um problema no seu contexto histórico, o que significa discutir o modo pelo qual os agentes do período equacionavam a questão no vocabulário econômico e político de sua época[16].

Pensando nestas duas classes de problemas formulei as seguintes ideias que são as linhas mestras através das quais desenvolvi a pesquisa:

1ª A geografia econômica do Império Atlântico português organizava-se a partir de um espaço, hierarquicamente contituído, entre Portugal, Brasil e Angola. A partir deste espaço desenvolveram-se derrotas alternativas como a que ligou o Estado do Brasil ao Rio da Prata desde o final do século XVI. Assim, desde esta derrota alternativa o extremo-sul, enquanto espaço territorial de disputa política e econômica, começou a tomar contornos em 1680 com a Colônia de Sacramento, mas foi só depois de 1777, com o Tratado de Santo Ildefonso, que o Rio Grande destacou-se como entidade política e econômica.

2ª O processo de formação econômica do Rio Grande esteve vinculado a uma conjuntura específica, no final do século XVIII, em que a crise do sistema colonial português acelerou a integração dos mercados brasileiros do litoral, atraindo a agropecuária rio-grandense aos mercados centrais da colônia, o Rio de Janeiro, a Bahia e Pernambuco. A crise do sistema colonial português foi entendida aqui, à maneira de Jobson Arruda, como uma crise de crescimento ainda que eu tenha dado uma especial atenção aos seus efeitos contraditórios no que diz respeito ao comércio de abastecimento litorâneo. Ou seja, a expansão agroexportadora no final dos setecentos, em detrimento da produção de alimentos nas capitanias do nordeste, suscitou crises alimentares crônicas que, indiretamente, pro-

---

16 Devo muito à obra de Luis Felipe Alencastro, especialmente ao seu 1º capítulo. ALENCASTRO, Luiz Felipe de. *O trato dos viventes:* formação do Brasil no Atlântico Sul. São Paulo: Companhia das Letras, 2000.

vocaram o "*take-off*" rio-grandense. A inspiração aqui é óbvia: trata-se do trabalho clássico de Ernest Labrousse[17].

3ª Apesar das tensões intelectuais relacionadas às diferentes situações coloniais, até 1808 o problema do domínio político e da exploração econômica do território foi formulado, tanto do lado da metrópole como no da colônia, nos quadros teóricos do pensamento mercantilista. Apenas depois da chegada da família Real ao Brasil é que surgiu um pensamento alternativo em torno da ideia de uma "divisão imperial do trabalho", para retomar uma expressão do visconde de Cairu, a partir da margem americana do Império. Faço a ressalva, porém, apesar de minha tese apontar para uma preeminência dos fenômenos econômicos na configuração luso-brasileira da Era das Revoluções; não acredito em uma relação de causalidade imediata entre os diversos fenômenos que compõem a complexa conjuntura de crise.

O marco temporal visa a dar conta da relação tema/problema: o trabalho se inicia em 1777, quando pelo Tratado de Santo Ildefonso foi reconhecida pelas duas Coroas Ibéricas a posse portuguesa do território do Rio Grande; ao mesmo tempo, a década de 1780 reúne diversos fenômenos políticos que encaminharam a crise do sistema colonial português: o fim do ministério do marquês de Pombal (ainda em 1777), a Independên-

---

17 A crítica portuguesa à obra de Fernando Novais procurou apontar para a inexistência de uma crise no sistema colonial português, entendida por eles como uma decadência econômica. Jobson Arruda respondeu a estes autores, a meu modo de ver corretamente, retomando uma questão clássica do marxismo da contradição entre forças produtivas e relações de produção, caracterizando a crise do sistema colonial português como uma crise de *crescimento*. No entanto, o crescimento do comércio colonial teve efeitos contraditórios sobre os diferentes grupos sociais na colônia, provocando escassez e desabastecimento que incidiam principalmente sobre os grupos subalternos da colônia. É possível caracterizar, portanto, a crise do sistema colonial português, à maneira de Labrousse, como uma crise de prosperidade mas também como uma crise da miséria (cf. LABROUSSE, Ernest. La crisis de la economía francesa al final del antiguo regimen y al principio de la revolución. In: *Fluctuaciones económicas e historia social*. Buenos Aires: Editorial Tecnos, 1973).

cia Norte-Americana, a Revolução Francesa. O ano de 1822 foi escolhido como marco final, não apenas porque o Rio Grande já tinha alcançado há alguns anos sua "maioridade econômica", como também a pacificação da Europa, alguns anos antes, e a Independência do Brasil encerraram um ciclo na história da colonização e na Era das Revoluções.

O livro se desenvolve em torno de quatro capítulos:

O 1º capítulo objetiva mostrar o processo de conquista do extremo-sul, ao mesmo tempo em que são discutidos os principais problemas na expansão territorial portuguesa. Afinal, era pela onipresença da concorrência intermetropolitana, especialmente depois de 1640, que o Estado português dimensionava a sua relação com as populações de regiões fronteiriças do Império; também era assim que o Rio Grande ia aparecendo como entidade política e é ainda nesta direção que deve ser entendida a crescente importância que a Capitania ganha na constituição do Império.

O 2º capítulo analisa as diferentes formas de integração econômica entre o extremo-sul e o Império português e discute a formação de uma praça mercantil no Rio Grande no final do século XVIII.

No 3º capítulo, ultrapassado o "período formativo" do Rio Grande discute-se a conjuntura do final do século XVIII, procurando desenvolver a hipótese de que a crise do sistema colonial suscitou a "formação" do Rio Grande. Além disto, o capítulo desdobra algumas questões levantadas no capítulo 2: a relação com os ritmos da economia exportadora, o papel que o contrabando espanhol exerce no comércio local e, por último, a dinâmica das exportações rio-grandenses.

Finalmente, o 4º capítulo discute os projetos de integração do Rio Grande no sistema colonial. Caracterizado o quadro político e econômico, estudam-se as maneiras como se pensava a integração da Capitania e as políticas oficiais que buscavam enquadrar a realidade aos projetos.

Definir o método da pesquisa é uma das tarefas mais complicadas para o historiador. Afinal, a história não possui um *modus operandi* universalmente aceito, a ponto de Fernand Braudel dizer que sequer existe uma história ou um ofício de historiador, mas sim "(...) ofícios, histórias, uma soma de curiosidades, de pontos de vista, de possibilidades (...)"[18]. A única universalidade possível talvez seja o compromisso com certos procedimentos que se buscou reproduzir na pesquisa: a crítica documental, o rigor na definição da escala dos eventos, a erudição histórica e, por fim, a análise e a reconstituição do material histórico.

Além disso, apesar da tese centrar a análise nos fenômenos econômicos da formação do Rio Grande, e, portanto, utilizar conceitos comuns à história econômica, procurei ainda dar conta dos problemas geopolíticos seguindo uma vez mais a tradição que se inicia na obra de Caio Prado, passa por Fernando Novais e, mais recentemente, por Luiz Felipe Alencastro.

No que diz respeito às fontes, três foram os tipos de documentos que estruturaram a pesquisa.

Em primeiro lugar, a correspondência entre as autoridades centrais do Império, especialmente o secretário de marinha e ultramar, e o governo colonial, com uma atenção especial ao vice-rei do Estado do Brasil e ao governador da Capitania do Rio Grande. Este tipo de documentação está espalhada nos seguintes fundos:

No Arquivo Histórico Ultramarino (AHU), nos códices de Registros de Ordens Régias (ROR) para a capitania do Rio de Janeiro. Estes códices registram as ordens, cartas e avisos do secretário de marinha e ultramar para o vice-rei e outras autoridades das capitanias meridionais do Brasil (bispos, governadores, desembargadores). Do mesmo arquivo os documentos classificados como Avulsos, que no período estudado tratam principalmente da correspondência passiva da secretaria de marinha e ultramar, organizados por capitania e que incluem as cartas dos governadores, das câmaras, das autoridades mais variadas, assim como outros documentos de diferentes naturezas, como requerimentos, pareceres, diplomas. A classificação por capitania é uma arbitrariedade da organização do AHU, daí a necessidade de pesquisar não apenas os documentos do

---

18 BRAUDEL, Fernand. História e Sociologia. In: *Escritos Sobre a História*. São Paulo: Perspectiva, 1978, p. 92.

Rio Grande, mas também os classificados em outras capitanias, especialmente do Rio de Janeiro[19].

Cópias de documentos do mesmo tipo encontram-se na Biblioteca Nacional (BN), nos livros que registram a correspondência do vice-rei Luiz de Vasconcelos com a secretaria de marinha e ultramar. E também no Arquivo Nacional (AN), nos fundos Secretaria do Estado do Brasil (SEB) e Negócios de Portugal (NP). A origem de todos estes fundos é variada: às vezes são as correspondências originais recebidas que foram posteriormente encadernadas, incluindo aí os anexos; outras vezes são cópias organizadas pelos secretários dos vice-reis. Em todo o caso, esses fundos cobrem, com algumas lacunas, o período "ultramarino" da pesquisa, ou seja, de 1777-1808.

No AHRS está a correspondência recebida pelos governadores do Rio Grande das partes centrais do Império, classificada pelo fundo Avisos de Governo (AG). Incluem-se aí as Cartas Régias, os ofícios e avisos do vice-rei e do secretário de marinha e ultramar, assim como de outras autoridades. A análise do setor mais "regional" da administração foi completada com outros documentos, como por exemplo a correspondência de Luiz de Vasconcelos com o governador do Rio Grande, também incluída no fundo Secretaria do Estado do Brasil (SEB) do AN e pela correspondência de Paulo José da Silva Gama publicada no volume 12 dos Anais do AHRS. Esta documentação cobre, com muitos hiatos, todo o período estudado.

Levantei ainda a correspondência passiva do governador do Rio Grande com as autoridades subalternas da Capitania depositada no AHRS. São as cartas dos comandantes da fronteira de Rio Grande, da fronteira do Rio Pardo, dos distritos, entre outros. Este fundo está classificado como Autoridades Militares (AM) e cobre todo o século XIX, ainda que tenha me limitado ao período de 1801-1822.

Por esta forma pretendo ter dado conta da maior parte do universo administrativo colonial, ao menos, no que diz respeito ao Rio Grande. Assim, obtiveram-se muitas informações a respeito da vida material da

---

19 No material classificado como da capitania do "Rio Grande do Sul" foram utilizados os CDs do Projeto Resgate. Para as outras capitanias e para os códices fiz a pesquisa no próprio AHU.

região e foi possível observar o processo de conquista, a formação política e econômica da Capitania, assim como as visões concorrentes a respeito do destino daquela região[20]. Além disto, a leitura de todo este material permite compreender melhor o funcionamento do Estado português nas regiões coloniais e acaba por se tornar um excelente "filtro" para a crítica documental. No apêndice o leitor vai encontrar ainda uma lista com todos os secretários de marinha e ultramar, vice-reis e governadores do Rio Grande durante o período estudado.

Para a elaboração desta tese analisou-se ainda um grande número de memórias a respeito da Capitania que começaram a surgir bem no final do século XVIII. Estas memórias foram levantadas em arquivos, revistas de história (como a Revista do Instituto Histórico Geográfico Brasileiro) e outras publicações. Apesar da maior parte delas não ser inédita, até agora não tinham sido analisadas em conjunto; tampouco foram relacionadas com o movimento memorialista que tomou conta do Império português no final do século XVIII (ver capítulo 4)[21].

Com este material foi possível definir com mais precisão os projetos para integrar o Rio Grande no sistema colonial, complementando e problematizando os documentos de cunho administrativo. Ao estudo destas

---

20 A abundância de documentos pode ser um indicador do próprio processo de formação da capitania do Rio Grande: entre 1732 e 1762 existem 40 documentos classificados como do "Rio Grande do Sul" nos avulsos do AHU, média de 3,5 por ano. No período da guerra de reconquista (1763-1777) são 51 documentos, média de 3,6 por ano. Entre 1778 e 1789 são 47 documentos, média de 4,3. Na época em que se expandem as exportações, 1790-1807, são 527 documentos, 30,8 por ano (calculado a partir do catálogo organizado por Osório, Helen; Berwanger, Ana R; Souza, Susana B. *Catálogo de Documentos Manuscritos Avulsos Referentes à Capitania do Rio Grande do Sul existentes no Arquivo Histórico Ultramarino,* Lisboa. Porto Alegre: Corag, 2001).

21 Escrever memórias sobre diferentes assuntos e dedicá-las aos secretários do Rei ou a um nobre influente na Corte era uma forma, muito comum no Antigo Regime, pela qual os letrados tentavam influenciar os desígnios da política Absolutista. No final do século XVIII esta forma literária se difundiu em Portugal, carregando em si o espírito de "Reforma" do Século das Luzes.

memórias acrescentaram-se textos da época, de autores já consagrados, que abordavam temáticas mais amplas (como por exemplo alguns escritos do bispo Azeredo Coutinho e do futuro Visconde de Cairu) que permitiram contextualizar as temáticas rio-grandenses no movimento memorialista.

O terceiro tipo de documento básico para a tese foram alguns mapas de exportação, elaborados de maneira muito assistemática desde 1790, e as balanças de comércio da Capitania que começaram a ser produzidas depois de 1802. Parte destes dados foi recolhida nos Avulsos do AHU e em um manuscrito da BN; já as balanças depois de 1808 pertencem ao material da Real Junta de Comércio (RJC), instituição criada no Rio de Janeiro com a chegada da família Real. Estas cifras foram completadas com informações recolhidas pelos memorialistas e outros textos de época.

Com estes documentos foi elaborada uma balança comercial completa entre 1802-1821 – ainda que tenha sido necessário lançar mão de algumas estimativas –, também foi preparada uma quantidade de tabelas e gráficos que possibilitaram testar, aprofundar e problematizar as hipóteses que surgiam durante a pesquisa. Também foram estas as principais fontes utilizadas na caracterização dos laços econômicos entre o Império e o Rio Grande.

A análise serial, apresentada nos capítulos 2 e 3 e num apêndice estatístico no final da tese, seguramente não esgota os dados existentes sobre o comércio rio-grandense da passagem do século XVIII para o XIX; aliás, será que alguma análise é capaz de esgotar as fontes? É que o estudo serial é apenas uma parte da tese, talvez menos da metade; além disto, os dados são cheios de problemas e incorreções que se fossem devidamente explicitados, caso por caso, resultariam em outra dissertação. Ficamos assim com o axioma repetido por Valentim Alexandre, números falsos, curvas verdadeiras[22]. No exame e na organização das cifras e das estimativas foram utilizadas as quatro operações básicas da aritmética, as médias simples, algumas equações de primeiro grau e, principalmente, o bom senso.

Resolvi tornar pública boa parte do material quantitativo e explicitar os critérios na formação das estimativas para estimular o debate e a pesquisa sobre as séries do comércio rio-grandense. Finalmente e a favor dos

---

22 ALEXANDRE, Valentim. *Os sentidos do Império...*, p. 20.

números aqui apresentados chamo a autoridade de ninguém menos que Earl Hamilton:

> Aparte de los errores que puedan existir en mi trabajo, consecuencia inevitable de los millares de operaciones de cálculo realizadas, también los libros de cuentas y los documentos originales abundan en errores. Muchas veces tuvimos que elegir una de entre varias afirmaciones incompatibles y se habrá incurrido, sin duda en errores de apreciación. (...) Pero se han empleado no menos de 2.700 horas en recoger materiales del Archivo de Indias y se han hecho todos los esfuerzos posibles para evaluar la totalidad de los caudales que llegaron a España y evitar la doble cuenta. Creo improbable que existan errores graves[23].

Naturalmente, as fontes que permitiram a composição da tese ultrapassam os três tipos elencados aqui. Relatórios dos vice-reis, correspondência de homens de negócio, inventários, requerimentos, documentos fazendários diversos, entradas de embarcação, guias, material alfandegário, mapas de população e de rebanhos, foram algumas das categorias de fontes que foram compulsadas de maneira assistemática nos diversos arquivos e bibliotecas que tive a sorte de freqüentar, os quais são arrolados aqui: em Portugal, o Arquivo Histórico Ultramarino (AHU), o Arquivo Nacional Torre do Tombo (ANTT), o Arquivo Histórico do Tribunal de Contas (AHTC), a Biblioteca Nacional de Lisboa (BNL), e a Biblioteca da Ajuda (BAj). No Rio de Janeiro, o Arquivo Nacional (AN), a Biblioteca Nacional (BN) e o Instituto Histórico e Geográfico Brasileiro (IHGB). Em Porto Alegre, o Arquivo Histórico do Rio Grande do Sul (AHRS) e o Arquivo Público do Estado do Rio Grande do Sul (APERGS).

Para finalizar, algumas questões formais: os documentos tiveram a sua grafia atualizada, mas teve-se o cuidado de não alterar o seu sentido,

---

23 HAMILTON, Earl. *El tesoro americano y la revolución de los precios en España*. Barcelona: Ariel, (1ª ed. inglesa de 1934), 2000, p. 45.

e alguns arcaísmos, como por exemplo o uso de certas maiúsculas, foram mantidos. Em geral registrei nas notas de rodapé as datas dos documentos, quando não estivesse registrada a data, dado o caráter fragmentário da fonte ou por se tratarem de anexos de outras correspondências, procurei estabelecê-la por aproximação.

A origem deste livro é a minha tese de doutorado defendida em 2006 na Universidade de São Paulo. Os leitores familiarizados com o texto original – não devem ser muitos – notarão que o livro guarda grandes semelhanças, mas ao mesmo tempo, profundas diferenças com a tese. As modificações que fiz procuram dar conta de algumas sugestões e críticas da banca e, principalmente, incorporar as reflexões de mais dois anos de estudos no Cebrap e na Cátedra Jaime Cortesão. A introdução foi reescrita para esclarecer as hipóteses do trabalho, encravadas em diversas partes da versão original e para aparar os meus vícios retóricos. O capítulo 1 foi deixado como estava, não deixa de ser curioso pensar que ele me acompanha, quase que intocado, desde o exame de qualificação. O capítulo 2 foi completamente reescrito, nesta sua "quinta encarnação" foram incorporados novos dados e excluída uma parte que nada tinha a ver com o escopo geral da pesquisa. O capítulo 3 foi reorganizado e a sua importância para a tese que defendo aqui ficou mais explícita. O capítulo 4, o favorito da maior parte das pessoas que se aventuraram na leitura da tese original, foi levemente aumentado com a incorporação de algumas ideias que estavam fora do lugar. Com todas estas alterações é natural que eu tenha revisado a conclusão.

Um último ponto importante para os interessados em história econômica: as séries da balança de comércio e das exportações e preços do trigo foram retificadas. Nos dois primeiros casos, simplesmente desisti de algumas correções que havia proposto na tese, e agora apresento os originais segundo a minha leitura dos documentos. A experiência me ensinou que as correções não alteravam as minhas conclusões e apenas serviam para abrir o flanco às críticas. Os preços do trigo foram alterados porque encontrei uma fórmula mais confiável de conversão de peso para volume.

A pesquisa original teve o apoio da Capes e da Cátedra Jaime Cortesão, a publicação do livro tem o apoio da FAPESP. Agradeço imensamente a estas fundações que tornaram possível a realização do trabalho.

1. PROBLEMAS DA EXPANSÃO PORTUGUESA NO EXTREMO-SUL: POLÍTICA E GEOPOLÍTICA

A geopolítica colonial

Nos séculos XV e XVI insinuava-se uma nova forma política no Ocidente, o Estado Absolutista. Seja por pressões internas, necessidade de reorganização dos senhores feudais frente às pressões políticas e econômicas dos camponeses e da burguesia citadina; seja por pressões externas sofridas de outros países mais "modernos", a expansão do poder do Estado era necessária. O Estado expandia-se por sobre as formas antigas de soberania parcelada e de poder privado – tomando para si o monopólio da violência e controlando a vida econômica e espiritual –; ao mesmo tempo em que, pela conquista territorial, avançava por sobre os Estados mais frágeis. Acrescentar novos territórios significava aumentar o número de súditos, a riqueza, o poder e a reputação do monarca [24].

Controlar o corpo do Estado, se impor ou se defender dos demais, exigia a criação de uma burocracia de carreira e de um exército profissional que, por sua vez, tinha custos sempre crescentes perante a complexa política da época moderna. Por conseguinte, constituíram-se as políticas mercantilistas que, em torno de seus jargões básicos – metalismo, balança

---

24 Cf. BRAUDEL, Fernando. *Civilização material economia e capitalismo*: Os jogos das trocas. São Paulo: Martins Fontes, 1998, Vol. 2 p. 459-460 e ANDERSON, Perry. *Linhagens do Estado Absolutista*. 3.ed. São Paulo: Brasiliense, 1995, p. 31.

comercial favorável e proteção às produções nacionais – procuravam complementar o tesouro do Estado e, por tabela, o desenvolvimento nacional[25]. Ao identificar a riqueza com matérias amoedáveis, ouro e prata, buscava-se atrair o bulhão dos Estados rivais para cumprir os compromissos financeiros do príncipe.

As conquistas ultramarinas inseriam-se nesse contexto. No jogo de soma-zero do Estado Moderno, as colônias tiveram importância cada vez maior com o correr dos séculos. No caso de Portugal, premido pelo Império Espanhol, do qual participara nos 60 anos de União Ibérica, o Ultramar era a garantia de existência do Reino; daí o expansionismo, nas palavras de Luiz Felipe Alencastro, "preemptivo" que jogava para obter territórios antes de sua rival Ibérica. A preeminência comercial em suas colônias era a moeda de troca que Portugal poderia oferecer a sua parceira diplomática, a Inglaterra; as colônias também eram as principais fontes de renda da pequena Nação ibérica[26].

---

25 Cf. NOVAIS, Fernando. *Portugal e o Brasil na Crise...*, op. cit., pp. 60-61, cf. também DEYON, Pierre. *O Mercantilismo*. São Paulo: Perspectiva, 1973 Nas palavras de Eli Heckscher: *"(...) el fin era la guerra, la cual exigía directamente la existencia de una buena hacienda, y a su vez, para lograr esto era indispensable contar con una sólida economía."* (HECKSCHER, Eli F. *La epoca mercantilista*. Historia de la organizacion y las ideas economicas desde el final de edad media hasta la sociedad liberal. Mexico: FCE, 1983, p. 463, ver tb. p. 5-8).

26 Cf. ALENCASTRO, Luiz F. A Economia Política dos Descobrimentos. *In:* Novaes, Adauto (org.). *A descoberta do homem e do mundo*. (p. 193-207). São Paulo: Companhia. das Letras, 1998, p. 193. Opinião parecida nos oferece Novais: "(...) decorre um permanente esforço metropolitano no sentido de expandir o território de dominação colonial, para além das possibilidades de exploração econômica; é que os Estados modernos em gestação na Europa estão se formando uns contra os outros, de aí essa furiosa competição para garantir espaços na exploração colonial." (NOVAIS, Fernando. Condições da privacidade na colônia. *In*: *História da Vida Privada no Brasil*. Cotidiano e privacidade na América Portuguesa. São Paulo: Companhia das Letras, 1998, pp. 21-22). Cf. também NOVAIS, *Portugal e Brasil... op. cit.*, p. 20.

Com a restauração, portanto, surgiu uma série de vicissitudes à Casa dos Bragança. Conter o revanchismo espanhol, obter a paz com a Holanda e garantir o apoio inglês custavam caro, num momento em que a perda do virtual monopólio da produção de açúcar reduzira ainda mais as rendas metropolitanas[27].

A necessidade de obter moeda e a memória dos rios de prata peruana que corriam por Buenos Aires nos tempos do *Asiento* e da União Ibérica alentaram projetos de tomar a embocadura do Rio da Prata[28]. No ano de 1680 teve lugar a fundação da Colônia de Sacramento, à frente de Buenos Aires, posição extrema no sul da América portuguesa.

A fundação da Colônia em território considerado espanhol pelos ajustes do mais que centenário Tratado de Tordesilhas provocou queixas da Corte castelhana. Seguiram-se discussões diplomáticas inconclusivas até o ano de 1688, quando o governador de Buenos Aires resolveu sitiar a praça portuguesa à revelia das determinações metropolitanas; sob pressão diplomática, a Coroa Espanhola teve de devolver o território.

A situação ficou indeterminada até a Guerra de Sucessão ao trono espanhol (1701-1713) quando, pelo Tratado de Utrecht, acertou-se que a Espanha deveria reconhecer a posse portuguesa da Nova Colônia. No entanto, os castelhanos buscaram limitar ao máximo as incursões portuguesas, cercando a colônia por guardas militares e retirando os rebanhos de gado *simarrón* da região[29].

---

27 Cf. BOXER, Charles. *O Império Marítimo Português (1415-1825)*. São Paulo: Companhia das Letras, 2002, p. 163-169 e GODINHO, Vitorino Magalhães. Finanças pública e estrutura de Estado. *In: Estudos.* Sobre a História de Portugal II (25-63), Lisboa: Livraria Sá da Costa, 1968, p. 56-62.

28 Cf. HOLANDA, Sérgio B. A Colônia de Sacramento e a expansão no extremo sul. In: *História da Civilização Brasileira*. Do descobrimento à expansão territorial. (322-363), 5ª ed. Rio de Janeiro / São Paulo: Difel, 1976, pp. 324-325.

29 Sobre a exploração de gado *simarrón* e as vacarias silvestres na campanha da região platina cf. PEREZ, Osvaldo. Tipos de produccion ganadera en el Rio de la Plata Colonial. La estancia de alzados. *In:* AZCUY AMEGHINO, Eduardo (org.). *Poder Terrateniente, relaciones de producción y orden colonial.* Buenos Aires: García Gambeiro, 1992. REICHEL e GUTFREIND, *As Raízes históricas...*, p.111-134.

A fundação da Colônia de Sacramento deu início a uma corrida pelas posições no extremo-sul-atlântico: além da própria Nova Colônia, Portugal fundou Laguna (1684) e Rio Grande (1737); já a Espanha abençoou a expansão jesuítica com os Sete Povos ao leste do Rio Uruguai (1682-1707) e estabeleceu Montevidéu (1734) na embocadura do Rio da Prata.

As novas fundações deram alento às expedições portuguesas pelo litoral para a extração do couro. Também o gado em pé era exportado da Banda Oriental; partindo da Colônia, as tropas invernavam nos campos ao redor do presídio de Rio Grande, passando pelo litoral para Laguna, daí, pelo caminho de Araranguá, paravam em Lages donde seguiam em direitura até São Paulo[30].

Evitavam, contudo, a se embrenhar muito no sertão. Os aventureiros temiam os índios missioneiros que, como demonstraram na ocasião da tomada da Colônia em 1705, lutavam furiosamente contra as insinuações territoriais lusitanas[31]. Manuel Gonçalves Aguiar, militar português, em resposta a um questionário sobre as terras meridionais feito pelo governador de São Paulo em 1721, narrou um fato ocorrido com lagunistas que procuravam a lendária prata jesuítica na Serra do Botucaraí, região central no atual estado do Rio Grande do Sul. Tendo ouvido tiros de espingarda, os lagunistas "(...) acharam situados já naquelas mesmas partes aos Padres Jesuítas Castelhanos com os índios com caminhos feitos de carros e cavalgaduras, em que conduziam a prata para suas aldeias (...)". Contudo, "(...) receando o ficarem todos mortos (...)", fugiram para Laguna levando menos da metade do tempo na viagem de volta até o Rio Grande "(...) pelo medo de que os seguissem" [32].

---

30 Cf. SIMONSEN, Roberto. *História Econômica do Brasil*. 3ª ed., São Paulo: Companhia Editora Nacional, 1957, p. 173.

31 O furor dos índios no momento da conquista era tal que o padre que os liderava chegou à tenda do governador de Buenos Aires D. Juan de Valdes e disse que *"(...) no podia conter a los índios (...)"* (*apud*: NEUMANN, Eduardo. *O Trabalho Guarani Missioneiro no Rio da Prata Colonial (1640-1750)*. Porto Alegre: 1996, p. 128).

32 In: CESAR, Guilhermino. *Primeiros Cronistas do Rio Grande do Sul*. 2. ed. Porto Alegre: Ed. da UFRGS, 1981, p. 82. Provavelmente a "prata" conduzida pelos índios era apenas erva-mate.

A ocupação da *hinterland* da Lagoa dos Patos também era dificultada pela ausência de tribos amigas que pudessem apoiar o avanço português. No já referido questionário, Manuel Aguiar dizia que o interior era pouco habitado, "(...) só ao pé da Serra (...)" havia algum "(...) gentio bravo, mas este não comerceia [sic] com ninguém (...)" [33]. Também, os índios da campanha de Montevidéu e Maldonado evitavam comerciar com os lusitanos, ainda que o fizessem com alguns entrelopos franceses, pois estavam "(...) receosos sempre de que os Portugueses passassem aos dos portos a povoá-los" [34].

Consolidada a presença portuguesa em Sacramento, começaram a aparecer os primeiros vaqueanos – homens que conheciam profundamente o território –, dentre eles as figuras míticas de Cristóvão Pereira de Abreu, cantado na *História Topográfica e Bélica da Nova Colônia de Sacramento* por Simão Pereira de Sá, contratador do quinto dos couros, tropeiro e negociante volante da região, e João de Magalhães, lagunista, tropeiro pioneiro nas bandas do Rio Grande. A parcialidade indígena Minuano, enredada numa longa guerra com os índios missioneiros pelo uso das vacarias silvestres, iniciou uma aproximação com os portugueses de Sacramento para quem forneciam couro e sebo[35]. Por esta maneira, os sertanistas adquiriam o conhecimento do terreno com os índios.

Pelos idos de 1727 Antônio da Silva Caldeira Pimentel, governador de São Paulo, determinou a abertura de um caminho que, nas palavras de Cristóvão Pereira de Abreu, ligaria o litoral do atual estado do Rio Grande do Sul a São Paulo "(...) para por ele se introduzirem destas campanhas, naquela Capitania e nas de Minas, gados e cavalgaduras (...)". As diligências neste sentido demoraram por falta de gente disposta à perigosa empreitada, uma vez que, tanto em Laguna como entre as estâncias do Viamão, corriam "(...) umas vozes vagas (...)" que diziam "(...) haver

---

33 In: CESAR, *Primeiros Cronistas*...op. cit., p. 78. Tudo indica que eram índios do grupo Ge, antepassados dos Kaigang e Xokleng.

34 Idem, p.81. Sobre o comércio francês na região ver também, p. 26-27, VILLA-LOBOS, Sergio R. *Comercio y Coontrabando en el Rio de la Plata y Chile*. Buenos Aires: Eudeba, 1965, p. 26-27.

35 Cf. PORTO, Aurélio. *História das Missões Orientais*. 2. ed., Porto Alegre: Livraria Selbach, 1954, Vol.2 p. 99 e 113.

gentio dos Padres em cima da Serra (...)" [36]. Cristóvão Pereira de Abreu e Francisco de Souza Faria acabaram por abrir o caminho que partia dos campos de Viamão, passando pelos de Cima da Serra e ligando as localidades de Lages, Araranguá e Curitiba. Nesta jornada foi descoberta a Vacaria dos Pinhais, criada pelos jesuítas para fugir às predações particulares na Vacaria do Mar[37]; intensificou-se assim o tráfico regular de gado em pé para o sudeste do Brasil.

Com a experiência dos sertanistas nas terras do sul, pôde a Coroa portuguesa conhecer a geografia econômica do extremo-sul. Cristóvão Pereira de Abreu, por exemplo, passaria informações sobre a marinha de Laguna até a Nova Colônia e sobre o novo caminho da serra para o padre Diogo Soares da Companhia de Jesus; o jesuíta participava com o padre italiano Domenico Capassi de uma expedição científica cujo escopo era a localização da Colônia de Sacramento perante o Tratado de Tordesilhas[38]. Ao cabo, todo o lume alcançado pelos vaqueanos do extremo-sul serviu para fundamentar as discussões políticas e diplomáticas que desembocaram na assinatura do Tratado de Madri.

***

Mas, no desenrolar da primeira metade do século XVIII ficava mais precária a situação dos portugueses na Colônia de Sacramento. A frustração dos projetos de estabelecer povoações em Montevidéu e Maldonado, locais que seriam ocupados pelos espanhóis, impedia qualquer tipo de tentativa de controlar a embocadura do Rio da Prata; também o domínio

---

36 In: CESAR, *Primeiros Cronistas*. op. cit., p. 119 e 121.

37 De acordo com Heloísa Reichel e Ieda Gutfreind, (*As Raízes Históricas...op. cit.*, p. 113) a Vacaria do Mar teria chegado a contar com cinco milhões de cabeças de gado e a Vacaria dos Pinhais com um milhão.

38 Cf. CESAR, *Primeiros Cronistas...*, op. cit. que comenta e inclui duas *práticas* de Cristóvão Pereira de Abreu destinadas ao Pe. Diogo Soares (p. 113-123). Sobre as missões científicas portuguesas no século XVIII, (cf. BICALHO, Maria F. *A Cidade e o Império*: O Rio de Janeiro no século XVIII. Rio de Janeiro: Civilização Brasileira, 2003, p. 109-112).

da campanha oriental pelos castelhanos dificultava o abastecimento daquela praça. Assim, ganhou força na Corte lisboeta a opinião que defendia a troca da Nova Colônia por outro território espanhol, possibilidade prevista no momento do Tratado de Utrecht. Por outro lado, a opção pelo abandono daquela praça dava-se num contexto em que crescia a produção aurífera nos sertões das Gerais enquanto a prata de Potosí passava por um período de depressão; daí a opção pelo gado em pé que possuía extração segura nas campinas missioneiras[39].

Neste sentido, no ano de 1750 foi assinado o Tratado de Madri que, visando à normatização das relações diplomáticas e territoriais, estabelecia o princípio de *Uti Possidetis* – o respeito aos territórios efetivamente ocupados no momento – nas relações entre as Coroas e propunha demarcação dos territórios americanos por cursos de água e relevos conhecidos. O Tratado reconhecia o domínio espanhol das Filipinas e cedia aos castelhanos a Colônia de Sacramento e a margem esquerda do rio Amazonas; por sua vez, Portugal recebia os Sete Povos Orientais e tinha por reconhecida a ocupação das margens orientais dos rios Guaporé e do Madeira, do Paraguai e do Paraná (ver mapa 1)[40].

---

[39] Para os valores de ouros e diamantes enviados a Portugal, cf. BOXER, *O Império Marítimo*...op. cit., p. 397. Para a produção de Potosí, cf. HERRERO, Pedro P. *Comercio y Mercados en América Latina Colonial*. Madrid: Mapfre, 1992, p. 242. Alexandre de Gusmão, o principal articulador português do Tratado de Madri, dizia que o gado obtido nas campanhas rio-grandenses "(...) navegando os seus couros e carnes para os portos do Brasil, e os mais animais terão huma grande saída para o serviço das povoações, onde tem delles necessidade." (*apud*: HOLANDA, *A Colônia de Sacramento*...op. cit., p. 354). É interessante notar que a queda na produção de prata precipitou uma crise no comércio de mulas para o Alto Peru o que talvez tenha facilitado a atração destes animais de tiro para o centro-sul brasileiro. (cf. HERRERO, *Comercio y Mercados*...op. cit., p. 206).

[40] Cf. CARVALHO, Delgado de. *História Diplomática do Brasil*. São Paulo: Companhia Editora Nacional, 1959, p. 12-13.

Mapa 1: Carta Geográfica do governo do Rio da Prata (1683) In: Las Relaciones Luso Españolas en Brasil durante los siglos XVI al XVIII. Madrid: Ministerio de educación cultura y deporte/Secretaria de estado de cultura, s/d.

O princípio do *Uti Possidetis* nas negociações de Madri também representava uma mudança nas discussões tradicionais entre portugueses e espanhóis. Até então, os argumentos giravam em torno de diferentes interpretações do Tratado de Tordesilhas, fundado ainda numa visão escolástica do mundo que sugeria a autoridade temporal do papa sobre os príncipes. Já o *Uti Possidetis* que inspirava o novo tratado era derivado do Direito Natural inglês[41].

Ratificado o Tratado no início de 1751, Cristóvão Pereira de Abreu e um grupo de aventureiros paulistas iniciaram o reconhecimento da região central do atual estado do Rio Grande do Sul, descobrindo as nascentes e a bacia do rio Jacuí (cf. mapa 1) que dava acesso às Missões e às estâncias jesuíticas da região. Em seguida, tropas portuguesas instalaram-se em uma pequena fortaleza na confluência dos rios Pardo e Jacuí, que, com o aporte de casais povoadores das ilhas portuguesas e de vendas volantes, formaria o povoado de Rio Pardo, cabeça de ponte da partida de demarcação portuguesa para as Missões e das expedições de preia de gado nos cinquenta anos seguintes. A fundação de povoados durante as diligências pelas demarcações era instruída por Sebastião Carvalho e Mello – futuro marquês do Pombal – na *Primeira Carta Secretíssima* ao governador do Rio de Janeiro, Gomes Freire[42].

Embaraçadas pela resistência indígena, a comissão espanhola, comandada pelo Marquês de Valdelírios, e a comissão portuguesa, comandada por Gomes Freire, resolveram estacar o trabalho e preparar as tropas para dar guerra aos índios das Missões. No ano de 1756 os exércitos retomaram as marchas, destruindo a resistência guarani na batalha de Caiboaté e ocupando os povos de Santo Ângelo e São Borja.

Durante as jornadas de demarcação e ocupação do povo de Santo Ângelo, os portugueses exerceram uma política de aproximação para com alguns grupos de índios missioneiros, buscando atraí-los ao seu partido. Seguiam as já citadas instruções *secretíssimas* que identificavam na

---

41 Cf. SANTO, Miguel F. do Espírito. *O Rio Grande de São Pedro entre a Fé e a Razão.* Introdução à História do Rio Grande do Sul. Porto Alegre: Martins Livreiro, 1999, p. 49-54 e 123-128.

42 Golin transcreve parte da carta *secretíssima* de Pombal em nota ao diário de José Custódio Faria. (GOLIN, Tau. *A Guerra Guaranítica.* Como os exércitos de Portugal e Espanha destruíram os Sete Povos dos jesuítas e índios guaranis no Rio Grande do Sul. 2. ed. Passo Fundo/Porto Alegre: Ediupf/Editora da UFRGS, 1999, p. 212, nota 236). Além de Rio Pardo, Porto Alegre e Santo Amaro receberam casais povoadores.

população a força da posição lusitana nas fronteiras com a Espanha e determinavam o incentivo de casamentos dos aventureiros com as índias guarani. Na retirada das tropas portuguesas das Missões em 1761 – precipitada pela anulação do Tratado de Madri –, seguiram-lhes quase três mil índios que se estabeleceram em povoados no território do Rio Grande.

A transmigração de quase 10% da população dos Sete Povos para o território controlado pelas forças portuguesas teve importantes reflexos na geopolítica do extremo-sul americano. A miscigenação cultural – que, em seus aspectos materiais, foi realçada com volúpia por alguns historiadores tradicionais – acabou por fornecer uma "segunda geração de vaqueanos" que além de conhecer o território missioneiro, possuía ligações de amizade e parentesco com os índios das Missões; constituía-se uma espécie de partido português nos Sete Povos e em suas estâncias que, além de facilitar as predações de gado, seria a base da conquista daquele território em 1801 (cf. adiante).

Sob o patrocínio de Pombal ia se forjando o primeiro "projeto" de integração do Rio Grande: miscigenação, migração de casais das ilhas do atlântico, fundação de povoações e distribuição de terras. A distribuição de terras seguia o projeto pombalino: aos índios e aos açorianos se davam terras próximas a serra, próprias para agricultura, já os campos eram repartidos pelos homens mais ricos, capazes de investir na criação de gado[43].

Apenas dois anos depois da anulação do Tratado de Madri, os desdobramentos diplomáticos do Pacto da Família colocaram novamente Portugal e Espanha em campos opostos. Os reflexos dessa nova rodada na política europeia fizeram-se sentir no extremo-sul da América. O gover-

---

43 De acordo com um informante do marquês do Lavradio, Francisco José da Rocha, "(...) os ilhéus e índios como agricultores (...) que são os que em toda a parte fazem dos países abundantes de gêneros (...) se lhes dessem terras encostadas a serra, na qual tem água, barros e matos que são as mais próprias aos agricultores; e que os campos se repartissem por aqueles que fossem mais capazes de fazer neles grandes criações de animais cavalares e vacuns para assim fazer existir em abundância e riqueza o continente". (*apud:* SANTOS, Eugénio. A administração portuguesa no sul do Brasil durante o período pombalino: denúncias ao abuso do poder. A questão indígena. In:Revista da Faculdade de Letras. Historia II série, Vol. 13. Porto, 1996, p. 393).

nador de Buenos Aires, D. Pedro de Cevallos, organizou uma expedição com mais de 3 mil homens, conquistou a Colônia de Sacramento e depois se lançou pelo litoral de Maldonado contra as posições portuguesas na fortaleza de Santa Teresa. Vendo a superioridade do inimigo, as tropas portuguesas desertaram, deixando o caminho livre para que os castelhanos tomassem a Vila de Rio Grande, atravessando o canal e fortificando-se na margem norte da barra da Lagoa dos Patos.

A perda da embocadura do Rio Grande tomava dimensões de catástrofe para as pretensões lusitanas no extremo-sul. Aquela posição era o único porto entre Laguna e Maldonado, embargando o giro do comércio, a movimentação militar e o abastecimento das tropas acantonadas no Continente[44]. Também a pecuária comercial, que recém começava a ganhar vulto, era severamente prejudicada pelos cabedais, gado e terras perdidos aos castelhanos.

Pelo Tratado de Paris (1763), assinado à revelia de Portugal, resolveu-se que a aliança franco-espanhola deveria devolver todas as posições conquistadas ao Rei Fidelíssimo[45]. Não obstante, D. Pedro Cevallos, apoiado pela Corte castelhana, entregou a Colônia de Sacramento, mas manteve a posse da barra do Rio Grande e a sua navegação exclusiva.

As indefinições diplomáticas sustentaram um clima de hostilidade entre as duas potências Ibéricas no extremo-sul da América. A iniciativa coube aos portugueses que tentaram tomar a Vila de Rio Grande em 1767, mas que acabaram por desalojar os espanhóis apenas da margem norte da barra[46]. O

---

44 Em 1764 o vice-rei ordenou uma verificação da costa entre Garopaba e o Rio Tramandaí "(...) para evitar trânsito de terra (...)" na qual os práticos "(...) não acharam enseada ou lugar algum em que sem perigo grande se pode fazer desembarque (...) e com bancos fora da praia que impedem até poderem vir as lanchas a terra sem perigo (...)" (AHRS, Órgão Fazendários, Provedoria da Real Fazenda, M-519, Viamão, 20/06/1764).

45 Cf. MONTEIRO, Jônathas da C. R. A Dominação Espanhola no Rio Grande do Sul. In: *Anais do Simpósio Comemorativo do Bicentenário da Restauração do Rio Grande (1763-1777)*. Vol. 4. Rio de Janeiro: IHGB/IGHMB, 1979, p. 145-146.

46 A intenção era aproveitar os problemas políticos espanhóis provocados pelo Motim do Esquilache de 1766 que, iniciado em Madri, se alastrou pela Espanha inteira (CF. MAXWEELL, Keneth. *Marquês de Pombal Paradoxo do Iluminismo.*

governador de Buenos Aires, D. Juan José de Vertiz y Salcedo, respondeu em 1773 com uma expedição que subiu pelas campanhas a noroeste de Montevidéu, atacando algumas guardas destacadas na fronteira do Rio Pardo. O exército português, já reformado por oficiais austríacos e sob a liderança do Marechal Bhöm, retomou a ofensiva e depois de duas operações de envergadura expulsou os castelhanos de Rio Grande no ano de 1776.

O contra-ataque espanhol transcendeu os limites territoriais americanos e mobilizou as melhores forças do Império numa esquadra saída de Cádiz, que envolvia 116 embarcações e quase 20 mil homens. O objetivo era conquistar a ilha de Santa Catarina, cortando as linhas de comunicação da América Portuguesa, retomar a Colônia de Sacramento e a praça de Rio Grande, fazendo com que a fronteira portuguesa voltasse na marra aos limites do Tratado de Tordesilhas[47].

Sucedeu-se que a esquadra espanhola tomou a ilha, seguindo diretamente para a Colônia em função de um temporal que impediu a entrada na barra do Rio Grande. A escala das operações espanholas – num momento em que a Inglaterra estava envolvida com a rebelião de suas colônias – impressionou a Corte portuguesa que entabulou conversações que resolvessem de forma definitiva a questão de limites na América do Sul. O resultado foi, no mesmo ano (1777), o Tratado de Santo Ildefonso, que impôs a perda da Colônia de Sacramento, porém, reconheceu a posse definitiva de Rio Grande e Rio Pardo, cedendo alguns campos pertencentes às Missões na sub-bacia do rio Pardo e Baixo Jacuí.

O butim de animais e de terras adquiridos com a conquista e o Tratado permitiu a concentração da riqueza e a formação de uma elite militar local, interlocutora privilegiada do Estado português. Cabe destacar as figuras de

---

São Paulo: Paz e Terra, 1997, p. 122-123). Sobre o motim de Esquilache, ver VILAR, Pierre. Conyunturas. Motín de Esquilache y crisis de antiguo régimen. In: *Hidalgos, Amotinados y Guerrilleros:* Pueblo y poderes en la historia de España (63-92), Barcelona: Grijalbo, 1982.

47 Cf. BICALHO, *A Cidade e o Império*...op. cit., p. 94-95 e MONTEIRO, *A Dominação Espanhola*...op. cit., p. 303. A "versão castelhana" desses sucessos pode ser consultada na memória de Don Juan José de Vertiz y Salcedo. In: RADAELLI, S. *Memorias de los Virreys del Rio de la Plata*. (25-197) Buenos Aires, 1945, p. 79-85.

Manoel Marques de Souza e Patrício José Correa da Câmara; aparecendo pela primeira vez nas batalhas da década de 1770, os dois terão atuação destacada nas comandâncias das fronteiras de Rio Grande e Rio Pardo, respectivamente, participando das campanhas de 1801, 1811 e 1816[48].

Terminada a guerra, assinado o Tratado e iniciadas as diligências para a demarcação, passava a ser prioridade a reorganização da economia rio-grandense. Para o Marquês do Lavradio, em relatório ao seu sucessor, o maior problema do Rio Grande era a "(...) a falta de gente (...)" que, por sua vez, resultava que não "(...) tivesse aumento a agricultura (...)" e daí "(...) a falta de comércio (...)"[49]. Lembrando a situação do Rio Grande na época de sua chegada ao vice-reinado, Luiz de Vasconcelos dizia que o governador daquela Capitania havia deixado os povos vivendo "(...) sem indústria e sem comércio (...) nem se empenhou em vedar os frequentes contrabandos (...)"[50]. Na verdade, quando os vice-reis se queixavam da ausência de comércio e agricultura não era pela inexistência de cultivo ou de mercancia "em geral", mas pela ausência de agricultura de exportação e de comércio colonial[51].

---

48 Os dois ocuparam por mais de 20 anos as comandâncias das fronteiras com poderes quase absolutos. Depois da independência, Patrício ganharia o título de barão de Pelotas. Manoel Marques de Souza era natural do Rio Grande, onde nasceu na década de 30 do século XVIII, chegou a participar da Junta Governativa de 1821 – nomeada por força da rebelião das Cortes; um neto homônimo seu ganharia o título de conde de Porto Alegre.

49 LAVRADIO, Marquês. Relatório do Márquez de Lavradio, vice-rei do Rio de Janeiro, entregando o governo a Luiz de Vasconcelos e Souza que o sucedeu no vice-reinado (1779). *RIHGB* (409-486), T-4, 1842, p. 453.

50 SOUZA, Luiz de Vasconcelos. Relatório do vice-rei do Estado do Brasil Luiz de Vasconcelos ao entregar o governo ao seu sucessor o conde de Rezende (1789). *In: RIHGB*, (143-239), T-23, 1860.

51 A historiografia gaúcha tradicional repetia acriticamente estas afirmações dos vice-reis; Heloísa Reichel e Ieda Gutfreind (*Raízes históricas*...op. cit, p. 139) criticaram esta interpretação historiográfica apontando para a existência da pequena agricultura, mas não era este tipo de produção agrícola que preocupava as autoridades.

A falta de agricultura de exportação e de comércio colonial não era apenas um problema econômico. Com a situação de fronteira e o intenso contrabando forjavam-se vínculos políticos alternativos à Coroa Portuguesa, por isto Luiz de Vasconcelos notava a "(...) facilidade [com que] se levantam naquele lugar, que tem sempre franca a passagem para um domínio estranho (...)[52]". O vice-rei reportava aqui uma constante na relação entre o Estado português e a população do extremo-sul americano: em 1742 o regimento de Dragões da fortaleza de Rio Grande havia se amotinado pela falta de pagamento e ameaçado entregar a praça aos castelhanos; já em 1769 o próprio vice rei, conde de Azambuja, teve de suspender uma correição pretendida pelo ouvidor do Rio Grande pelo receio que os moradores daquela Capitania fugissem para os domínios espanhóis; cinco anos mais tarde foi o governador José Marcelino Figueiredo que impediu o provedor da Real Fazenda de devassar os descaminhos por ser "(...) a conjuntura pouco própria, além de que, como estávamos em guerra, poderiam ficar culpados alguns oficiais e soldados e que estes certamente desertariam para o inimigo (...)"[53]. Assim, se, no dizer de Pombal, a força da posição portuguesa no extremo-sul estava na população, o Estado por-

---

52 Vasconcelos, *Relatório*...op. cit., p. 205.

53 BNL, Mss. 226, 62. Ignácio Osório Silva, 21/09/1774. Antes mesmo do provedor enviar esta correspondência com críticas a estes procedimentos, o governador José Marcelino já havia avisado o vice-rei que, no negócio dos descaminhos "(...) se tem interessado neles vários oficiais e pessoas que mereceram diferente conceito em outro tempo (...)", portanto, "(...) não se pode continuar a devassa sem ordem de V. Exa., nem semelhante caso que [bole?] com os melhores da terra (...)". Aliás, como acusava Ignácio Osório Silva, o envolvido nos descaminhos era nada menos que o famoso Rafael Pinto Bandeira (BNL, Cód. 10854, José Marcelino Figueiredo, 09/08/1773). Sobre a revolta de 1742, me permito citar um trabalho anterior ainda que a análise tenha sido bastante distinta da que apresento aqui, MENZ, Maximiliano M.. A Revolta dos Dragões em Rio Grande: uma nova abordagem sobre um velho tema. In: *História UNISINOS*. 3(5), (217-244). São Leopoldo, 2001. Sobre a planejada visita do ouvidor, AN, SEB, Cód. 69, Vol. 1, conde de Azambuja, 20/03/1769.

tuguês havia de ceder em alguns privilégios políticos e/ou econômicos para obter o compromisso da gente da fronteira[54].

Ademais, os efeitos das medidas tomadas pelos espanhóis de liberação gradual do seu comércio não escapavam à análise do vice-rei; a maior liberdade no comércio platino estava atraindo cabedais ao porto de Buenos Aires, incentivando a produção agrícola, o crescimento da população e as corridas de gado na Banda Oriental, assim:

> (...) nada há mais arriscado do que achar-se [sic] aquele Continente do Rio Grande a uma situação inteiramente precária e dependente, com um vizinho tão próximo e superior em forças e sem os meios de poder adiantar também os seus estabelecimentos (...)[55]

O receio era que o crescimento econômico do lado espanhol, aliado ao intenso contrabando, consolidasse uma fidelidade alternativa, entre o

---

54 A proibição da compra de gado castelhano também visava a este objetivo duplo – incentivo à população e pactuação política . Assim, os habitantes da fronteira se obrigavam a povoar a terra, ao mesmo tempo em que os governadores podiam usar eventuais licenças de compra de gado aos espanhóis como moeda política em sua relação com as elites locais (cf. o parecer do procurador real da Coroa a este respeito, que, entre outros argumentos, afirma que este comércio pode diminuir a povoação. AHRS, AG. B-1.05, anexo na corresp. de D. Fernando José de Portugal, 07/04/1808, ver ainda o próximo capítulo). Ver também o capítulo 3, p. 179-180.

55 BN (4,4,8) Luís de Vasconcelos, 04/05/1786. Vasconcelos retomava ideias de uma memória de Francisco João Róscio, engenheiro militar destacado no Rio Grande: "É dificultoso a qualquer resolver-se de presente na escolha ou no modo de segurança destes terrenos. As forças militares consistem em exércitos e praças. Estas não podem ter subsistência em um país deserto e falto de povoações e culturas (...)". (ROSCIO, Francisco João. Compêndio Noticioso (1781). In: FREITAS, Décio, *O Capitalismo Pastoril*. (105-140) Porto Alegre: Escola Superior de Teologia São Lourenço de Brindes, 1980, p. 139).

Rio Grande e o vice-reinado do Prata. Daí a necessidade de desenvolver o "verdadeiro comércio" e a "verdadeira agricultura" naquele Continente.

***

Já pelos lados da Espanha, no período imediatamente posterior à derrota na Guerra dos Sete Anos, Carlos III patrocinou uma série de reformas que visavam ao reforço do poder metropolitano nas colônias. A reorganização do exército e do sistema fiscal, a criação de companhias monopolistas e, especialmente, o fim do monopólio do porto de Cádiz para com o comércio das ilhas caribenhas encontravam apoio nos ilustrados e em certos setores da burguesia espanhola que desejavam submeter todo o ultramar ao pacto colonial e aproveitar os incentivos da exploração colonial[56]. Por fim, em 1778, a abertura comercial foi ampliada ao vice-reinado do Prata e aos reinos do Chile e do Peru, incluindo a autorização do comércio entre as próprias colônias. Tais medidas tiveram efeitos imediatos, aumentando o comércio direto entre Espanha e o Ultramar e provocando um surto manufatureiro na metrópole, especialmente na Catalunha. Por sua vez, o aperto fiscal e a "orientação externa" da economia americana, incentivada pelos projetos reformistas, acabaram por desarticular nas colônias os espaços econômicos regionais sedimentados no século anterior[57].

---

56 A discussão sobre as reformas bourbônicas é extensa e não cabe aqui refazê-la, para algumas considerações pontuais, cf. HERRERO, *Comercio y Mercados...* op. cit. p. 234-238 e Kuethe, Allan e Blaisdell, Lowell. French influence and the origins of the Bourbon Colonial Reorganization. In: *HAHR* 71(30), p. 579-607, 1991. Para uma análise econômica do fim do monopólio de Cadiz, cf. FISHER, John. *Commercial Relations Between Spain and Spanish America in the Era of the Free Trade, 1778-1796*. London: Centre of Latin American Studies, University of Liverpool, 1985.

57 Cf. IZARD, Miguel. Comercio líbre, guerras coloniales y mercado americano. In: NADAL, Jordi e Tortella, Gabriel. *Agricultura, Comercio Colonial y Crecimiento Económico en la España Contemporánea*. Barcelona: Ariel, 1974, p.,302-312 e HERRERO, *Comercio y Mercados...op. cit.*, p. 13 e 227.

Não obstante, fretes e tarifas altas, assim como mercadorias muito caras, faziam do contrabando inglês um problema constante para as autoridades. Também a diplomacia espanhola jogou o seu papel, pois uma série de guerras afetaria profundamente o comércio com as Índias. Em 1779, levados pelo sentimento de revanchismo contra a Inglaterra, os castelhanos apoiaram as Treze Colônias; o corso inglês fez estragos consideráveis, aumentando ainda mais os fretes e os seguros. Já no contexto das guerras revolucionárias (1793-1795), a desconexão do comércio franco-espanhol e a ação dos corsários afetaram o negócio de reexportações para a América e a navegação, especialmente dos portos de Santander e La Coruña[58]. Em 1797, a Espanha voltava à aliança com a sua parceira tradicional, a França do Diretório; no mesmo ano uma esquadra britânica bloqueou o porto de Cádiz, fechando praticamente todas ligações entre a Península e as suas colônias.

A solução espanhola foi liberar o transporte dos produtos coloniais pelos países Neutros (18/11/1797), especialmente Portugal e os EUA, através da venda de licenças. A permissão foi retirada em 20/04/1799, mas reiterada dois anos depois; no ano de 1805, por ocasião do fim da Paz de Amiens e a subsequente destruição da frota espanhola na batalha de Trafalgar, voltou-se a permitir a intermediação dos Neutros.

As consequências dessas liberações são óbvias: consolidaram-se novos vínculos e hábitos no comércio das Índias que, nos períodos de trégua e com as tentativas restauradoras da metrópole, tornar-se-iam a base de novas redes de contrabando. A ruptura das ligações com o Ultramar também permitiu o fortalecimento político dos *criollos*, significando uma espécie de "ensaio" dos processos de independência que se sucederam a partir de 1810. Na península, as constantes guerras destruíram a agricultura e a manufatura, jogando a Espanha na periferia da geopolítica continental.

---

58 Cf. FISHER, John. commerce and Imperial decline: Spanish trade with Spanish America, 1797-1820. In: *Journal of Latin America Studies*, vol. 30, n. 3, 1998, p. 462, Fisher, *Commercial Relations...op. cit.*, p. 47-48 e CUENCA ESTEBAN, Javier. Comercio y hacienda en la caida del Imperio Español, 1778-1826. In: FONTANA, Josep (org.). *La Economía Española al Final del Antiguo Régimen*. II Comercio y Colonias. (389-453) Madrid: Alianza Editorial, 1982, p. 411.

Completava o quadro uma profunda crise orçamentária, agravada por emissões de papel-moeda e pela inflação[59].

As vicissitudes da política espanhola tiveram reflexos: em 1781, Luiz de Vasconcelos escrevia à Corte relatando que os espanhóis enfrentavam sensíveis dificuldades em sua navegação, desejavam, portanto, "(...) estabelecer correspondência (...)" convidando os comerciantes do Rio "(...) para semelhantes negociações em sociedade (...)". O problema de falta de embarcações para enviar mercadorias para a Espanha era especialmente grave para os portenhos que cuidavam do comércio de couros, gênero perecível; daí a intervenção do vice-rei do Prata pedindo a Luiz de Vasconcelos que facultasse as negociações[60]. Por sua vez, os mercadores portugueses interessados no Prata e mais próximos da Corte obtiveram seguidas licenças para fazer carregações por conta dos grandes de Cádiz, protegendo-se dos corsários ingleses com o pavilhão neutro português. A situação evoluiu para um ajuste entre as duas Coroas Ibéricas pelo qual se liberou o fretamento de navios lusitanos para o comércio colonial espanhol; o ajuste era bastante ambíguo para ser interpretado como uma liberação completa das negociações entre os dois domínios ultramarinos[61].

Se o português tentava subtrair prata por estas negociações, o espanhol estava de olho nos escravos que poderiam entrar por esta via; daí as continuadas licenças d'El Rei Católico para que comerciantes das duas nações introduzissem escravos vindos do Brasil ou da África. O resultado foi que, entre 1779 e 1782, foram cunhados 1.122 contos de

---

59 Cf. IZNARD, *Comercio Libre...op. cit.*, p. 316-319, HAMILTON, Earl J. Guerra e Inflacion en España (1700-1800). In: *El Florecimiento del Capitalismo y Otros Ensayos de Historia Económica*. Madrid: Revista de Occidente, 1948 e CUENCA EESTEBAN, Javier. *Comercio y hacienda..., op. cit.* p. 389-453

60 BN (4,4,3), Luis de Vasconcelos, 07/12/1781. Para a correspondência do vice-rei do Prata, cf. SANTOS, Corcino. O comércio hispano-lusitano do Rio da Prata, na crise do sistema colonial. *In: Estudos Ibero-Americanos.* Porto Alegre, XV(2), 1989, p. 337.

61 Cf. AHU, Avulsos, RJ, doc. 9696.

réis em prata em Lisboa, enquanto que no porto de Buenos Aires deram entrada 5 mil escravos[62].

No entanto, as duas Metrópoles observavam com desgosto o aumento nos contrabandos não só pelo risco político, mas também pelas fraudes no pagamento dos Reais Direitos. Portugal temia o descaminho de escravos e de ouro pelo Rio da Prata; já a Espanha, ao findar da guerra em 1784, pôs fim ao *carring trade* lusitano e o sucessor do vice-rei Vertíz y Salcedo, Marquês de Loreto, recebeu instruções precisas para vedar "(...) el comercio clandestino (...)", ouvindo do próprio ministro que "(...) podria señalar mis servicios cortando tal desórden (...)"[63].

Já ao norte do equador presenciou-se na última década do século XVIII a primeira "dança dos milhões do açúcar cubano". A demanda por braços obrigou à Espanha novas medidas para facilitar o fornecimento de mão-de-obra cativa às colônias, vendendo licenças a estrangeiros e permitindo que os espanhóis comprassem negros em qualquer porto estrangeiro. Os traficantes rio-platenses aproveitaram-se dessa conjuntura atuando no comércio regional de escravos e fornecendo charque para a ilha caribenha. Por último, em 1796, a Coroa concedeu a permissão de comerciar com as colônias estrangeiras "por via de ensaio". Esta permissão "(...) habilitaba a los comerciantes a dirigir a las colonias extranjeras los productos que no tuvieron colocación en la península, trayendo de retorno frutos, dinero y negros" [64].

---

62 A correspondência de Martinho de Melo e Castro está em BN, Martinho de Melo e Castro, 23/03/1782. O número de escravos é referido na memória do vice-rei Vertíz y Salcedo *In:* Radaelli, *Memorias...*op. cit., p. 110, cf. ainda ASDRUBAL SILVA, Hernan. *El Comercio entre España y el Río de la Plata* (1778-1810). s/l: Banco de España, 1993, p. 21-23.

63 Memória do Marqués de Loreto. In: Radaelli, *Memorias...*, op. cit., p.203-371, p. 258-259. O contrabando de ouro pelo Rio da Prata era acusado pelo intendente geral da polícia de Lisboa (cf. BAj, 54/xi/no. 45, Diogo Ignacio Pina Manique, 09/06/1784).

64 TEJERINA, Marcela. Perspectivas de frontera: los lusitanos en el espacio portuario rioplatense a fines del Antiguo Régimen. In: *História Unisinos*. São Leolpoldo, 2001, Vol.3 p. 30. Cf. ainda Villalobos, *Comercio y Contrabando... op. cit.,*

No momento em que se promoveu a liberdade de comércio com os "neutros" em 1797 o comércio platino já estava completamente transtornado, com a crescente penetração dos interesses luso-brasileiros na região. Todo o esforço da coroa castelhana em acabar com o *ninho de contrabandistas* da Colônia de Sacramento mostrava-se em vão. O Tratado de Santo Ildefonso, pretensa solução legal e definitiva dos problemas geopolíticos castelhanos na América do Sul, era frustrado pela lógica da concorrência intermetropolitana[65]. Assim, em 1795, Dom Nicolás Arredondo, vice-rei do Prata, repetia com sinais invertidos a fórmula enunciada alguns anos antes por Luiz de Vasconcellos:

> (...) y si no mudamos de sistema, vendrá a ser mas de ellos [dos portugueses] que nuestro el fruto de estas provincias, sin haber tenido parte en los gastos y peligros de la conquista. Aun trayndo los sitiados por todas partes a costa de levantar fortalezas y compañias de gente armada, se abren un nuevo camino cada dia, por donde se avanzan mas hacia el Perú y Montevideo[66].

Vivia-se em terras americanas o paradoxo da competição intermetropolitana: o ciúme das Metrópoles em guardar suas colônias em estrito regime de monopólio, afastando eventuais concorrentes, tornava o contrabando um negócio extremamente vantajoso dos pontos de vista políticos e econômicos, o que acabava atraindo ainda mais os seus concorrentes. Regra elementar da economia – e, neste caso, também da política –: quanto

---

p. 67-72, sobre o contexto cubano do final do século XVIII, cf. MORENO FRAGINALS, Manuel. *O Engenho*. Complexo sócio-econômico açucareiro cubano. Vol. 1, São Paulo: Hucitec, 1988, p. 35-46.

65 Cf. Tejerina, Marcela. La lucha entre España y Portugal por la ocupación del espacio: una valoracion alternativa del Tratado de San Ildefonso de 1777. In: *Revista de História*, 136 (31-40), São Paulo, 1996, p. 37-38.

66 Memória do vice-rei Arredondo In: RADAELLI, *Memorias de los virreys...*, op. cit., p. 437-438.

maior o lucro, maior o risco. Se os lucros do comércio com os castelhanos eram altos, como bem lembrava D. Rodrigo de Souza Coutinho, o risco político de fornecer braços e fortalecer a agricultura do inimigo também era (retornarei a esta questão no capítulo 4)[67].

***

A virada do século XVII para o XVIII presenciou as descobertas das Minas no interior da América portuguesa; a constituição de mercados no interior da conquista provocou profundas modificações na geografia econômica da América Portuguesa. Se nas duas primeiras décadas do *rush* minerador o Rio dividia os mercados mineiro com São Paulo e Bahia, a centralização metropolitana definiu a praça do Rio de Janeiro como ponto de abastecimento dos garimpeiros e de escoamento aurífero[68]. Ademais, o controle da Colônia de Sacramento e de parte do tráfico escravista de Angola permitia aos tratistas "cariocas" especularem com as principais mercadorias coloniais: ouro, prata, açúcar e escravos. A consequência é que os homens de negócio também passaram a controlar o crédito localmente, papel que, até então, era ocupado por instituições públicas ou de beneficência[69].

---

67 AHU, ROR, RJ, Cód. 574, Rodrigo de Souza Coutinho, 23/10/1799. A este respeito, escrevia Francis Bacon: "Os Príncipes devem estar constantemente atentos para que nenhum de seus vizinhos jamais cresça (mediante o aumento do território, o desenvolvimento do comércio, as alianças ou outros meios) a ponto de se capacitar a causar-lhes transtornos. (BACON. *Ensaios sobre Moral...*, op. cit., p. 72).

68 Cf. NOVAIS, *Portugal e Brasil...*op. cit., p. 193.

69 SAMPAIO, Antonio C. O mercado carioca de crédito: da acumulação senhorial à acumulação mercantil. In: *Estudos Históricos*. Rio de Janeiro, 2002, p. 29-49. O autor considera que a virada do século XVII para o XVIII assistiu a uma transformação de uma forma de acumulação senhorial para uma forma de acumulação mercantil, marcando a constituição de uma elite comercial. A "morfologia da acumulação" que propõe acaba redundando numa confusão entre duas formas distintas de crédito: uma local, com um caráter pessoal e,

Por sua vez, a reorganização do Império obrigou a reacomodação das elites regionais. Nos dois primeiros séculos de colonização, as elites agrárias controlaram os postos-chave de governo no Brasil. Portugal, contudo, apertou a colônia apoiando-se nos mercadores e desinfamando-lhes pelos seus defeitos mecânicos. No início do século XVIII seguiram-se importantes conflitos em torno dos postos de honra nas três principais praças da colônia – Rio de Janeiro, Olinda e Salvador – que terminaram pela vitória dos regatões[70]. Dessa maneira, os mercadores do Rio alcançavam preeminência política e econômica num dos mais importantes eixos econômicos do Império português.

A invasão castelhana em 1763, teve repercussões importantes no modo pelo qual o Rio se inseria no Império português. A consequências imediatas foram grandes perdas para os negociantes da praça que haviam empatado muito dinheiro no comércio com a Colônia de Sacramento e com o Rio Grande. Assim, escrevia o bispo do Rio de Janeiro:

> Nesta cidade são os mais sentidos homens de negócio pela grande perda que experimentaram das suas fazendas, e mais negociações que pretendiam da conservação daquela praça, e com se ter perdido tanto ainda não estamos sem o cuidado de perda maior, porque não há notícias do destino da nossa última esquadra; se se perder [sic] será inconsolável a nossa perda[71].

---

muito provavelmente na forma moeda (e controlada pelos homens de negócio do Rio) e outra imperial, mercantil, formalizada pelas correspondências e contas correntes entre homens de negócio, na qual a moeda aparece mais raramente (e controlada pelos homens de negócio de Lisboa).

70 Cf. MELO, Evaldo C. *O Nome e o Sangue*. Uma fraude genealógica no Pernambuco Colonial. São Paulo: Companhia das Letras, 1989, p. 41, PRADO JR., Caio. *Evolução Política do Brasil*. 6. ed., São Paulo: Brasiliense, 1969, p. 39 e Boxer, *O Império Marítimo... op. cit.*, p. 294.

71 *Apud:* SANTOS, *O Comércio hispano-lusitano...op. cit.*, p. 332.

Por outro lado, as presepadas do exército português explicitaram a necessidade de reorganização das conquistas; daí a transferência do vice-rei para o Rio Janeiro visando à constituição de um centro político que coordenasse o esforço militar de defesa e reconquista do sul. A transferência do vice-reinado respondia imediatamente aos compromissos geopolíticos europeus e era também o reconhecimento da crescente importância daquela praça[72]. O vice-rei centralizava a administração das capitanias do sul e deveria coordenar os esforços de reconquista e defesa do extremo-sul. Dessa forma, a elite mercantil "carioca" ficava mais próxima do centro de poder da América portuguesa, abria-se também uma série de oportunidades de atuação no abastecimento das numerosas tropas que se concentravam para o esforço militar.

Mas, no final da década de 60, as perspectivas comerciais daquela praça pareciam sombrias. O marquês do Lavradio, que, aliás, detestou o Rio de Janeiro, pintou o seguinte retrato em carta de amizade:

> A terra continua ainda a parecer-me muito mal (...) acho estes povos sumamente pobres e como não tem gêneros seus que lhes constituam ao menos um ramo certo de comércio pouca esperança tenho de os poder melhorar nesta parte, em uma palavra meu colega isto está um cadáver que vai para a sepultura, e por fora lhe tem ornado a sua mortalha com muitas flores, e parece-me ser este o mais próprio retrato em que presentemente se acha o Governo do Rio de Janeiro[73].

---

72 Comentando uma reflexão do futuro marquês de Pombal, escreve Bicalho: "(...) a perda do Rio de Janeiro significava a perda do Brasil e, portanto, da moeda de garantia que Portugal dispunha para sustentar na intricada rede dos conflitos em torno da hegemonia européia durante o século XVIII." (BICALHO, *A Cidade e o Império...op. cit.,* p. 68).

73 Marquês do Lavradio. Correspondência 158, 13/12/1769. In: *Cartas do Rio de Janeiro.* Rio de Janeiro: Instituto Estadual do Livro, 1978, p. 10.

O senhor marquês tampouco mostrava apreço pelos "homens de grossa aventura" do Rio. Talvez por seu *ethos* de aristocrata, considerava-os pouco mais que bufarinheiros. Com um tom autoritário, meteu-se na arrematação dos dízimos reais que estavam nas mãos dos "(...) mascates (...)", fazendo com que os comerciantes "(...) mais abonados (...)" arrematassem o dito contrato. Não obstante, queixava-se que os comerciantes "cariocas" não eram como os "(...) da Bahia (...)" onde fora governador; dizia que no Rio de Janeiro o negócio "(...) é todo cheio de dolo e falta de lisura (...)" e, por conseguinte, "(...) nunca virei a fiar-me deles."[74]

No final do seu governo em 1779, o marquês do Lavradio legou informações mais precisas dos homens de negócio da cidade. Escrevia que eram os emigrantes da província portuguesa do Minho que monopolizavam o comércio não admitindo como caixeiros os filhos da terra, excluindo-os da mercancia. Açambarcavam os mercados e deixavam os naturais do país "(...) subordinados pela dependência (...)". Em todo o caso, eram pessoas de "(...) nascimentos muito ordinários (...)" sendo, portanto, muito fácil colocar-lhes em seu devido lugar[75].

As impressões do marquês do Lavradio devem ser devidamente contextualizadas. Parece que as perdas no sul junto com a diminuição da produção aurífera realmente haviam abalado a comunidade mercantil e daí o cadáver da praça sugerido no primeiro fragmento. Outro ponto que merece destaque é a referência à inexistência de um gênero que fosse um ramo certo de negócio; a produção do açúcar no Rio de Janeiro enfrentara uma crise profunda no início do século XVIII, à qual, ao que tudo indica, seguiu-se um marasmo só interrompido pelo *boom* açucareiro ocorrido bem no final do século pelos novos engenhos de Campos e pelo colapso da produção francesa em 1792 (ver o capítulo 3). O tráfico em que os mercadores "cariocas" atuavam era, principalmente, o de abastecimento das Minas e de contrabando com o Prata; não possuíam um *único ramo* que os mantivesse estreitamente vinculados com o Reino. Metidos

---

74 Marquês do Lavradio. Correspondência 164, 22/01/1770. In: *Cartas...* op. cit., p. 12.

75 Lavradio, *Relatório...*, op. cit., p. 452 e 453.

em especulações duvidosas, contrabandistas de ouro e prata, os regatões do Rio eram dados a infidelidades em relação a Sua Majestade; o marquês não podia mesmo fiar-se neles.

Em geral, o período que se segue à sucessão do marquês de Lavradio tem sido encarado pelas lentes otimistas da história econômica; os preços do açúcar, que já mostravam sinais de recuperação no anos 80, alcançaram valores inusitadamente elevados a partir de 1792. Ao mesmo tempo, novas mercadorias se juntavam às tradicionais exportações brasileiras, a marinha mercante lusitana fazia grandes especulações e a diplomacia abocanhava novos mercados no interior da Europa.

Entretanto, a Revolução Francesa arrastara boa parte da Europa para dentro da sua luta de classes. Ainda que Portugal tenha buscado se manter na sua tradicional política de neutralidade, o corso jacobino e as confusões diplomáticas espanholas traziam o conflito europeu para a Península Ibérica. Tanto foi assim que, já em 1795, a Coroa começou a comboiar as embarcações que faziam o negócio do Brasil, em seguida foram organizadas esquadras na Europa e na América que, além de defender as costas, deveriam proteger os navios mercantes, proibindo-se o comércio por navios soltos. Já em 1798, D. Rodrigo de Souza Coutinho, escrevia ao vice-rei que "(...) a Espanha, tendo-se de novo sacrificado ao governo francês, ameaça declarar guerra a Sua Maj. (...)" e determinava preparar-se para a guerra[76].

Por sua vez, os bloqueios e contrabloqueios na Europa estimulavam as nações beligerantes a buscar mercados alternativos, especialmente nas colônias. No Brasil o contrabando cresceu de tal maneira que em 1801 o comandante de esquadra, Donald Campbell, comparava o Rio de Janeiro com um porto livre[77]. O mesmo comandante via "(...) funestas consequências políticas (...)" em se tolerar os descaminhos pois introduziam "(...)

---

76 AHU, ROR,. Cód. 574, Rodrigo de Souza Coutinho, 30/07/1798. Ver ainda o Edital de 05/02/1795 avisando a partida de um comboio da cidade do Porto e convidando os mercadores de Lisboa a participar dele (ANTT, Papéis do Brasil, Avulsos, M-3, doc. 22).

77 Cf. AHU, Avulsos, RJ, doc. 13889. Donald Campbell, 08/09/1801. Ver capítulo 2, p. 122-124.

um espírito de ilegal e desordenada navegação e conduta subversiva a toda boa ordem e aos regulares de um comércio legítimo"[78]. Ao problema da subversão generalizada do trato colonial regular, acrescentava-se a questão conjuntural do contágio da crise pelas "(...) opiniões nocivas ao nosso sistema político". O que certamente explicava que "(...) o aniversário da Independência dos Estados Unidos da América (...) foi celebrado aqui na minha ausência com públicas demonstrações de alegria (...)"[79].

Foi nessas condições políticas que se recebeu a notícia da declaração de guerra espanhola ao governo português. Guerra percebida, aliás, por um ataque de uma fragata castelhana a algumas embarcações do comércio do Rio que resultou na perda do navio *Espick*. Para piorar, praticamente toda a praça do Rio de Janeiro tinha interesses na nau capturada, provocando abalo, desconfianças e murmúrios entre os homens de negócio. A situação era ainda mais grave porque o vice-rei, o já idoso conde de Rezende, não levava muito a sério a possibilidade da guerra e era da opinião: "1ª que o inimigo não vem atacar o Brasil; 2ª que se viesse seria inútil toda oposição"[80].

No Rio de Janeiro, a guerra de 1801 não ultrapassou os sobressaltos marítimos. Já no extremo-sul a situação foi bastante diferente e, recebidas as notícias da declaração de guerra no dia 18 de junho, começaram-se os preparativos da campanha. Na fronteira do Rio Pardo, o comandante Patrício José Correa da Camara reunia milicianos que tivessem o interesse de atacar as estâncias missioneiras, donde poderiam apresar cavalos e gado[81]. Com este objetivo, apresentaram-se José Borges

---

78 Idem. Anexo, Donald Campbell ao vice-rei, 04/05/1801. O problema propriamente econômico do contrabando será estudado no capítulo 3.

79 Idem.

80 Idem. Para os acontecimentos no Rio com a declaração de guerra sigo a já citada carta de Donald Campbell.

81 Gabriel Ribeiro de Almeida, um dos aventureiros que participou da conquista missioneira, escreveu que a publicação da notícia da guerra causou "(...) alvoroço (...)" entre os habitantes da Capitania e que a tropa paisana estava "(...) desejosa de guerra (...)"; naturalmente este era o estado de espírito dos

do Canto, soldado desertor e conhecido contrabandista de Rio Pardo, e outros milicianos, recebendo instruções para hostilizar as guardas espanholas estacadas na fronteira[82].

Enquanto que José Borges do Canto reunia seus aventureiros entre as estâncias da região, outro miliciano, Manuel dos Santos Pedroso, estancieiro e filho de uma índia guarani, tomou de assalto a trincheira de São Martinho, que protegia o caminho que ligava as Missões ao Rio Grande. Em seguida, a partida de 40 homens liderada por José Borges do Canto adentrava no território missioneiro, fazendo uma série de ataques a outras guardas espanholas.

As dissensões entre os povos guarani – em franca decadência desde a década de 1750 - facilitaram a tarefa dos conquistadores. Já no caminho para as Missões, José Borges do Canto encontrou um guarani "(...) de seu conhecimento (...)" que dizia que os outros índios "(...) sabendo da guerra, nenhuma dúvida tinham de dar obediência a Portugal (...)"[83]. Depois do ataque à guarda de São João Mirim, Gabriel Ribeiro de Almeida, que falava o guarani, convenceu os 300 índios acampados no local a seguir o partido português. Encorajado por estes reforços, resolveu sitiar o povo de São Miguel, capital do departamento de mesmo nome; sitiada a redução e corrida a notícia do cerco juntaram-se aos agressores outras centenas de guarani, eram; nesse momento, "(...) mais de mil índios (...)"[84].

Submetida a capital do departamento de São Miguel, restava conquistar o povo de São Borja, posição estratégica que fechava o passo

---

estancieiros e paisanos, impacientes para saquear as estâncias missioneiras. (In: CESAR, *Primeiros Cronistas...* op. cit., p. 193 e 194).

82 A narrativa que faço da conquista das Missões segue os seguintes autores: Gabriel Ribeiro de Almeida In: CESAR, *Primeiros Cronistas...*op. cit. p. 193-205, Porto, *História das Missões...op. cit.* p. 259-278 e Monteiro, Jonathas da C. R. *A Campanha de 1801.* Tomada dos Sete Povos Missioneiros. Separata dos "Anais" do Terceiro Congresso de História Nacional (IV Volume). Rio de Janeiro: Imprensa Nacional, 1942.

83 Memória anônima que Aurélio Porto atribui a José de Saldanha, *apud:* PORTO, *História das Missões...* op. cit., p. 272.

84 ALMEIDA, Gabriel Ribeiro de. *In:* Cesar, *Primeiros Cronistas...*,op. cit, p. 201.

que ligava as Missões Orientais com as reduções de Entre Ríos, a oeste do rio Uruguai (ver mapa 1). O povo foi cercado e se entregou depois de alguma resistência.

O Tratado de Badajoz, assinado na Europa a 06/06/1801 e recebido no Rio Grande a 17/12/1801, acertava a paz entre as duas nações Ibéricas, mas não dizia nada a respeito dos limites americanos. O resultado prático foi que a fronteira do Rio Grande foi alargada até o rio Uruguai no noroeste, e até o Jaguarão no sul. Além disto, mesmo com o fim das hostilidades, os aventureiros portugueses ajudados pelos índios Charrua e Minuano seguiam saqueando os imensos rebanhos de gado *simarrom* que se localizavam ao sul do rio Ibicuí (ver mapa 2).

Mapa 2: *O Rio Grande c. 1801.* Adaptado de Augustín Ibánez y Bojóns. Mapa del terreno ocupado por los portugueses en el Virreinato de Buenos Aires (1804). *In: Las Relaciones Luso Españolas en Brasil durante los siglos XVI al XVIII.* Madrid: Ministerio de educación cultura y deporte/Secretaria de estado de cultura, s/d, pp. 80-81. (Arte: *Rafael Mac Menz).* Este mapa de autoria espanhola demonstra os avanços portugueses sobre o território missioneiro.

O vice-rei do Prata protestou contra o que considerava uma usurpação do seu território. O problema só poderia ser resolvido em definitivo pela diplomacia metropolitana: da Corte, o visconde de Anadia redigiu ordem para, "(...) sem a menor demora, efetivamente evacuar e restituir à Coroa Espanhola todos os terrenos (...) apreendidos pelas nossas armas na última guerra (...)". Ordem para o espanhol ver, pois na margem do códice, o cioso escrivão da Secretaria de Marinha e Ultramar anotou: "Esta carta, e a que se escreveu na mesma conformidade para o Mato Grosso, não se expediram e ficaram demoradas nesta Secretaria por ordem do Sr. Visconde de Anadia"[85]. Simultaneamente, e sob segredo de Estado, eram atraídos os índios guarani para se internarem no Rio Pardo[86].

Entretanto, acertou-se um *modus vivendi* na fronteira: os portugueses segurariam os territórios conquistados durante a guerra e os campos ao sul do Ibicuí ficariam como terrenos neutrais. Os colonos portugueses, contudo, seguiram avançando sobre aquelas terras, utilizando-as como base para contrabandos e roubos de animais castelhanos; nos anos seguintes, o governador do Rio Grande, Paulo José da Silva Gama, repetia-se em ordens para que seus subordinados desmontassem os ranchos dos invasores e reprimissem os contrabandos naquelas plagas[87].

---

85 AHU, ROR, Cód. 575, visconde de Anadia, 24/10/1803.

86 AHU, ROR, Cód. 575, visconde de Anadia, 21/08/1802. A indefinição diplomática em relação ao futuro do território missioneiro explica a política de terra arrasada que se seguiu à conquista. O saque aos rebanhos missioneiros – seguido da proibição do aproveitamento do gado *simarrom* que estava do lado espanhol da fronteira – provocou um "ajuste malthusiano", reduzindo a menos da metade a população missioneira. O drama dos índios pode ser observado na correspondência das autoridades: em 04/11/1803 João Antonio da Silveira queixava-se que não havia mais reses "(...) nem para comprar nem para furtar (...)" e completava, "(...) inda não vi morrer nenhum de fome porém não dilatarei a ver (...)" (AHRS, AM, M-5, anexo na corresp. de Patrício Jose Correia da Camara, dezembro de 1803). A par da situação, o governador do Rio Grande concluía que não via "(...) outro remédio (...)" do que "(...) aqueles que estão em menor necessidade (...) mutuamente se sirvam e se dêem os braços." (AHRS, CG, A. 1.07, o Secretário do Governador José Ignacio da Silva, 13/03/1805).

87 AHRS, CG, A.1.07. 29/08/1803, 10/09/1803, 16/10/1803, 18/11/1803, 07/01/1804, 04/02/1804, 21/07/1804, 06/08/1804, 16/03/1805, 02/04/1806,

Por outro lado, nas mesmas correspondências, o governador ia criando exceções e permitindo que os veteranos de guerra sem propriedade e os elementos que tivessem concorrido com bens para a defesa do território fossem se arranchando nos campos ao sul do Ibicuí; é que além das queixas dos espanhóis, Paulo José da Silva Gama temia que indivíduos de fidelidade política duvidosa, especialmente os contrabandistas, ocupassem os terrenos, passando-se aos castelhanos na primeira chance que tivessem[88].

De qualquer forma, a conquista das Missões sacramentou uma situação criada pelo comércio ilegal; um pouco antes do início das hostilidades o oficial espanhol Felix de Azara já antevia que os portugueses "(...) habran cortado antes de quatro años a nuestras Misiones y apoderadose de ellas; como ya han hecho de su comercio (...)"[89]. Foi a "segunda geração de vaqueanos" – mestiços e contrabandistas, conhecedores do terreno missioneiro – e suas clientelas pessoais que lograram empolgar os índios guarani na luta do partido português. Vale dizer, as fidelidades políticas alternativas forjadas pelo comércio ilegal atuaram, desta vez, a favor da Coroa portuguesa.

Aos heróis ladrões a Coroa dava terras e homenagens, convidando-os a adentrar na civilização luso-brasílica. Seguia-se ainda a "colonização dos colonos"[90]: Em 1804 estabeleceu-se uma alfândega em Porto Alegre para cobrar direitos sobre importações e uma Junta de Fazenda para garantir a arrecadação dos impostos Reais. Três anos depois o Rio Grande era elevado

---

12/04/1806, 05/05/1806, 09/11/1806, 12/09/1807, Paulo José da Silva Gama e seu ajudante José Ignacio da Silva.

88 As exceções estão na carta do dia 04/02/1804, Paulo José da Silva Gama. O raciocínio a respeito da fidelidade política dos habitantes da fronteira está na de 16/03/1805, José Ignacio da Silva.

89 Azara, Felix. Memoria rural del Río de la Plata (1801). In: Cortesão, Jaime. *Do Tratado de Madri à Conquista dos Sete Povos* (1750-1822). Manuscritos da Coleção de Angelis. Rio de Janeiro: Biblioteca Nacional, 1969, p. 451.

90 Cf. ALENCASTRO, *O Trato dos viventes*.... op. cit., p. 22.

à Capitania geral que deveria "(...) segurar (...) [os] espanhóis"[91]. Completavam estas medidas os incentivos de Rodrigo de Souza Coutinho que, retomando a máxima de que o comércio das colônias deveria ser mais animado com a metrópole do que entre si, escrevia "(...) [a] navegação que principia a estabelecer diretamente dessa Capitania para este Reino (...) [é] o mais interessante ao seu Real Serviço e ao Bem Público" [92].

Mas foi com a chegada da família Real ao Rio de Janeiro que se inaugurou uma "perspectiva americana"[93] na política da Corte e o Rio Grande passou definitivamente ao centro da geopolítica Imperial; daquele Continente deveriam partir as expedições terrestres contra as posições castelhanas no Prata. D. Diogo de Souza desembarcou no Rio Grande e instituiu oficialmente a Capitania; depois dele, o marquês do Alegrete e o conde de Figueira, nobres do círculo pessoal de D. João VI, passaram pelo governo. Não foi, portanto, por simples retórica que o comandante da fronteira do Rio Grande desejou ao marquês do Alegrete, que: "O Supremo Senhor queira vigorar a saúde de V. Exa. para sofrer o peso de uma Capitania, que apesar de ser pequena, é de imenso trabalho e pesadas consequências."[94].

A geopolítica no extremo sul à época da metrópole tropical

Em 1816 a Missão Francesa, chefiada por Joachim Lebreton, embarcava para o Rio de Janeiro, nova Corte e centro do Império colonial lusitano. No meio da viagem foram informados que o Brasil fôra elevado

---

91 AHU, ROR, Cód. 573, 09/12/1796, D. Rodrigo de Souza Coutinho. A citação é do pedido de informação ao vice-rei a respeito da formação de uma Capitania Geral no Rio Grande.

92 AHRS, AG, B.1.02, D. Rodrigo de Souza Coutinho, 31/10/1799.

93 Cf. ALEXANDRE, *Os sentidos do Império...* op. cit., p. 345 *et passim*. Ver ainda o capítulo 4, p. 225-236.

94 AHRS, AM, M-47, Manoel Marques de Souza, 26/11/1814.

a Reino e que Portugal havia sido rebaixado à condição de colônia[95]. A informação, que não era totalmente correta, nos permite visualizar o impacto da transferência da Corte para o Brasil sobre as tradicionais relações entre metrópole e colônia.

Havia pouco menos de trinta anos que a Revolução Francesa transformara profundamente a política europeia. A tomada do poder pela burguesia fundamentava-se em torno de novos princípios: a soberania era justificada pela vontade popular em detrimento da justificativa divina que legitimava a soberania das monarquias absolutistas, o que, naturalmente, possuía consequências internacionais[96]. A Era das Revoluções viu nascer uma nova cultura política "(...) mescla de pensamento da ilustração e ideário revolucionário (...)" que, com contornos específicos, também se forjou na América[97].

Além do potencial explosivo que estas novas ideias possuíam em situação colonial, a guerra revolucionária convulsionou todo o mapa europeu; de 1793 até 1795 a república francesa esteve em guerra com quase todas as potências europeias; Portugal tentou manter-se longe dos conflitos do continente, porém, sustentou um estado de hostilidade com a República até a Paz de Amiens em 1802.

Foi, contudo, somente em 1807 que a dinastia de Bragança sofreu com a força expansiva da burguesia francesa, agora sob o Império de Napoleão Bonaparte. A invasão de Portugal pelas tropas do general Junot foi o ponto culminante das disputas em torno do Bloqueio Continental na península Ibérica. Um ano antes, Napoleão havia declarado o bloqueio

---

95 Cf. ALENCASTRO, Luiz Felipe. A Pena e o Pincel. In: Straumann, Patrick (org.). *Rio de Janeiro, Cidade Mestiça*. (133-162) São Paulo: Companhia das Letras, 2001, p. 140. Para uma visão da popularização da idéia de "inversão" nas relações entre Portugal e Brasil no Portugal pré-revolução do Porto, cf. ALEXANDRE, *Os sentidos do Império...* op. cit., p. 408-441.

96 GODECHOT, Jacques. *As Revoluções* (1770-1799). São Paulo: Livraria Pioneira, 1976, p. 72.

97 PIMENTA, João Paulo. *Estado e Nação no Fim dos Impérios Ibéricos no Prata*. São Paulo: Hucitec, 2002, p. 65. Ver também o já clássico estudo de Eric Hobsbawm (HOBSBAWM, Eric. *A Era das Revoluções...*, op. cit.).

de todo o comércio inglês no Grande Império e vinha forçando os países neutros a tomarem medidas parecidas. Portugal, sob a ameaça da esquadra inglesa, titubeou em torno dos dois rivais, mas acabou por optar por sua velha aliada e pela manutenção de seus domínios ultramarinos. Recusado o ultimato francês de 28/07/1807, restava preparar a fuga da família Real para o Brasil[98].

A possibilidade de transferência da Corte para o Brasil aparecera nos momentos mais graves de crises militares portuguesas durante o século XVIII. Rodrigo de Souza Coutinho (futuro conde de Linhares), representante do "partido inglês" na Corte portuguesa e principal estrategista do governo, foi quem acertou a transferência e os tratados de aliança com a Inglaterra que salvaram o Brasil em detrimento do Reino[99].

Em todo o caso, a mudança da Corte para o Rio de Janeiro preservava a "mais rica joia da coroa dos Bragança", mas mudava profundamente as tradicionais relações entre o centro e as periferias do Império. Lisboa estava ocupada pelos franceses e os ingleses cobravam a conta da mudança. Em janeiro de 1808, ainda na Bahia, D. João VI declarava abertos os portos do Brasil para as "Nações Amigas" e, em 1810, assinava um Tratado com a Inglaterra que, além de prometer a negociação do fim do tráfico de escravos, fornecia tarifas preferenciais a Albion. O Rio de Janeiro tornava-se o centro político e comercial do Império Português. O resultado era, praticamente, a inversão das relações entre a colônia e a metrópole e daí a impressão anotada pela Missão Artística Francesa. Por outro lado, a pos-

---

98 Cf. GODECHOT, Jacques. *Europa e América no Tempo de Napoleão* (1800-1815). São Paulo: Livraria Pioneira/Edusp, 1984, p. 189-191.

99 Rodrigo de Souza Coutinho foi Secretário de Estado da Marinha e de Ultramar (1796-1801), presidente do Erário Régio (1801-1803) e Secretário de Estado da Guerra e dos Negócios Estrangeiros (1808-1812). SILVA, Andrée M.D. Portugal e o Brasil: a reorganização do Império, 1750-1808. In: BETHELL, Leslie. *História da América Latina.* América Latina Colonial. São Paulo: Edusp, 1998, Vol.1, p. 479. A ideia de transferência da Corte já havia sido sugerida por D. Luís da Cunha em seu "testamento político" de 1736 (cf. MAXWELL, Keneth. *A Devassa da Devassa.* A Inconfidência Mineira: Brasil e Portugal, 1750-1808. Rio de Janeiro: Paz e Terra, 1977, p. 25).

terior proibição aos estrangeiros de participar do comércio de cabotagem e a restrição da abertura dos portos às praças do Rio de Janeiro, Bahia, Belém, São Luís e Recife (11/06/1808) protegia os interesses dos grandes mercadores portugueses, agora encravados no Rio[100].

Derrotados na Europa, podiam os portugueses ir à forra na América, aproveitando-se da incapacidade marítima da aliança franco-espanhola. D. Rodrigo, em sua *Memória sobre o melhoramento dos domínios da América*, já havia insinuado suas pretensões sobre a Região Platina, referindo-se ao chamado "(...) a ocupar o verdadeiro limite natural das nossas possessões no sul da América que é a margem setentrional do rio da Prata" que, desta sorte, colocaria Portugal "(...) a não temermos nada de nossos vizinhos"[101].

Nas proféticas palavras do marquês de Alorna, dispunha-se D. João a ser "(...) imperador naquele vasto território, aonde pode facilmente conquistar as colônias espanholas e aterrar em pouco tempo as de todas as potências da Europa"[102]. Já na passagem do Atlântico a Corte conspirava para a conquista da margem norte do rio da Prata. Com a chegada ao Rio, Rodrigo de Souza Coutinho enviou um emissário a Buenos Aires e a Montevidéu oferecendo a "proteção" portuguesa àquela região; com a recusa do vice-rei e do cabildo de Buenos Aires, exigiu-se a entrega da Banda Oriental a pretexto de defesa contra possíveis incursões francesas. A chegada de uma esquadra inglesa no Rio de Janeiro animou ainda mais ao futuro conde de Linhares: chegou a formular planos para um ataque luso-inglês contra as praças de Buenos Aires e Montevidéu e propôs ao representante britânico uma expedição contra as Filipinas e o litoral ocidental da América[103].

---

100 Cf. PIMENTA, *Estado e Nação... op. cit.*, p. 71. Ver também DIAS, MARIA O. S. A interiorização da Metrópole. In: Mota, Carlos. G. (org.) *1822 Dimensões*. São Paulo: Perspectiva, 1972, p. 160-186.

101 COUTINHO, RODRIGO DE SOUZA. *Memória sobre o melhoramento..., op. cit.*, p. 281.

102 Marquês de Alorna ao Rei, 10/05/1801, *apud:* Porto, *Aurélio História das Missões... op. cit.*, p. 262.

103 Cf. MANCHESTER, Alan K. *Preeminência Inglesa no Brasil*. São Paulo: Brasiliense, 1973, p. 107-111.

Os desejos de D. Rodrigo sobre a Banda Oriental tinham origem em informações que recebia dos seus correspondentes e agentes americanos. Já em 1801 Donald Campbell dizia existir dois partidos em Montevidéu, um de republicanos convictos e outro de descontentes frente aos constantes prejuízos provocados pela guerra:

> Assim, com um partido violento de Republicanos e outro de descontentes podemos supôr aquele infeliz povo suscetível de mudança, se debaixo destas circunstâncias houvesse uma vigilante atenção a animar a indústria (...), a extensão, cultura, comércio e ainda a povoação da capitania do Rio Grande: Portugal não somente teria uma formidável frente para opor a qualquer mudança que podia [sic] haver nas colônias espanholas (e alguma mudança há de haver se guerra continua), mas também mostraria aos Espanhóis o alto estado de prosperidade e felicidade gozado pelos súditos portugueses (...) protegida da insolência dos infiéis Republicanos: os efeitos de todas estas observações, contrastadas com a sua mesma situação, forçosamente obrará em favor de Portugal; e, se for bem dirigida, pode finalizar na aquisição destas invaliáveis [sic] terras, na livre navegação do Rio da Prata e, enfim, em possuir a grande chave dos tesouros da Espanha (...)[104].

O comandante da esquadra no Brasil retomava aqui o raciocínio político formulado por Luiz de Vasconcelos quando vice-rei: era preciso fortalecer o Rio Grande economicamente para fazer frente às colônias espanholas. Recuperava ainda o argumento das fidelidades alternativas, pois Donald Campbel propunha atrair os povos de Montevidéu à órbita lusitana, adquirindo as suas "invaliáveis terras", a "livre navegação do

---

104 AHU, RJ, Avulsos, R. 201, doc. 13757, Donald Campbel, 01/04/1801. A carta, que não contém o destinatário, provavelmente fora escrita para D. Rodrigo, mas que já não ocupava o cargo de Secretário de Ultramar, sendo recebida, portanto, pelo conde de Aguiar. Em todo o caso, é provável que o futuro conde de Linhares conhecesse o conteúdo da correspondência.

Rio da Prata" e a "chave dos tesouros da Espanha". Entretanto, há aqui um problema novo, já que a preocupação maior era "opor a qualquer mudança" que pudesse porventura contaminar os domínios portugueses e assim oferecer uma alternativa política ao "partido dos descontentes" frente à ameaça dos "infiéis republicanos".

As ideias de Donald Campbell eram reforçadas ainda pelo franco-espanhol conde de Liniers, que possuía uma fábrica de caldos de bovinos no Rio da Prata junto com o seu irmão, e que também escreveu uma memória sobre o Rio Grande, dedicada a D. Rodrigo.

> (...) esta colônia [Rio Grande] virá a ser rica, populosa e forte, formará uma barreira muito necessária na época pouco distante da subversão das colônias espanholas e será então nessa época que servirei de maior utilidade a Portugal. (...) [\] deve aumentar a riqueza do Estado, assegurar a tranquilidade da Colônia; tornar felizes e ricos os colonos e conseguintemente excitar neles o desejo de conservar a sua propriedade, de desviar dela as inovações que poderiam perturbar-lhe a posse e inspirará o desejo de a defender contra os inimigos que a quisessem atacar[105].

O conde de Liniers argumentava também pela necesidade de "formar uma barreira" frente à subversão das colônias espanholas; é que o risco da inovação política assombrava os velhos poderes europeus. Mas ao que tudo indica D. Rodrigo de Souza acreditava ser possível fazer a crise do Antigo Regime jogar a favor da Coroa dos Bragança. Afinal, o seu informante, que prometia servir a Portugal no momento da subversão geral do Rio da Prata, era ninguém menos que o irmão do futuro vice-rei do Prata.

Os desejos de conquistar a Banda Oriental se combinavam com uma ideia que estava se difundindo na Corte: formar um Império na Améri-

---

[105] LINIERS, Conde de. *Memoria sobre o porto do Rio Grande do Sul*. AN, Cód. 807, vol. 10, fls. 02 e 08 (grifo no original). Consta na folha de rosto: Tradução do papel do conde de Liniers.

ca, já não de caráter colonial, mas nos moldes do Império Napoleônico. Antonio Luiz de Brito Aragão e Vasconcelos cunhou nestes termos suas *Memórias sobre o estabelecimento do Império do Brasil ou novo Império Lusitano:*

> Chegou finalmente a Época em que o Soberano de Portugal deve tomar o Título de Imperador, que justamente corresponde à Majestade de Sua Pessoa, ao Heroísmo de seus Augustos Progenitores e a extensão de seus Estados. O Brasil (...) já não será uma colônia marítima isenta do comércio das Nações, como até agora, mas sim um poderoso Império que virá a ser o moderador da Europa, o árbitro da Ásia e o dominador da África[106].

Finalizado o regime de monopólio, o Brasil poderia se tornar um "poderoso Império", que moderaria a Europa, arbitraria a Ásia e dominaria a África. Ao mesmo tempo em que abandonaria a divisão colonial do trabalho:

> Aqui se verão agora estabelecidas inumeráveis fábricas que farão perder reputação às melhores da Europa e às mais preciosas da Ásia e transplantadas todas as produções que este fecundo país abraçar. (...) Os Régulos da África mandarão pagar tributo ao nosso Augusto Soberno, a que hão de reconhecer por seu, e nós senhores exclusivo daquela parte do mundo extrairemos dali o ouro, ferro, arame, marfim, âmbar, cerais e mais gêneros de sua produção em troca da aguardente e tabaco que os habitantes carecem[107].

---

106 VASCONCELOS, Antonio L. de Brito. *Memórias sobre o estabelecimento do Império do Brasil ou novo Império Lusitano.*(1811?) In: *Anais da Biblioteca Nacional.* Rio de Janeiro, 1920-1921, Vols. 43-44, p.7. O autor seria o advogado de parte dos envolvidos na revolta de 1817 em Pernambuco.

107 Op. cit. p. 7-8.

O Brasil então produziria manufaturas e assim poderia dominar a África, dominação imperial, pois os régulos nativos "mandarão pagar tributo" ao Príncipe e o comércio africano não seria mais de escravos, mas de especiarias e matérias–primas. De inspiração napoleônica também era o plano de expandir o Império Americano até as suas "fronteiras naturais", princípio que havia sido defendido pela Convenção Francesa para justificar a anexação da margem esquerda do Reno[108].

A abdicação de Carlos IV e as revoltas que se sucederam na Espanha contra a ocupação francesa arrefeceram os ânimos lusitanos, ainda que Dona Carlota Joaquina mantivesse pretensões dinásticas em relação à Coroa e às colônias castelhanas. A relutância inglesa em apoiar as aventuras joaninas na América Meridional manteve as tropas portuguesas longe do Prata por uns quatro anos. Não obstante, a Guerra foi declarada à França e uma expedição foi mandada à colônia de Cayenna, obtendo a rendição do governador e sua anexação ao Pará[109].

As constantes crises do colonialismo espanhol, secundadas pelos diversos projetos reformistas da última década do século XVIII, e o exemplo norte-americano inquietavam a população *criolla*. As interrupções

---

108 A doutrina das fronteiras nacionais fôra popularizada na França com a publicação em 1785 do livro "Voeux d'un Gallophile" por Cloots, um alemão francófilo. Mais tarde, em 1793, Danton reinvindicaria este princípio para justificar a anexação da Bélgica (cf. GODECHOT, *As Revoluções...*, op. cit., p. 104 e SOBOUL, Albert. *História da Revolução Francesa*. 3 ed., Rio de Janeiro: Jorge Zahar, 1981, p. 249). Para uma crítica do uso anacrônico deste conceito para a política portuguesa no Prata anterior à Revolução Fancesa, ver HOLANDA, Sérgio B. de, *A Colônia...*, op. cit., p. 339. Sobre a influência das ideias napoleônicas na Corte Joanina no Brasil ver também Alencastro, *A pena e o pincel...*, op. cit.

109 De acordo com Ciro Cardoso o plano inicial da expedição até Cayenna fôra formulado pelos ingleses e pretendia "(...) arrasar as fortificações (...) esvaziá-la de negros e mulatos (...) o que poderia livrar Portugal – ou mais exatamente o Pará – de um vizinho incômodo, garantindo-lhe a fronteira que pretendia pelo Oiapoque" (CARDOSO, Ciro F. *Economia e Sociedade...op. cit.* p. 154). Depois, a Corte portuguesa pretendeu anexar Cayenna, que manteve até 1817, quando teve de devolvê-la à França por ocasião do Tratado de Viena.

no comércio metropolitano e a participação das populações coloniais no esforço bélico imperial contribuíam para a formação de um senso de *criollismo* que, se ainda não chegava a propor a ruptura com a Espanha, apontava em direção a uma maior autonomia colonial. No caso do Rio da Prata, a expulsão dos invasores ingleses de Buenos Aires em 1806 por forças exclusivamente coloniais despertou um "patriotismo *criollo*" e foi, por assim dizer, um dos principais antecedentes do processo de independência daquela região[110].

Com a abdicação de Carlos IV e o cativeiro de Fernando VII, a Espanha enfrentou uma espécie de Revolução Nacional em que diversas juntas regionais, lideradas pela Junta de Sevilha, organizaram a resistência à invasão napoleônica, legitimando-se pela soberania popular. O princípio de soberania popular tinha alcances ainda mais revolucionários nas já inquietas colônias; por toda a América formaram-se juntas parecidas que tomaram a responsabilidade do governo de suas regiões. De imediato, além da independência, existiam três caminhos possíveis para as colônias seguirem: apoiar as forças napoleônicas que haviam entronizado José I, seguir o partido de Carlota Joaquina, princesa do Brasil e irmã de Fernando VII, que se oferecia a reger a América na ausência de seu irmão, ou manter-se fiel ao rei cativo e à Junta de Sevilha. De modo geral, foi ao último "partido" que os colonos seguiram; esta atitude, no entanto, "(...) equivalia a uma autonomia de facto (...) [que] a longo prazo, revelou-se um estágio provisório até a separação total"[111]. Em todo o caso, para os nossos

---

110 Cf. LISS, Peggy K. *Los Imperios Trasatlánticos*: Las redes del comercio y de las Revolucinoes de Independência. 2. ed. México: FCE, 1995, esp. p. 220, 239, 296-297, 300 e 376-377. Cf. também PIMENTA, João Paulo. *Estado e Nação... op. cit.* que analisa profundamente os distintos projetos nacionais surgidos no calor das Revoluções de Independência e Lynch, John. As origens da Independência da América espanhola. In: Bethell, Leslie (org.). *História da América Latina*. Da Independência até 1870. São Paulo: Edusp, 2001, Vol. 3, p. 19-72.

111 BUSHNELL, David. A Independência da América do Sul Espanhola. In: BETHELL Leslie (org.). *História da América Latina*. Da Independência até 1870. São Paulo: Edusp, 2001, p. 119, Vol. 3, p. 119-186.

objetivos, cabe apenas estudar os processos políticos que resultaram na intervenção portuguesa no Prata e na anexação da Banda Oriental.

Em 1808 uma junta chefiada pelo governador Francisco Xavier Elío foi formada em Montevidéu contra o vice-rei Liniers, acusado de pertencer ao partido de Napoleão. Diversos planos já haviam sido frustrados em Buenos Aires e, em 1809, Liniers foi substituído por Cisneros que, prudentemente, permitiu o livre comércio, angariando a simpatia dos comerciantes e acalmando os ânimos mais exaltados.

Uma vez mais os acontecimentos europeus precipitaram as agitações americanas. As vitórias francesas na península eliminaram grande parte da resistência castelhana, obrigando à Junta Central retirar-se para Cádiz onde acabou por se dissolver em nome de um conselho de regência que deveria convocar as Cortes. A ausência de um centro de poder recolocou o problema da soberania no Império espanhol, e o pessimismo quanto ao futuro político da Espanha fortaleceu o partido autonomista.

Em Buenos Aires, a 22 de maio de 1810, reuniu-se um *cabildo* aberto para discutir o problema da soberania na ausência do monarca. A "principal e parte mais sã do *vecindario*" dividiu-se em torno de três "partidos":

> (...) a proposta da maioria dos criollos que defendia a criação de uma Junta de Governo em Buenos Aires, representando a soberania sobre o território do Prata e não dependendo de autoridade metropolitana; a proposta conciliadora de interesses, defendida por parte dos espanhóis e de uma minoria criolla, que defendia um governo transitório, eleito pelo Cabildo mas dependente de autoridade metropolitana; e a posição intransigente em favor dos interesses colonialistas, que reunia somente espanhóis e que defendia um governo que associava o Vice-rei e a Real Audiência, considerando-os depositários da soberania espanhola[112].

---

112 REICHEL, Heloisa J. e SILVA, Julio C.D. O Cabildo de Buenos Aires e as Práticas de Cidadania. In: *Estudos Leopoldenses*, Série História (5-23), 1(2), 1997, p. 19-20.

A primeira proposta, defendida por Cornelio Saavedra, comerciante estabelecido em Buenos Aires e de grande influência nas milícias coloniais, foi a vencedora. Em 25 de maio criou-se uma Junta liderada pelo próprio Saavedra que, além de não incluir o vice-rei, não reconhecia o Conselho de Regência, apesar de jurar fidelidade a Fernando VII. A Junta propunha-se a assumir a autoridade sobre todo o território pertencente ao vice-reinado do Prata. Montevidéu, contudo, manteve-se fiel às autoridades peninsulares, conflito de soberania que abria espaço para as aventuras platinas de D. Rodrigo de Souza Coutinho – agora conde de Linhares; também o Paraguai e o Alto Peru mantiveram-se afastados da política de Buenos Aires.

Com a expulsão do vice-rei Cisneros o conflito entre Buenos Aires, revolucionária, e Montevidéu, legitimista, tornou-se aberto. Os legitimistas, chefiados pelo governador Elío, buscaram o apoio da Corte Portuguesa e Rodrigo de Souza Coutinho voltava-se aos seus velhos projetos de anexar a Banda Oriental. Uma esquadra de Montevidéu bloqueou o porto buenairense; do Rio de Janeiro partiam ameaças contra os revolucionários em caso de retaliação[113].

No início de 1811 uma revolta liderada por José Artigas contra os legitimistas instaurou-se na campanha oriental. Artigas, que era apoiado pela Junta de Buenos Aires, reuniu em torno de si bandos de índios, *gauchos e changadores* numa espécie de revolução agrária que causou pavor nos grandes proprietários do interior. Um exército chefiado por Jose Rondeau que partira de Buenos Aires juntou-se às forças de Artigas para sitiar Elío, agora nomeado vice-rei do Prata, que pediu a ajuda portuguesa. O levante artiguista e as proclamações de Elío eram as justificativas que faltavam ao governo português que, desde 1808, concentrava tropas no Rio Grande. Assim, nas ordens que expedia ao governador do Rio Grande, D. Diogo de Souza, a respeito da invasão da Banda Oriental, o conde de Linhares mandava publicar que "(...) S.A.R. não quer tomar parte alguma de S.M. Católica e que se retirará tanto que o território se achar pacificado (...)" [114].

---

113 Cf.Manchester, *Preeminência Inglesa... op. cit.*, p. 120-122.

114 AHRS, AG, B. 1.08, conde de Linhares, 05/06/1811.

Ademais, o conde de Linhares estava confiante em encontrar apoio entre parte da população oriental:

> V.Sa. há de necessariamente achar no território espanhol como aliados todos os proprietários de grandes fazendas de gado, que hão de ter sofrido extraordinariamente dos roubos cometidos pela gente levantada; e tratando-os V.Sa. bem e fazendo-os só contribuir com o que for necessário para o sustento do exército; há de V. Sa. ter neles os mais seguros auxiliadores do exército[115].

É impossível não se surpreender com a apurada análise "sociológica" do conde de Linhares. Ao apostar no apoio dos grandes fazendeiros para a invasão da Banda Oriental, revelava o caráter, por assim dizer, classista da revolta de Artigas. A aliança com os grandes proprietários não significava apenas o "*sustento*" do exército, mas também a constituição de vínculos políticos entre os poderes locais e o Império português, base da futura anexação da Cisplatina[116].

A 23 de julho de 1811 as tropas portuguesas cruzaram o rio Jaguarão e, nos dois meses seguintes, facilmente tomaram as posições de Castilhos e Santa Teresa para enfim ocupar a cidade de Maldonado. Entretanto, o vice-rei Elío, que desconfiava das pretensões portuguesas, assinou um armistício com os rebeldes e pediu para que D. Diogo de Souza, comandante do exército pacificador, abandonasse o território da Banda Oriental. Rondeau voltava para Buenos Aires e Artigas tomava a direção de Entre Ríos. Os portugueses acamparam ao sul do rio Ibicuí donde mantiveram

---

115 AHRS, AG, B.1.08, conde de Linhares, 09/06/1811.

116 No início da revolta, contudo, Artigas tinha o apoio de boa parte dos grandes estancieiros da Banda Oriental (cf. Touron, Lucía Sala de. Torre, Nelson de la, Rodriguez, Julio C. *Artigas y Su Revolución Agrária (1811-1820)*. 2. ed., México: Siglo XXI, 1987, p. 45-46). É interessante notar que em 1808 Dom Rodrigo já fizera uma análise em termos parecidos em relação à Invasão Francesa de 1807, acusando certos setores da nobreza e da magistratura portuguesas de colaborar com o invasor. (cf. Alexandre, *Os Sentidos do Império...*, *op. cit.* p. 197-198).

as hostilidades contra os artiguistas; de lá atacaram o povo de Japejú, já as tropas das Missões lançaram-se contra a redução entreriana de São Tomé. As operações no território oriental duraram até junho de 1812 quando D. João VI, por pressão inglesa, determinou a retirada do exército "pacificador" [117].

No início de 1813 as tropas buenairenses voltaram a sitiar Montevidéu apoiadas em seguida pelas forças de Artigas. O Triunvirato que agora governava Buenos Aires havia convocado uma constituição que ia dando contornos centralistas ao novo Estado; os interesses comerciais da cidade de Buenos Aires pretendiam enquadrar as outras províncias que faziam parte do vice-reinado do Prata.

As dissensões entre os revolucionários, que já haviam aparecido durante o armistício de 1811, caminharam para o conflito aberto no momento em que Artigas e seus seguidores, em um congresso de abril de 1813, condicionaram o reconhecimento do governo buenairense a uma série de medidas que garantissem a autonomia das províncias[118]. Rondeau, que novamente comandava as tropas do Triunvirato no território Oriental, respondeu com a convocação, no final de 1813, de um outro congresso que deveria eleger deputados e formar um novo governo local. Em janeiro

---

117 Cf. BENTO, Cláudio Moreira. 190º aniversário da campanha do Exército de D. Diogo de Souza pacificador da Banda Oriental 1811/1812. In: *O Guararapes* (5-7) 32, jan.–mar 2002.

118 A assembléia dos povos orientais da Banda Oriental realizada em 05 de abril definiu um projeto político que pode ser assim resumido: "(...) independencia absoluta, gobierno republicano, separación de los poderes, respeto a las autonomías provinciales en camino hacia la constitución de um estado federativo, libertad civil y religiosa 'en toda extensión imaginable', derecho de los pueblos a guardar armas y erradicación del despotismo militar. También se reclama la habilitación de los puertos de Montevideo y Colonia, la eliminación de todo sistema impositivo que dé privilegios al comercio de Buenos Aires y princípios de autonomía financeira. Instituye además un gobierno económico provincial." (TOURON, TORRES, RODRÍGUEZ, *Artigas y su... op. cit.*, p. 61). Cf. também PIMENTA, *Estado e Nação..., op. cit.* p. 114-115.

do ano seguinte, as hostilidades culminaram com o abandono do cerco por Artigas e seus seguidores, considerados traidores por Buenos Aires.

As tropas portenhas seguiam sitiando Montevidéu e, depois de uma vitória marítima sobre a frota realista em julho de 1814, a praça se rendeu. Com as tropas de Buenos Aires de posse da capital oriental, a situação entre os dois partidos, que agora disputavam a hegemonia do processo de Independência, desandou para a guerra civil. A vitória de Guayabos abriu o caminho para a conquista de Montevidéu pelos artiguistas que em março de 1815 tomaram controle da cidade, já abandonada pelos buenairenses.

Artigas manteve o controle da Banda Oriental por pouco mais de um ano. Neste período, logrou obter a união de cinco províncias originárias do vice-reinado do Prata – Córdoba, Santa Fé, Corrientes, Entre Ríos e Banda Oriental – em torno de uma confederação frouxa, a *Liga Federal*. É deste período também o famoso *Reglamento para fomento de la campaña y seguridad de sus hacendados* que previa a distribuição das terras dos inimigos da causa patriótica para os *paisanos* pobres, base do exército artiguista[119]. A agitação agrária provocada pelo *Reglamento* afastou uma parte expressiva dos grandes estancieiros do novo regime, criando uma situação favorável para a "aliança" prevista pelo Conde de Linhares no momento da primeira invasão portuguesa.

Enquanto isso, as forças conservadoras da Europa esforçavam-se para exorcizar de vez o espectro napoleônico que varrera o continente. Fernando VII, libertado do cativeiro francês em 1814, logrou sufocar a revolta liberal espanhola e buscava compromissar as Coroas europeias com o esforço recolonizador espanhol. Uma frota com dez mil homens – que inicialmente deveria ser mandada para o Rio da Prata – desembarcou na Venezuela onde enfrentou a resistência dos patriotas.

O quadro político parecia, portanto, favorável a uma nova intervenção portuguesa no Prata e a desmobilização das tropas que lutavam na península Ibérica fornecia o contingente militar para uma expedição desta envergadura. Em janeiro de 1816 chegaram 4.830 veteranos das guerras europeias no Rio de Janeiro, era a *Divisão de Voluntários d'El Rey* que, junto

---

119 Touron, Torres e Rodríguez (*Artigas y su...op. cit.*) analisam profundamente o problema agrário no artiguismo.

com os mais de 2 mil soldados já destacados no Rio Grande, constituía uma força formidável perante os padrões militares americanos.

Em agosto do mesmo ano, os *Voluntários d'El Rey* já estavam operando no território Oriental, enquanto que os rebeldes de Artigas iam sofrendo sucessivas derrotas. Em janeiro de 1817 o *cabildo* de Montevidéu, reduto dos grandes proprietários da região, entregava-se aos invasores. A relativa facilidade com que se tomou a capital da Banda Oriental contrastou com a renhida resistência artiguista na campanha, operando especialmente a partir de Entre Ríos. Desta base de operações partiram os mais célebres contra-ataques orientais liderados pelo índio guarani Andresito Artigas: o cerco a São Borja em 1817 e a conquista do povo de São Nicolau em 1819 que, no entanto, terminaram em derrota. A campanha rioplatense só foi pacificada em 1820 quando Artigas foi derrotado na batalha de Taquarembó e sofreu as defecções de praticamente todos os seus caudilhos; um ano depois, um congresso invocado pelos ocupantes aclamou a unificação do estado oriental ao Reino Unido de Portugal, Brasil e Algarves, sob o nome de Província Cisplatina, outra inspiração napoleônica[120].

A anexação da Cisplatina teve repercussões na política europeia. A Espanha protestou pelo que considerava ser uma usurpação de seus direitos, ameaçando atacar Portugal; a Inglaterra também manifestou apreensão e advertiu que poderia retirar a sua garantia sobre o território lusitano. Pressionada, a Corte teve de aceitar a mediação das grandes potências, o que evitou um novo conflito na Península Ibérica. Áustria, Rússia, França, Prússia e Inglaterra apresentaram um projeto pelo qual Montevidéu deveria ser devolvida à Espanha mediante uma indenização. Enquanto que Portugal aceitou a proposta das grandes potências, a Corte espanhola protelava em responder, o que permitia aos portugueses manter o estado

---

[120] "La dureza de la guerra terminó de enajenar al Jefe de los Orientales la casi ninguna simpatía que conservaba entre los hacendados del frente patriota" (Idem, p. 254). Cf. ainda CESAR, Guilhermino. *História do Rio Grande do Sul. Período Colonial.* São Paulo: Editora do Brasil, 1980, p. 256-262 e PORTO, Aurélio. *História das Missões..., op. cit. p.* 346-354.

de coisas; a pacificação da Banda Oriental e o voto favorável a sua anexação legitimaram o domínio lusitano[121].

Da perspectiva americana, os Bragança haviam apostado nas fidelidades alternativas da elite rio-platense e enfim ganhavam o extenso território da província Cisplatina, alargando o Império do Brasil até as suas "fronteiras naturais". No entanto, as consequências das aventuras portuguesas no Prata estavam longe de se esgotar com a derrota militar de José Artigas: a guerra civil e a invasão portuguesa provocaram uma grande fuga de homens e capitais para o Brasil. Os emigrados castelhanos formaram uma importante comunidade no Rio Grande e no Rio de Janeiro, alguns conspiravam contra o governo artiguista, outros forneciam armamentos aos insurgentes, participando de sociedades políticas liberais e acirrando o clima político. Esta comunidade causava grandes preocupações para o governo português; Felix José de Mattos, comandante interino da fronteira do Rio Grande, escrevia: "Como o crescido número de espanhóis que residem atualmente nesta Vila a título de emigrados me tem feito vigorar mais que o ordinário a polícia interior da povoação (...)"[122]. Um pouco antes disto, dois espanhóis bêbados haviam brigado com um português "(...) sobre as vantagens dos orientais e espanhóis de Montevidéu (...)" e o escravo Chico Bonito fora denunciado por fundir balas de chumbo para espanhóis[123].

---

121 Cf. MANCHESTER, *Preeminência Inglesa....op. cit.* p. 132-135. É importante notar que a diplomacia portuguesa, com o intuito de retomar a cidade portuguesa de Olivença, perdida em 1801, e acertar uma nova aliança com a Espanha, aventou a possibilidade de oferecer novos ajustes às fronteiras americanas: constaram entre estas idéias o retorno ao Tratado de 1777, a devolução da Banda Oriental e a troca desta última pela margem norte do rio Amazonas. (cf. ALEXANDRE, *Os sentidos do Imério...op. cit.*, p. 256, 295, 333). Ver ainda WADEL, D.A.G. A política internacional e a Independência da América Latina. In: BETHELL, Leslie (org.). *História da América Latina. Da Independência até 1870.* São Paulo: Edusp, 2001, Vol. 3, p. 240-245.

122 AHRS, AM, M-52, Felix José de Mattos, 28/07/1815.

123 AHRS, AM, M-52, Felix José de Mattos, 22/06/1815. A indefinição em relação às novas nacionalidades que vinham se forjando no processo revolucionário –

Os problemas com os emigrados levaram o marquês de Aguiar, desde a Corte, a proibir a permanência de espanhóis no Rio Grande, Santa Catarina ou São Paulo. Deveriam migrar para o Rio de Janeiro ou para qualquer capitania do norte sob as vistas do governo joanino[124]. Antes mesmo destes acontecimentos a Corte já se mostrava preocupada com a propaganda revolucionária, determinando ao governador do Rio Grande que incentivasse as subscrições do jornal oficial "O Investigador Português" "(...) a fim de confirmar nos Ânimos Portugueses os Sentimentos de Lealdade e Patriotismo (...)"[125].

Mesmo com todo o zelo Real, a Revolução de Pernambuco em 1817 voltava a mostrar a faceta revolucionária da crise do sistema colonial. De seu posto em Rio Grande, Manoel Marques de Souza desconfiava que era "(...) coisa movida pelos americanos ou pelos de Buenos Aires (...)", mas o que mais lhe causava medo era que "Nas charqueadas de Pelotas há um grande número de negros, que dão mais cuidado que os insurgentes da campanha de Montevidéu (...)"[126]. O episódio pernambucano não passou

---

analisada com profundidade por João Paulo Pimenta (*Estado e Nação...op. cit.*) – fazia com que muitas autoridades portuguesas chamassem os emigrados de todos os partidos de espanhóis.

124 AHRS, AG, B.012, marquês de Aguiar, 18/08/1815. O ministro de D. Fernando VII na Corte portuguesa representou em favor dos emigrados, considerando que do Rio Grande eles poderiam retornar com mais facilidade às suas casas e aos seus negócios; é possível também que os conservadores espanhóis desejassem manter suas redes de conspiradores na fronteira. O marquês de Aguiar acedeu, permitindo que "(...) aí [no Rio Grande] se possam demorar aqueles indivíduos espanhóis que pelo seu caráter, circunstâncias e procedimento não derem motivo de suspeita (...)" (AHRS, AG, B.013, marquês de Aguiar, 11/01/816).

125 AHRS, AG, B. 010, 14/061813, conde de Galveas.

126 AHRS, AM, M-64, Manoel Marques de Souza, 16/05/1817. Provavelmente a preocupação de Manoel Marques de Souza com os escravos das charqueadas era provocada pelas notícias da onda de insurreições escravas que sacudiu a Bahia entre 1813 e 1816 (sobre estas insurreições, cf. Schwartz, Stuart. *Segredos Internos:* Engenhos e escravos na sociedade colonial. 2ª reimpr., São Paulo:

em branco. Em Rio Grande surgiu uma série de cartazes "(...) seduzindo o povo para uma Revolução (...)", o que resultou na prisão de Domingos Vieira Braga e de um frade espanhol com fama de revolucionário[127]. Três anos depois o sargento-mor Alexandre Luis de Queirós convocou "(...) negros e gentalha (...)" para levantar a vila de Cachoeira do Sul, clamando que era por Artigas, pelos negros e pelos índios. Também se tornaram comuns as demonstrações de desprezo ao rei: um outro militar, Adolfo Charão, dizia não se importar com *El Rey*, mas apenas com a sua pátria e a sua família; novamente em Rio Grande apareceram queixas contra um padre revolucionário que se recusou a rezar o *Te Deum* por conta do nascimento da princesa[128].

Revoltas, motins e conspirações mostravam que as aspirações expansionistas portuguesas em relação ao Prata – transformadas em projeto por D. Rodrigo de Souza Coutinho e os seus próximos –, só haviam alcançado em parte, e de forma precária, os seus objetivos. A indústria, o comércio e a população do Rio Grande cresciam como nunca, a margem direita do rio da Prata fora anexada; era impossível, no entanto, fazer "uma formidável frente para opor a qualquer mudança".

É verdade que pelas bandas de Porto Alegre os ideais republicanos estavam muito longe de se tornar hegemônicos, mas tampouco era para a metrópole que corria o Rio Grande. Colada aos mercados coloniais, a província seguiria fielmente o partido brasileiro no momento das agi-

---

Companhia das Letras, 1999, p. 386-389). A respeito da revolta pernambucana de 1817, cf. MOTA, Carlos G. *Nordeste 1817*. São Paulo: Perspectiva, 1972.

127 AHRS, AM, M-64, Manoel Marques de Souza, 31/05/1817. Cf. também as correspondências dos dias 16/05, 03/06. Vale dizer que, já em 1813, surgiram pasquins nas esquinas da Vila de Rio Grande envolvendo a honra do Tenente Coronel Soarez Barbosa Dantas Brandão, parece que neste período começava a se popularizar o uso de pasquins na região (AHRS, AM, M-39, Manoel Marques de Souza, 10/07/1813).

128 AHRS, AM, M-76, Clementa da Silva Rosa, 25/04/1820; M-77, José Carvalho Bernardes, 19/04/1820 e 02/05/1820; M-78, Patrício Jose Correa da Camara, 05/1820; M-78, Rogério Jose da Cunha e Souza; M-82, Matheus da Cunha Telles, 15/05/1821.

tações que sucederam a Independência. Em todo o caso, desejava que seguisse valendo o seu estatuto especial de província da fronteira e era neste sentido que se manifestava a Junta governativa que assumiu com a Revolução do Porto:

> Considere V.A.R. atentamente os sucessos guerreiros desta Província desde 1777 até 1820 e veja se as suas gloriosas ações são inferiores às que praticaram na Índia os Pachecos, os Gamas e os Albuquerques, e no Brasil os Vieiras, Camarões e Henrique Dias. Os bravos provincianos do Rio Grande de São Pedro do Sul não só reganharam os lugares, que críticas circunstâncias tinham feito abandonar, como dilataram em diversas ocasiões e com felizes resultados para as suas armas as férteis campinas de que hoje se compõe sua Província. Sem mais armas que seus nervosos braços, sem mais baluartes que seus diamantinos peitos, têm praticado ações inacreditáveis que algum dia aparecerão à luz na reta balança da imparcial posteridade[129].

Consideravam os governantes da junta que os feitos militares dos rio-grandenses comparavam-se aos feitos da conquista da Índia e da reconquista de Pernambuco. Que suas "ações inacreditáveis" lhe permitiram não só "reganhar" lugares anteriormente perdidos (reconquista de Rio Grande) como "dilatar" o território da província (conquista das Missões e anexação de parte do território Cisplatino).

Foi a proximidade com o Império Espanhol e com a prata produzida no interior do Peru que colocou o território banhado pelo estuário da Lagoa dos Patos (o assim chamado rio Grande) no mapa geopolítico português. Assim, era exportada a concorrência Ibérica para o extremo

---

129 Correspondência de 12/03/1822 para D. Pedro. *apud:* PICCOLO, Helga. O processo de Independência no Rio Grande do Sul. In: MOTA, Carlos G (org.). *1822: Dimensões*. São Paulo: Perspectiva, 1972, p. 362.

do Atlântico-sul onde Portugal teria de fazer valer a sua posição pela diplomacia ou pelas armas.

A manutenção do território colonial e a sua integração no Império dependiam de um pacto político entre a metrópole e os colonos, fundado sobre uma dada divisão geográfica do trabalho. No caso do Rio Grande, este acordo não estava economicamente sacramentado. Daí a preocupação constante das autoridades reinóis com a fidelidade dos vassalos; seja por infidelidades eventuais – dos contrabandistas – seja por verdadeiros divórcios políticos – dos desertores. É por aí também que é possível compreender a complacência do Estado Absolutista em relação às aventuras dos melhores da terra, atitude que, pela sua justificada repetição, revela a coerência e a continuidade de uma política, antes do que uma suposta debilidade.

Mas ao fim do século XVIII, surgiu uma nova questão na política colonial. Às infidelidades tradicionais haveria de somar o risco da inovação política, possibilidade aberta pela Independência das Treze Colônias. Na Europa a monarquia portuguesa teve por perdido o seu "ponto de reunião" pelas invasões francesas; já na América as instabilidades europeias estavam do seu lado, e, ainda apostando no jogo das fidelidades alternativas, a Coroa dos Bragança logrou alargar seu patrimônio americano. Mas o modelo de Império que se estava buscando não era mais colonial e sim um Império de inspiração napoleônica, que teria no Brasil o seu centro político.

2. FORMAS DE INTEGRAÇÃO ECONÔMICA DO EXTREMO-SUL

Padrões do Comércio Colonial

Ao observarmos a longa duração da história da expansão portuguesa no Atlântico, destaca-se uma geografia econômica – ou uma estrutura para usar as palavras de Fernand Braudel – que se caracterizava pela ligação mercantil entre o Brasil e a Europa e entre a costa do Brasil e os pontos de fornecimento de escravos na África, principalmente Angola e, mais tarde, a Costa da Mina. Porém, constatar essa geografia econômica é apenas o começo do trajeto do historiador; é necessário ir além e discutir a(s) dinâmica(s) da economia colonial em suas diferentes conjunturas.

A história econômica da América Portuguesa começou efetivamente com o açúcar que se sobrepôs às atividades puramente extrativas depois da década de 1530. A produção açucareira era incentivada pela Coroa que atingia dois objetivos com esta mercadoria: colonizar com grupos financeiramente aptos a tomar a terra dos índios e defendê-la frente às ameaças francesas; ligar, através do comércio, o novo território a Portugal, pois com o comércio de importação e exportação aumentava a arrecadação alfandegária e era alimentada a correspondência que conectava a administração central ao governo da colônia.

Simultaneamente, no lado africano do atlântico português, a conquista da *hinterland* de Luanda permitiu a institucionalização do comércio atlântico de cativos. A Coroa autorizou a exportação de escravos para a América e reprimiu o cativeiro indígena. Os colonos do Brasil passavam assim a depender da metrópole para realizar suas mercadorias e para obter os seus fatores de produção. O tráfico negreiro estabeleceu uma divisão colonial do trabalho, unindo os dois lados do Atlântico-sul, amarrando África e Brasil ao mercado mundial e permitindo a transferência do excedente econômico da colônia para a metrópole.

Sob a pressão holandesa definiu-se o exclusivo metropolitano; em 1591 foi proibida a passagem de homens de negócio de outras nações para as conquistas ultramarinas e em 1605 foi vedada a presença de navios de bandeira estrangeira na carreira que ligava o Brasil a Portugal.

No início do século XVII, portanto, estavam definidos os fundamentos da economia colonial: a exportação (preferencialmente de açúcar), o tráfico de escravos e o monopólio metropolitano. Em torno desses eixos organizaram-se as frotas do açúcar e do tabaco, que marcaram a geografia econômica do Atlântico português no século XVII, e as rotas auxiliares: as carreiras de redistribuição das mercadorias coloniais em direção ao Báltico e ao Mediterrâneo e o comércio intercolonial no litoral do Brasil, basicamente de reexportações[130].

É deste último ramo do comércio atlântico que praticamente escorrega-se uma derrota alternativa, semilegal, que une a costa do Brasil aos domínios castelhanos na região do Prata. Nesta rota navegavam anualmente embarcações de 30 e 40 toneladas, carregando prata na direção sul-norte, as volumosas carregações de couro, sebo, carne salgada e trigo completavam o frete. Na direção contrária seguiam os escravos mas também o açúcar e alguns produtos europeus[131].

---

130 Os parágrafos supra foram inspirados em ALENCASTRO, Luís Felipe de. *O Trato dos viventes...*, *op. cit, passim*; GODINHO, Vitorino M. Portugal, as frotas do açúcar e as frotas do ouro (1670-1770). In: *Ensaios II* (295-315). Lisboa: Livraria Sá e Costa, 1968; SIMONSEN; Roberto, *História Econômica...*, *op. cit.*

131 BOXER, Charles. *Salvador de Sá e a Luta pelo Brasil e Angola*. 1602-1686. São Paulo: Ed. Nacional, 1973, p. 89-91 e CANABRAVA, Alice. *O Comércio Português no Rio da Prata (1580-1640)*. 2. ed. São Paulo/Belo Horizonte: Ed. da USP/Itatiaia, 1984, passim.

Praticamente interrompido depois de 1640[132], este comércio foi retomado com a fundação da Colônia de Sacramento (1680), num contexto em que Portugal sofria com a escassez de prata causada pela crise no comércio de produtos coloniais e na exportação do sal de Setubal. O comércio de contrabando pela rota Rio de Janeiro - Rio da Prata foi assim retomado, agora com a participação dos entrelopos ingleses que adiantavam as mercadorias europeias para serem vendidas aos espanhóis em troca de prata. Os escravos, entretanto, seguiam sendo uma importante fonte de renda para os mercadores luso-brasileiros que negociavam com os espanhóis[133].

Na entrada do século XVIII a situação econômica do Império Português foi profundamente modificada com as descobertas auríferas no interior do Brasil. Ao negócio do açúcar, centrado na importação, junta-se o comércio do ouro organizado a partir das exportações desde Lisboa. Os ritmos da economia colonial, que até então dependiam quase que exclusivamente da

---

132 Pelo catálogo dos documentos avulsos do RJ no AHU constata-se que as referências à navegação com o Rio da Prata são poucas entre 1640-1680: em 1652 o Conselho Ultramarino discutiu o requerimento de João de Almeida referente ao pagamento de fretes e avarias de uma viagem ao Rio da Prata (doc. 223). Em 1657, há notícia de uma nau espanhola que fez comércio em Angola e parou no Rio de Janeiro (docs. 305 e 306). Em 1662, entrou uma embarcação de bandeira inglesa no Rio depois de não conseguir comerciar em Buenos Aires (doc. 331). Em 1664 o Conselho Ultramarino produziu parecer sobre um barco holandês que arribou neste porto retornando do Prata (doc. 358). No ano de 1672 um navio vindo de Cadiz tocou no Rio de Janeiro quando seguia para Buenos Aires (doc. 386). Finalmente, em 1675 Tomé de Souza Correia pediu instruções sobre como proceder com as embarcações estrangeiras, incluindo as espanholas, que aportavam no Rio (doc. 404).

133 GODINHO, *Portugal, as frotas...*, op. cit. p. 301-302. CHRISTELOW Allan. Great Britain and the Trades from Cadiz and Lisbon to Spanish America and Brazil, 1759-1783. In: *Hahar*. (2-29), nº 27, 1947.AHTT, Ministério dos Negócios Estrangeiros, Caixa 632, Dom Francisco de Souza Coutinho, 20/01/1780.

demanda externa, passaram a responder também às "(...) demandas geradas pela circulação monetária correspondente à produção do ouro."[134]

O efeito multiplicador do ouro estendeu-se pelo centro-sul, incentivando a produção escravista para o abastecimento das minas. No extremo-sul, às oportunidades de negócios cambiais, metal amerelo em troca do argênteo, juntou-se o comércio de mulas para o fornecimento de transporte para as Minas.

Mas com o ouro as instiuições que regulavam a economia colonial precisaram ser reorganizadas. Para além da cobrança de impostos, era necessário atrair o metal para o Reino através do comércio, fornecendo mercadorias que não existiam na colônia. Centralizar o abastecimento das Minas no porto do Rio de Janeiro, estabelecer rotas pelo interior controladas por alfândegas secas e reforçar o sistema de frotas em torno dos três principais portos do Brasil (Salvador, Recife e Rio de Janeiro) era parte do corolário. Por aí, buscava-se impedir os descaminhos e facilitar a cobrança de impostos. Também a exportação de têxteis desde o Reino seguia este objetivo: mercadorias não perecíveis, de alto valor e baixo custo relativo de transporte, eram as ideais para as longas viagens nos sertões do Brasil e para o comércio de entreposto[135]. Tudo isso, vale lembrar, num quadro de exclusivo comercial que deveria guardar para a Metrópole o grosso dos lucros coloniais.

Não obstante, a indústria portuguesa não tinha capacidade de abastecer os mercados coloniais em expansão. Como descreveu originalmente

---

134 CARRARA, Angelo Alves. *Minas e Currais. Produção Rural e Mercado Interno de Minas Gerais, 1674-1807.* Juiz de Fora: Editora da UFJF, 2007, p. 60. Para a análise do negócio do açúcar enquanto um negócio de importação cf. COSTA, Leonor Freire. *O transporte no Atlântico e a Companhia Geral do Comércio do Brasil (1580-1663).* Lisboa: CNCDP, 2002, Vol. 1, p. 275.

135 Sobre o comércio como forma de atrair o metálico cf. GRESPAN, Jorge. Urbanização e economia mineradora na América: O caso de Potosí. In: AZEVEDO, Francisca L. N. e MONTEIRO, John. (orgs.). *Raízes da América Latina.* São Paulo: Edusp, 1996, p. 305-306. Sobre os têxteis como ideais para o comércio de entreposto, cf. FISHER, H. E. S. *De Methuen a Pombal. O comércio anglo-português de 1700 a 1770.* Lisboa: Gradiva, 1984, p. 85.

Vitorino Magalhães Godinho, o desenvolvimento das manufaturas no final do século XVII fôra resposta a uma conjuntura depressiva; a chegada do ouro recuperou a capacidade portuguesa de importar e os capitais voltaram a se concentrar no comércio colonial e na vinicultura[136]. A comunidade mercantil inglesa que há muito tempo estava estabelecida em Portugal passou a fornecer as mercadorias e o crédito necessários para conectar os mercados coloniais com o centro da economia-mundo.

Este circuito funcionava da seguinte maneira: no topo da hierarquia os homens de negócio ingleses vendiam manufaturas com longos prazos de pagamento aos comerciantes de Lisboa e do Porto que eram repassados aos atacadistas coloniais que, por sua vez, adiantavam as mercadorias aos colonos, formando uma extensa rede de endividamento. Como as manufaturas funcionavam como crédito, era prática na colônia fazer girar mercadorias e letras nos mercados locais para segurar o metálico e remetê-lo aos credores, lição de manual de comércio que contribuía para a desmonetização da economia colonial. De posse do ouro, os mercadores das principais praças coloniais ganhavam em poder de barganha frente aos seus credores no centro, conseguiam mercadorias a crédito e a preços mais baixos[137].

De qualquer modo, o ouro fazia o caminho inverso das mercadorias europeias, das Minas para as principais praças da colônia (especialmente para o Rio de Janeiro), destas para Portugal e, uma vez que

---

136 PEDREIRA, Jorge. *Estrutura industrial e mercado colonial Portugal e Brasil (1780-1830)*. Lisboa: Difel, 1994, p. 41.

137 Como dizia uma representação de 1753 dos homens de negócio do Rio, provavelmente através do procurador da Cidade na Corte: "A maior parte das fazendas que embarcam são compradas nesta Corte com dinheiros a juros ou a risco, que naquela [Rio de Janeiro] ou nesta Praça [Lisboa] tomam aos comerciantes e a título destas fazendas que compram o dinheiro à vista, eles fiam outras [o sentido é: tomam fiado] às casas de negócio (...)". (ANTT, Ministério do Reino, M-500). É de interesse também observar os capítulos sobre compra e venda em Anônimo. *Notícia Geral do Commercio..., op. cit.*).

outros produtos tropicais não tinham vez no mercado protegido inglês, acabava nos cofres de Albion[138].

Portanto, é possível caracterizar as relações entre o centro europeu e a periferia colonial, nos quadros específicos do sistema colonial português do século XVIII, como um movimento centrífugo de crédito que produz – e é reproduzido por – um movimento centrípeto do excedente na forma de metálico. Esta relação era explicitada pelos saldos da balança comercial portuguesa: a favor de Portugal no trato com as colônias e negativa no comércio com a Inglaterra[139].

---

138 Para uma caracterização superficial das instituições e práticas financeiras na Europa da época moderna, cf. DAVIS, Ralph. *The rise of the Atlantic economies*. New York: Cornell University Press, 1973, p. 231-249. Para Portugal: ROCHA, Maria M. e SOUSA, Rita M. Moeda e Crédito. In: LAINS, Pedro e SILVA, Álvaro F. (org.). *História Económica de Portugal*. [o século XVIII]. Lisboa: ICS, 2005, Vol. 1. Sobre o papel do crédito na preeminência dos homens de negócio ingleses em Portugal, *cf.* Fisher, *De Methuen...*, *op. cit.*, p. 86, p. 90-92 *et. passim* PINTO, Virgílio Noya. *O ouro brasileiro e o comércio anglo-português*. São Paulo: Companhia Ed. Nacional, 1979, p. 282-283. A questão das dívidas e adiantamentos no Brasil colônia foi estudada por FRAGOSO, João L. R. *Homens de Grossa Aventura*: acumulação e hierarquia na praça mercantil do Rio de Janeiro (1790-1830). 2 ed. rev., Rio de Janeiro: Civilização Brasileira, 1998, p. 241-255, Florentino, *Em Costas... op. cit.*, p. 128-129, SAMPAIO, *Na encruzilhada...*, *op. cit.*, p. 187-226 e SCHWARTZ, *Segredos...op. cit.* 1999, p. 178-179. Ribeiro Jr. mostra estas práticas pela Companhia de Pernambuco, (cf. RIBEIRO JR., José. *Colonização e monopólio no Nordeste brasileiro*. São Paulo: Hucitec, 1976, p. 110) Sobre as operações com moeda BRAUDEL, *Capitalismo e Civilização...,Op. cit.* [Os Jogos das Trocas], p. 376.

139 Para caracterizar as relações entre centro e periferia fizemos algumas "livres apropriações" de Grespan, Jorge. O estruturalismo da Cepal na obra de Raúl Prebisch. *In*: *História UNISINOS*. São Leopoldo, 2001, esp. p. 113. As referências sobre a balança comercial podem ser encontradas em Fisher, *De Methuen... op. cit.* e Pinto, *O ouro... Op. cit.* Ver também Sideri, Sandro. *Comércio e poder*: Colonialismo informal nas relações anglo-portuguesas. Lisboa/Santos: Edições Cosmos/Martins Fontes, 1978.

Na segunda metade do século XVIII, transformações institucionais e econômicas começaram a alterar este quadro. Sebastião José Carvalho e Mello, ministro mais influente de D. José I, diagnosticava que a dependência econômica de Portugal frente aos britânicos era a principal causa da "decadência portuguesa"; daí o projeto, nas palavras de Kenneth Maxwell, de "nacionalizar a economia luso-brasileira". A criação das Companhias de Comércio (do Alto Douro, do Grão Pará, de Pernambuco), a proibição dos comissários volantes no comércio colonial, a promoção social dos homens de negócios e o incentivo às manufaturas nacionais, visavam a retirar das mãos estrangeiras o controle da economia colonial.

Há que se destacar ainda a extinção do sistema de frotas (1765) que limitava o tráfego com a metrópole às três principais capitanias e o fim da restrição do comércio livre com Angola e Costa da Mina. Esta medida incentivava o crescimento da produção em oposição à política anterior exclusivamente preocupada com a defesa dos preços e com o combate ao contrabando de ouro; ademais, abria-se a possibilidade do desenvolvimento das atividades exportadoras em regiões economicamente periféricas, como São Paulo.

Os debates sobre as reformas pombalinas, seu conteúdo social e seus resultados econômicos, vem se arrastando até hoje na historiografia luso-brasileira. Em todo o caso, é impossível negar que, na sucessão do marquês, Portugal havia avançado na industrialização. O comércio colonial crescia sob o controle português e uma elite de homens de negócio atuava autonomamente a partir da capital do Império - ao mesmo tempo em que a queda na produção aurífera fez diminuir os interesses ingleses pelo Império Português. Outrossim, na década de 90 os lusitanos foram beneficiados pela neutralidade nas guerras europeias e pelas convulsões nas colônias francesas e espanholas; as reexportações de produtos tropicais brasileiros aumentavam e o comércio com a Ásia voltou a ser negócio dos portugueses, provocando uma euforia que atravessou todo o Império[140].

---

140 Os três parágrafos supra foram baseados em MAXWELL, Kenneth. Pombal e a nacionalização da economia luso-brasileira. In: *Chocolate, Piratas e Outros Malandros*. Ensaios Tropicais. São Paulo: Paz e Terra, 1999, p.125-156 e MAXWELL, *Marquês de Pombal...*, op. cit. p. 51-68, *et passim*. e PEDREIRA, Jorge. *Os homens*

Portanto, é interessante observar de perto a conjuntura do final do século XVIII e início do século XIX para introduzir as questões a serem desenvolvidas durante o capítulo.

As melhores fontes para isto são as balanças de comércio de Portugal e seus domínios, produzidas em séries completas desde 1796 e já analisadas em pormenor por José Jobson Arruda e Valentim Alexandre[141]. Por elas, vê-se que, no movimento geral entre o Brasil e o Reino, parte-se de um saldo contrário a Portugal em 1796, para posições superavitárias até 1799, quando, a partir de 1800, o Reino passa a somar déficits – com exceção do ano de 1802, até as vésperas da Invasão Francesa. No acumulado, o déficit se instaura em 1806[142].

Se centrarmos a análise do comércio português com as três principais praças brasileiras teremos: superávits seguidos sobre o Rio de Janeiro até

---

de negócio da praça de Lisboa de Pombal ao Vintismo (1755-1822). Diferenciação, reprodução e identificação de um grupo social. Lisboa: Universidade Nova de Lisboa, 1995, tese de doutorado, *passim*. FISHER, *De Methuen... op. cit.* Também são de interesse o livro de RIBEIRO JR. *Colonização e Monopólio... op. cit.* e o artigo de FRANÇA, José A. Burguesia pombalina, nobreza mariana, fidalguia liberal. In: SANTOS Maria H. C. *Pombal Revisitado*. Lisboa: Estampa, 1984, Vol.1, p.19-33. NARDI, Jean B. *O Fumo Brasileiro no Período Colonial:* Lavoura, Comércio e Administração. São Paulo: Brasiliense, 1996, p. 262.

141 ARRUDA, José J. *O Brasil no Comércio..., Op. cit.* e ALEXANDRE, Valentim. *Os Sentidos do Império..., op. cit.*

142 ALEXANDRE, Valentim. *Os Sentidos do Império... op. cit.*, p. 64. É verdade que há uma discussão sobre a forma como o autor utiliza os dados, já que ele retirou as remessas de metálico da conta, ao contrário de José Jobson Arruda. O método de Valentim Alexandre é o mais cômodo pois evita algumas distorções (parte das remessas de numerário eram feitas para saldar negócios individuais, ver as suas considerações na p. 31) e permite comparar a balança de comércio do Brasil com a do Rio Grande, que praticamente não possui dados sobre a remessa de metálico. Estou conscientes porém que este método também provoca algumas distorções (Cf. ARRUDA, José J. Decadence or crisis in the Luso-brazilian Empire: A new model of colonization in the eighteenth Century. *In: HAHR*, Nov. 2000, p. 875-877 e 873).

1804, acumulando 12.063 contos de saldo a favor de Portugal até 1807; déficit acumulado de 5.031 contos com a Bahia, e resultados positivos apenas em 1797-1798 e 1804; saldo sempre negativo com Pernambuco, restando um acumulado de 13.155 contos em 1807[143].

A divergência no balança geral de cada praça parece dever-se à composição de suas exportações (ver tabela I) e ao lugar específico que cada capitania ocupava na economia imperial. É verdade que nos três portos os mantimentos – especialmente o açúcar – ocupam um lugar central. Não obstante, considerando os metais preciosos uma exportação, veremos que é a segunda categoria em importância na pauta do Rio de Janeiro; era a remessa de numerário, portanto, que permitia à capital do Brasil sustentar seus déficits constantes. No outro extremo tem-se Pernambuco que remete pouquíssima moeda para o Reino, mas tem quase a metade de suas exportações no algodão[144]. Ao que tudo indica, os altos valores alcançados por este gênero no mercado europeu incentivavam os atacadistas portugueses a pagar em moeda, daí a inversão nesta capitania do circuito aurífero. A Bahia, por sua vez, também não exportava muito metálico; já o comércio de algodão, se bastava a tornar a balança a seu favor, não chegava a trazer tantas moedas para a Capitania como em Pernambuco.

---

143 Reelaborei estes dados sobre números retirados de Arruda, *O Brasil no comércio...*, *Op. cit.*, tabelas 12, 19, 22 e 26.

144 Na verdade, Pernambuco seria um "importador" de metais já que recebeu de Portugal 2.533 contos entre 1796-1807 e enviou apenas 58 contos no mesmo período. Aliás, padrão parecido tem o Maranhão, onde também dominavam as exportações de algodão, que recebeu 1.099 contos e remeteu 31 contos para o Reino.

Tabela I: Participação relativa de alguns gêneros nas exportações das principais praças do Brasil 1796-1807[145]

	Mantimentos	Ouro	Algodão
Rio	46,4%	32,3%	0,9%
Bahia	55,6%	2,2%	13,9%
Pernambuco	42,9%	0,2%	48,7%

Especialmente no que se refere ao comércio pernambucano (e também no maranhense, ver nota 165), os produtos exóticos coloniais perdiam espaço para o algodão, principal matéria prima da Revolução Industrial. Também nestas duas praças se invertera o sentido tradicional do fluxo de metais. É importante demarcar, porém, que o comércio do Rio de Janeiro aparentemente se organizava de forma tradicional: quase 1/3 das exportações da capital do Brasil era de ouro e prata (15.627.155$509), valor que inclusive superava o próprio déficit que o Rio havia acumulado com Portugal no mesmo período (12.263.098$103).

O Rio de Janeiro importava muitas mercadorias de Portugal porque abastecia as regiões mineiras e outras regiões como São Paulo e Rio Grande com os produtos europeus. Sendo assim, observa-se neste período e neste quadrante específico do Atlântico português um tipo de movimento entre mercadorias e moedas que recorda a relação entre centro e periferia no auge do ciclo do ouro.

Esta constatação sobre a superfície do comércio atlântico deixa em aberto duas questões: a primeira é bastante específica ao tema deste livro e diz respeito ao modo pelo qual o Rio Grande obtinha suas moedas de ouro e prata para serem remetidas ao Rio de Janeiro e será respondida na próxima seção, quando for investigado o comércio rio-grandense. A segunda questão é por que as remessas de metais preciosos da capital do Brasil superavam o déficit?

---

145 ARRUDA, *O Brasil no comércio...*, *Op. cit.*, tabelas 19, 22 e 26 (O total não é igual a 100% porque não inclui aqui outras classes de produtos).

Os trabalhos mais recentes sobre o tráfico de escravos, ao ressaltarem o domínio dos mercadores do Rio de Janeiro sobre este negócio, praticamente têm ignorado as balanças de comércio de Angola, do Rio de Janeiro e de Portugal do final do século XVIII e início do XIX que muito têm a dizer a respeito da organização do negócio de cativos e da sua ligação com a extorsão do ouro brasileiro[146].

A análise comparada destas fontes é dificultada pelo seu caráter episódico e pelos diferentes métodos na sua elaboração. No entanto, uma conclusão é possível: o Reino de Angola acumulava superávits sobre o Rio de Janeiro, compensados por grande déficits no comércio com Portugal[147].

É fácil imaginar, portanto, que os mercadores de Luanda saldavam suas contas com seus credores lisboetas lançando em seu nome letras para serem sacadas sobre os homens de negócio do Rio de Janeiro com quem acumulavam expressivos saldos positivos. A utilização da capital do Brasil como praça de compensação justificava-se pela permanência do comércio de ouro associado ainda com o contrabando de prata espanhola.

Um documento anônimo da BN, ainda que trate da década de 1760, demonstra que os administradores do contrato da alfândega de Luanda faziam operações deste tipo. Segundo este testemunho anônimo, os traficantes brasileiros que aportavam em Angola para fazer o resgate não levavam moedas de ouro e prata para pagar os direitos Reais, que eram pagos "(...) com dinheiro de cobre e marfim e todo aquele que não tinha dinheiro os pagavam com letras que assinavam a pagar nos portos do Brasil (...)", as letras eram transformadas em dinheiro no Brasil e remetidas para Lisboa a seus sócios "(...) que os mandavam parte para Índia para lhes vir empregado em fazendas daquele Estado em via direta a Angola a

---

146 Estou pensando aqui principalmente na obra de FLORENTINO, *Em costas negras...*, *Op. cit.*, mas também às interpretações inspiradas pelo livro de ALENCASTRO, *O trato dos viventes...*, *Op. cit.*

147 Inel, *Balanças gerais do comércio do Reino de Portugal com os seus domínios e nações estrangeiras* (1796-1807). AN, RJC, cx. 448, pct. 1. BN, 15,3,33. Cf. Acioli, Gustavo e MENZ, Maximiliano M. Resgate e Mercadorias: Uma análise comparada do tráfico luso-brasileiro em Angola e na Costa da Mina (século XVIII). *Afro-Ásia*, nº 37, 2008.

entregar a seus terceiros sócios, indo-lhes também de Lisboa as fazendas da Europa para sortir as da Índia (...)"[148].

Operação triangular similar é assim descrita por Joseph Miller: os comerciantes luso-africanos compravam mercadorias a prazo dos comissários lisboetas em Luanda para resgatar escravos no sertão. Sobre o número de escravos obtidos os luso-africanos lançavam letras a serem descontadas em dinheiro na costa do Brasil, a partir do valor dos africanos desembarcados. No Brasil, os credores de Lisboa mantinham agentes para resgatar em dinheiro o valor inicialmente adiantado em mercadorias e remeter a moeda para Lisboa[149].

Compreende-se assim a razão das remessas de ouro e prata superarem os déficits do Rio de Janeiro. Praça financeira por excelência, a capital do Brasil compensava as operações mercantis entre Portugal e o Reino de Angola transformando os escravos, ou mais precisamente, suas correspondentes letras de câmbio em dinheiro.

O comércio com o extremo-sul: permanências e transformações

Na primeira metade do século XVIII o extremo-sul da América Portuguesa consolida-se como um prolongamento do circuito de metais preciosos e do espaço econômico do Rio de Janeiro. Afinal, era a capital do Brasil que articulava o abastecimento das duas zonas fornecedoras de prata e ouro, a Colônia de Sacramento e as Minas Gerais.

O território que formava a *hinterland* da lagoa dos Patos – então conhecida como rio Grande – estava no meio do caminho entre o Rio de Janeiro, entreposto do negócio de metais, e a fonte platina. Na ausência de produtos tropicais que interessassem aos mercadores Reinóis e de um

---

[148] BN, I-32,34,032 n° 001. O autor desta memória acusava os administradores do contrato de fazerem estas operações de maneira fraudulenta, girando as rendas do contrato ao arrepio das ordens do seu arrematador que vivia em Lisboa.

[149] MILLER, Jospeh. *Way of Death*: merchant capitalism and the angolan slave trade, 1730-1830. Winscosin: The Universisty of Winscosin Press, 1988, p. 299-301.

porto que permitisse a entrada de grandes navios, a região parecia estar fadada a depender da capital do Brasil para se abastecer.

Assim, desde a fundação do presídio de Rio Grande (1737), comissários do Rio de Janeiro e bufarinheiros volantes faziam pequenos negócios na região onde trocavam quinquilharias por couro, gêneros da terra e alguma prata contrabandeada. Este tipo de comércio era pequeno e o porto de São Pedro funcionava mais como uma escala para a Colônia de Sacramento. Nos três primeiros anos passaram pela barra da Lagoa dos Patos 33 embarcações com cargas particulares. Nos anos seguintes a navegação foi diminuindo: 10 em 1740, 6 em 1741 e, ainda que na década de 1750 as demarcações do Tratado de Madri tenham aumentado as oportunidades de negócios, o comércio local nunca respondeu por muito mais do que 15 carregações anuais [150]. Durante o mesmo período desenvolveu-se o comércio de animais em pé, especialmente muares, com a capitania de São Paulo.

O domínio castelhano da barra do Rio Grande por quase 14 anos (ver 1º capítulo, p. 40-42) embargou de vez o comércio por mar. Sem poder exportar gêneros de maior volume em razão dos proibitivos custos do transporte, a agricultura comercial praticamente desapareceu.[151] Se não bastasse o bloqueio da barra, a invasão e a década de hostilidades que se seguiu trouxeram muitos prejuízos aos negociantes com interesses no extremo-sul. Aumentaram consideravelmente os riscos das operações mercantis e tornou-se mais difícil o comércio de contrabando. Assim, o corpo do comércio da capital do Brasil "(...) titubeava por alguns tempos ampliar fazendas aos negociantes deste território [Rio Grande], vendo as

---

150 Para os anos de 1737-1741 Cf. *Livro de Registro de Embarcações* AHRS, F – 1241, 1737-1741. Em requerimento de 1765 os comerciantes do Rio Grande diziam que antes de 1763 chegavam a sair 15 ou mais embarcações por ano da Capitania (AHU, Avulsos, RS, doc. 152, 1765).

151 Os habitantes do Rio Grande diziam que os poucos escravos que haviam conseguido salvar da invasão "(...) trabalham em lavoura a fim de os poderem sustentar e as suas famílias (...)" (AHU, Avulsos, RS, doc. 152, 1765).

funestas consequências que podiam sobrevir (...)". Sem crédito, ficavam em "(...) inação os habitantes de Porto Alegre (...)"[152].

Durante este período ganhou em importância relativa o tráfico de animais em pé entre o Rio Grande e São Paulo. Por um documento isolado sabe-se que entre setembro de 1766 e setembro de 1767 o Rio Grande exportou 1.230 cavalos, 1.316 mulas, 476 éguas e 2.590 reses[153]. Não sem um certo exagero escreveu o governador de São Paulo D. Luis Antonio de Sousa:

> (...) o principal negócio desta Capitania é a compra das bestas que se vão buscar à Fronteira de Viamão, a passagem delas e os direitos que pagam nos registros são a principal renda que tem a provedoria de Viamão e a desta Capitania de São Paulo, e assitência deste comércio é o que dá exercício ao maneio dos dinheiros particulares, modo de vida aos que vêm do Reino e que faz conservar a Povoação nas fronteiras e o tráfico maior destes habitantes[154].

Na década de 1780, apesar da recaptura do porto de Rio Grande, a navegação para o Continente continuava a ser precária, existindo um reduzido número de mercadores metidos neste negócio que monopolizavam o mercado de fretes. A este respeito, o marquês do Lavradio fez uma interessante reflexão:

> Como para aqueles portos [do Rio Grande] navegam poucas embarcações (...) os lavradores não cultivam senão a

---

152 Memorial de 1804 da câmara da Vila de Porto Alegre. In: *RIHGRS*, 128, Porto Alegre, 1992, p. 156.

153 ANTT, Papéis do Brasil. Códice 4. Listas gerais dos meios direitos das tropas (de gado) que passaram no registro de Curitiba. Fls. 331 e 333. Agradeço à Maria Aparecida Borrego (Cidinha) por ter me cedido uma cópia deste documento.

154 D. Luis Antonio de Souza, 14/11/1770. In: Simonsen, *História Econômica...*, *op. cit.* p. 192-193.

proporção da extração que podem do seu gênero; esta é a razão por que o trigo vem pouco para esta capital [Rio de Janeiro], porque como não há bastante embarcações a que ele venha, e estas querem grandes preços pelo frete para cada alqueire de trigo, e o Continente tem pouco quem lhe dê consumo, os lavradores, para não perderem o seu gênero, não cultivam [mais] que muito pequenas porções[155].

A pouca frequência no porto fazia ser comum a oferta de gêneros locais superar a procura, configurando um *buyer's market*. Para além da monopolização do comércio por um pequeno grupo de homens de negócio, impunha-se um limite à produção, pois os colonos buscavam ajustar-se à demanda segurando-se na "extração que podem do seu gênero" garantida pelo pouco crédito que vinha do centro. Às operações mais arriscadas seguiam-se calotes e falências, pois o comércio da Capitania não tinha "(...) vigor para fazer constante o seu giro (...)" e, assim, "(...) facilmente decai, apenas entra a correr sua circulação"[156].

Sem um comércio direto entre a metrópole e o Rio Grande, os habitantes da região dependiam das grande casas de negócio do Rio de Janeiro – porto que deteve o domínio praticamente exclusivo do comércio do Sul até 1789 – para obter os escravos e as indispensáveis mercadorias europeias. Estas casas de negócio mantinham correspondentes no local que forneciam crédito na forma de mercadorias para os produtores rio-grandenses ou se adiantavam na compra da produção antes da colheita, evitando a concorrência dos mestres de navios que também frequentavam o litoral; já estes aventureiros poderiam fazer alguns negócios por sua conta, mas a sua principal fonte de rendimento eram os fretes, ordinariamente elevados dada a pequena frequência no porto. Os elementos que mantinham negócios apenas com os correspondentes do Rio ficavam à mercê do controle remoto dos preços desde a capital. Outros podiam fretar embarcações e deixarem a cargo do capitão a venda do seu produto, não obstante assumiam os riscos

---

155 Lavradio, Marquês. *Relatório...*, *Op. cit.*, p. 481.
156 BN, 4,4,6. Luiz de Vasconcelos, 02/10/1784.

da venda em um único mercado, cujos preços desconheciam e com pouca concorrência entre os compradores[157].

Caracterizava-se assim uma forte hierarquia mercantil entre a capital do Brasil e o Rio Grande que se reproduziria ao menos até o início do século XIX. O desenvolvimento do comércio com outras capitanias a partir da década de 1790 – e com outros países desde 1808 – e o surgimento de casas mercantis, atuando no comércio interno da Capitania entre Rio Grande, Rio Pardo e Porto Alegre, alteraram este quadro (voltarei a falar disso)[158].

À hierarquia entre duas regiões coloniais correspondia uma fraca monetarização da economia local. Os mercadores locais punham a girar as mercadorias e seguravam as moedas de ouro e prata para remeter aos credores no Rio. Martinho de Mello e Castro se referia ao inconveniente de se pagar aos militares de Santa Catarina e Rio Grande com moedas de 6$400 "(...) as quais correndo na Europa logo se extraíam daqueles domínios, ficando os habitantes exaustos de toda moeda corrente (...)"[159]. Em 1803 foi a vez de Manoel Marques de Souza se queixar da ausência de dinheiro ao governador do Rio Grande, dizendo que "(...) quase sempre não chega aos particulares; só dois meses no ano é mais abundante".[160]

Em 1801 o vice-rei conde de Rezende quis fazer uso das moedas entesouradas pelos comerciantes para o pagamento da tropa acantonada no

---

[157] Esta caracterização baseia-se na leitura de diversas narrativas fragmentadas em correspondências mercantis e documentos oficiais. Ver por exemplo APERGS, A-167, M-11, E-31, Órfãos e Ausentes, POA, 1793. APERGS, 1º tab. L-18. Luis José de Mello e Cunha – João José de Carvalho e Freitas, 23/11/1799. AN, SEB, Cód. 104, vol. 10, Joaquim José Ribeiro da Costa, 08/11/1788. Ver ainda FRAGOSO, *Homens de grossa...*, *Op. cit.*, p. 241-255, *et. passim* e OSÓRIO, *Estancieiros, Lavradores..., op. cit.*, p. 283-285.

[158] Em 1808, Manoel Antonio Magalhães enumerava 57 comerciantes em Porto Alegre, 42 em Rio Grande e 36 em Rio Pardo. Pela mesma relação sabe-se que em duas vilas de colonização muito mais antigas, Ilha de Santa Catarina e Laguna residiam, respectivamente, 14 e 6 comerciantes. MAGALHÃES, *Almanack..., Op. cit.*, p. 94-98.

[159] AN, SEB, Cód. 67 Vol. 18, Martinho de Mello e Castro, 06/03/1790.

[160] AHRS, A.M., M-04, Manoel Marques de Souza, 21/09/1803.

Rio Grande, em razão da impossibilidade de fazer remessas de numerário por mar. Sugeriu que a Provedoria da fazenda local recolhesse o dinheiro a ser remetido pelos comerciantes para o Rio, sendo lançadas letras para os credores descontá-las alguns meses depois na capital. Terminava o plano com uma interessante reflexão:

> Aos moradores desse Continente também se segue utilidade porque do Real Cofre há de sair logo para pagamento dos soldos depois de algum pequeno giro há de tornar a passar pelas mãos dos que tiverem feito entrega nos Reais Cofres e continuando sempre esta circulação (...)[161]

Ou seja, depois de um pequeno giro a moeda acabaria na mão dos mesmos atacadistas. Queria crer o vice-rei que seguiria ainda girando pela região, porém, isto não ocorreria, porque, como dizia Manoel Antonio Magalhães: "(...) saindo este [o dinheiro] da Fazenda Real e feito o pagamento à Tropa, vai logo dar ao comércio que está em dívida ao do Rio de Janeiro e para ali manda o quanto ouro e prata [que] aqui aparece a fim de ficar tudo exaurido"[162]; a balança de pagamentos deficitária do Rio Grande com o Rio de Janeiro sumia com todos os metais preciosos (ver adiante, p. 101-103).

Mas vejamos mais de perto o tipo de comércio que se praticava no extremo-sul. Por uma relação dos rendimentos da Coroa na Colônia de Sacramento em 1734, é possível observar como o comércio de prata e a extração de couros estão na origem da formação econômica da região. A dízima cobrada na alfândega sobre as importações – que na maior parte

---

161 AHRS, AG, B-1.03, conde Rezende 16/09/1801. Em 1805 o governador do Rio Grande chegou a propor a cunhagem de uma moeda provincial para segurar um pouco do numerário (AAHRS, vol. 12, p. 181-182, Paulo José da Silva Gama 30/03/1805, ver 4º capítulo, pp. 228-229).

162 MAGALHÃES, Manoel Antonio. Memória sem título, 1805. BN – I,29,15,41.

depois seriam contrabandeadas – representava 34,8% dos rendimentos, enquanto que o quinto do couro correspondia a 53,3%[163].

Com o mesmo tipo de fonte verifica-se a importância destas atividades no Rio Grande após a expulsão dos espanhóis: excluindo as remessas da tesouraria do Rio de Janeiro, 38,8% da receita em 1784-1785 era feita com os contratos do quinto dos couros e com o registro da Serra, 49% vinha do dízimo e 7,1% era obtido com a arrematação de produtos confiscados de contrabandistas[164]. Esta é, portanto, a imagem que temos do Rio Grande na década de 1780, uma economia caracterizada pela força de certos produtos, couros, mulas e cavalos, com uma crescente produção mercantil de alimentos e uma quase onipresença do comércio ilegal.

Mas nas décadas seguintes o centro econômico do extremo-sul deslocou-se para o litoral sul. Entre 1790 e 1797 passou pela barra do Rio Grande uma média de 125 embarcações por ano, um crescimento de quase 1000% em relação à década de 1760. Além disso o comércio de gado em pé, especialmente de muares, que nos anos de 1770 era a principal fonte

---

163 Anexo na corresp. do governador, AHU, Avulsos, CS, doc. 277, Pedro de Vasconcelos, 18/02/1734. Naturalmente que o comércio de importações era muito mais importante, só que como o imposto era menor (10%) o rendimento ficava atrás da cobrança do quinto dos couros (20%). Por outro lado, uma parte expressiva das mercadorias importadas não pagava impostos na Colônia, pois eram reexportações do Rio ou das outras praças do norte.

164 Os Balanços da Provedoria Real do Rio Grande em que constam os rendimentos estão reproduzidos em Santos, Corcino Medeiros dos. *Economia e sociedade...*, op. cit., p. 162-165. Vale dizer que é inútil desejar caracterizar o peso relativo de cada atividade (agrícola, pastoril,) unicamente através dos contratos de arrecadação de impostos. Como bem lembra Eduardo Ameghino, o valor alcançado pelos dízimos tem mais relação com o *negócio* da arrematação de contratos (as condições dos leilões, a capacidade de depois cobrar efetivamente o imposto, etc.) do que com o estado da produção local (cf. Azcuy Ameghino, Eduardo. Agricultura, ganadería y diezmos en el obispado de Buenos Aires, 1782-1802: una comparación infructuosa. In: *La otra historia*. Economía, Estado y sociedad en Río de la Plata Colonial, Buenos Aires: Imago Mundi, 2002, p.253-292).

de renda da Capitania, ficou em segundo plano, movimentando algo em torno 5 a 10% das exportações totais como demonstra a tabela:

Tabela II: Estimativa da participação do comércio de animais em pé nas exportações rio-grandenses (em réis)[165]

	exportações de animais	exportações marítimas	% exp. animais
1793	24.815.600	462.227.402	5,4%
1794	35.997.200	525.382.811	6,9%
1795	50.958.300	549.089.450	9,3%
1796	22.116.200	558.708.556	4,0%
1797	33.210.500	601.072.776	5,5%

Note-se ainda que, apesar do espetacular desempenho das exportações marítimas na década de 1790, as exportações de animais se mantiveram relativamente estáveis entre 1766-1767 e 1790. É só no início do século XIX que houve um forte aumento nas exportações absolutas de mulas, incentivado pela expansão da produção açucareira em São Paulo e no Rio de Janeiro e sustentado pelo aumento da oferta. É possível que a incorporação de novas áreas depois da campanha de 1801 e o maior contrabando destes animais a partir do Rio da Prata explique o crescimento da oferta. A exportação de gado bovino para a capitania do Rio de Janeiro também parece ter crescido depois de 1808. Não obstante, a participação deste negócio nas exportações

---

165 Fonte: exportações marítimas pelos preços de 1797 AHU, Avulsos, Brasil, doc. 2462 (os metais preciosos foram incluídos). Exportações de animais em pé pelo registro de Curitiba: Mendonça, Antonio Manoel de Castro. Memória Econômo política da Capitania de São Paulo (1798). In: *Anais do Museu Paulista*. T-XV (81-248). São Paulo, 1961, doc. 26, os preços constam na p. 211. É muito provável que o valor obtido com a venda de animais fosse até 50% superior, uma vez que as perdas durante o percurso deveriam ser severas, assim o número de animais registrados em Curitiba eram menores do que os vendidos no Rio Grande. Também há que se considerar que alguns animais eram vendidos para Santa Catarina.

gerais do Rio Grande permaneceu restrita, cerca de 14% em 1805 e talvez menos de 10% do valor das exportações marítimas em 1818[166].

A existência de mapas de exportação para esta década permite decompor de maneira mais cuidadosa o comércio marítimo do Rio Grande. Centrarei a análise nos anos de 1790, 1791, 1795 e 1797, em que o valor das mercadorias exportadas está a preços correntes e não a preços médios definidos posteriormente, como é o caso dos dados apresentados na tabela precedente.

Tabela III A: Exportações rio-grandenses (por valor)[167]

ano	1790	1791	1795	1797	1802	1803
alimentos	50,3%	47,1%	56,7%	62,6%	58,6%	60,7%
couros	41,0%	35,1%	33,9%	32,4%	21,3%	29,3%
derivados	2,5%	1,3%	4,1%	5,0%	4,7%	4,6%
moeda	6,2%	16,5%	5,3%	0,0%	10,7%	4,6%

A tabela III A mostra que os alimentos (especialmente charque, trigo e farinha de trigo) ganhavam relevância na composição das exportações

166 Para os preços e exportações de animais em 1805 ver AHU, Avulsos, RS, doc. 668. Para chegar ao número de 14% aumentei em 8% as exportações marítimas, já que em 1805 não foram considerados os metais preciosos. Para o ano de 1818 considerei o número de mulas exportadas de acordo com Saint-Hilaire (30 mil) e mantive o preço de 1800 (4$500), pois em 1820 o Barão de Iguape comprava bestas em Sorocaba por praticamente o mesmo preço de Curitiba no tempo de Castro e Mendonça. (cf. Petrone, Maria T. *O Barão de Iguape*. São Paulo; Companhia Ed. Nacional, 1976, pp. 23-29). Sobre o mercado de gado no Rio de Janeiro, cf. Marcondes, Renato L. Formação da rede regional de abastecimento do Rio de Janeiro: a presença dos negociantes de gado (1801-1811). In: *Topói*, Rio de Janeiro, 2001, p. 41-71.

167 Fonte: Para 1790 e 1791 (AHU, Avulsos, RS, docs. 252 e 262), 1795 (BN-I-29-19,28), 1797 (AHU, Avulsos, Brasil, doc. 2462), 1802, 1803, (AHU, Avulsos, RS, docs. 465 e 528). O total nem sempre é igual a 100% pois em alguns anos houve exportações de produtos de difícil classificação (como embarcações).

do Rio Grande; esta também é a tendência das mercadorias classificadas como "derivados" – que inclui produtos oriundos da pecuária como o sebo e a graxa. Por sua vez, o couro teve a sua participação relativa diminuída entre 1790-1803. Os metais preciosos, na forma de moeda, ocupam uma posição variável, já que eram utilizados para saldar os déficits com outras praças, especialmente o Rio de Janeiro.

O aumento percentual dos alimentos tem a ver com as profundas transformações que ocorreram nos mercados do norte do Brasil nesta passagem de século (ver o próximo capítulo). Ocorreu, assim, uma gradual especialização em produtos para o abastecimento de outras zonas coloniais, com a decorrente redução relativa do couro, produto que tinha o mercado europeu como destino principal. Tal situação fica mais bem caracterizada nos anos que antecederam a Independência do Brasil. Como se vê pela tabela III B:

Tabela IIIB: Exportações rio-grandenses (por valor)[168]

Ano	1815	1818	1819	1820	1821
alimentos	66,9%	74,9%	76%	69,6%	71,6%
Couros	26,6%	18,3%	17%	19,6%	19,2%
derivados	6,4%	6,8%	7%	7,3%	9,1%
Moeda	0,2%	0,0%	0%	3,5%	0,0%

A tabela III B mostra uma consolidação da tendência anterior, a participação dos alimentos aumentou consideravelmente: entre 1818-1821 nunca foi inferior a 70%. Por consequência, reduziu-se o valor relativo das exportações de couro, que ficou perto dos 20%. Os derivados também ganharam em importância no cômputo geral. Por último, as exportações de moedas, que aqui tiveram de ser estimadas pelos saldos dos anos anteriores, praticamente desapareceram.

As razões para estas diferenças na composição das exportações serão discutidas no próximo capítulo. O que deve ser ressaltado aqui é uma gra-

---

168 Fonte: AN (RJC, cx. 448, pct. 1).

dual mudança no padrão, de uma economia em que o centro dinâmico era a exportação de animais em pé, couros e metais preciosos, passou-se para a produção de alimentos para o abastecimento das praças do norte do Brasil. Numa das pontas espaciais/temporais estava a Colônia de Sacramento, uma praça que se concentrava no contrabando e na extração do couro; na outra ponta o Rio Grande dos anos que antecederam a Independência, vinculado ao comércio de grãos e charque com o resto do Brasil, padrão que parece se consolidar entre as décadas de 1790 e 1810. Em suma, a passagem de um a outro padrão representa a própria "formação econômica do Rio Grande".

A elaboração de uma balança comercial para o Rio Grande no período entre 1780-1822 certamente elucidaria parte dessas questões. Infelizmente, durante a década de 1780 não existem dados deste tipo; apenas para 1790-1797 constam mapas, de acuidade variável, para as exportações. Para o século XIX constam séries relativamente completas de exportação/importação e outras informações de nível estatístico que permitiram reconstruir a balança de comércio do Rio Grande entre 1802-1821.

Em todo o caso, a nossa análise inicia pelo período 1790-1797, já que os mapas de exportação registram o envio de moedas para outras capitanias que servem como uma aproximação aos saldos (negativos) da balança do comércio marítimo. Esta aproximação possui dois inconvenientes: em parte as remessas podem representar negócios autônomos exclusivamente cambiais, o que provocaria uma superestimação dos déficits. De outro modo, o déficit estaria subestimado pelas remessas, já que parte dos saldos poderia ser acertada através de letras e outra parte poderia ser lançada de um ano para o outro. Estas formas de acerto faziam sentido do ponto de vista microeconômico: recebido o crédito em mercadorias no início do ano, o mercador do Rio Grande cobria parte da dívida com a exportação de gêneros (digamos, 50% da dívida); da dívida sobrante, metade ele pagava em dinheiro para garantir a manutenção do crédito. O restante poderia ser lançado para o próximo ano ou saldado em letras[169].

---

169 Algumas contas correntes sugerem operações parecidas cf. APERGS, Órfãos e Ausentes, A: 233, M-13, E-31, Maria da Conceição. Conta Corrente entre Francisco Garcia de Triunfo (Rio Grande) e Braz Carneiro Leão (Rio).

Tabela IV: Moedas remetidas pelos comerciantes do Rio Grande[170]

Ano	pesos em réis	Réis	total
1790	8.730.000	8.047.000	16.777.000
1791	56.950.400	3.494.000	60.444.400
1792	32.637.750	3.556.075	36.193.825
1793	4.722.000	3.400.000	8.122.000
1794	3.684.750	16.386.065	20.070.815
1795	13.374.750	18.332.300	31.707.050
1796	7.746.750	25.571.910	33.318.660
1797	105.000	0	105.000
Total	**127.951.400**	**78.787.350**	**206.738.750**

O que a tabela IV sugere é que o Rio Grande teve déficits constantes entre 1790 e 1796 em seu comércio marítimo e apenas em dois anos as remessas estiveram abaixo de uma dezena de contos (1794 e 1797). Por esta análise pode-se concluir que saldos negativos no giro do litoral eram a normalidade nessa década.

Estudemos agora a balança de comércio marítimo entre 1802-1821. É importante realçar, contudo, que as cifras originais são muito imprecisas, obrigando a fazer correções e estimativas que estão explicadas em nota[171].

---

170 BN, I, 29, 19, 28. AHU, Avulsos, RS, docs. 252 e 262 e Avulsos, Brasil, doc. 2462.

171 Ressalte-se que os nosos cálculos e os resultados apresentados aqui são bastante distintos dos de Helen Osório (OSÓRIO, Helen. *Estancieros, lavradores...op. cit.*) ver apêndice.

Tabela V: Exportações, importações, saldos e saldo acumulado (em réis) do comércio marítimo rio-grandense (sem metais preciosos) [172]

Ano	Exportações	Importações	Saldo	Acumulado
1802	800.288.340	889.574.910	-89.286.570	-89.286.570
1803	965.016.620	730.404.165	234.612.455	145.325.885
1804	1.022.120.000	911.400.000	110.720.000	256.045.885
1805	1.062.186.080	1.058.605.170	3.580.910	259.626.795
1806	972.440.000	1.139.740.000	-167.300.000	92.326.795
1807	1.020.280.000	1.192.660.000	-172.380.000	-80.053.205
1808	968.939.634	1.116.939.540	-147.999.906	-228.053.111
1809	716.773.080	1.123.999.940	-407.226.860	-635.279.971
1810	970.895.560	1.013.472.770	-42.577.210	-677.857.181
1811	1.251.986.230	1.259.341.150	-7.354.920	-685.212.101
1812	1.330.871.790	1.575.043.390	-244.171.600	-929.383.701
1813	1.533.706.080	1.843.541.292	-309.835.212	-1.239.218.913
1814	1.775.613.690	1.778.212.500	-2.598.810	-1.241.817.723
1815	1.579.304.470	1.730.354.040	-151.049.570	-1.392.867.293
1816	1.842.609.751	1.818.984.327	23.625.424	-1.369.241.869
1817	1.764.986.718	1.509.816.581	255.170.137	-1.114.071.732
1818	2.298.050.626	2.154.826.170	143.224.456	-970.847.276
1819	1.831.376.704	1.905.188.820	-73.812.116	-1.044.659.392
1820	2.018.851.576	1.933.054.280	85.797.296	-958.862.096
1821	2.049.251.690	1.781.232.731	268.018.959	-690.843.137

---

172 Fontes e cálculos estimativos: Para os anos de 1802, 1803, 1805 AHU (Avulsos, RS, docs. 465, 528 e 668). Os anos de 1804, 1806, 1807 foram retirados de Manoel Antonio de Magalhães. A validade dos dados fornecidos por este cronista foi discutida por Helen Osório, não obstante a autora não descontou as exportações de metais preciosos que seguramente estão incluídos nos números originais (Magalhães, *Almanack...*, *Op. cit.*, p. 101. Osório, Helen. *Estanciero, lavradores...*, *Op. cit.*, p. 165). A inclusão dos valores exportados em moeda provoca distorções na série, especialmente em razão da sua ausência nas fontes dos anos seguintes (1808-1821), daí a necessidade de alguns cálculos que permitam retificar os originais.

Antes de prosseguir, cabe dizer algumas as palavras sobre estes dados: há fontes que sugerem que os preços das importações estavam agravados pelos fretes, seguros e impostos (preços CIF) enquanto que os preços contabilizados nas exportações eram locais, sem contar estes custos (preços FOB). É o caso, por exemplo, do relato interessado de Antonio Caetano Silva que calculava sobre o valor de 533 réis da arroba de charque a ser vendida no Rio de Janeiro, de acordo com a balança de comércio de 1802, a necessidade de somar o frete de 200 réis, mais o dízimo e o donativo a serem pagos na alfândega da capital. Ou seja, ao invés do valor apresentado na balança de 127.364.920 réis, a exportação de charque para o Rio de Janeiro a preços CIF deveria somar 184.610.680. Porém, o autor deste cálculo afirmava que por causa da concorrência

---

As remessas de metais entre o final do século XVIII e início do XIX giravam entre 4,6 e 16,5% do total, incluindo os próprios metais, das exportações (ver tabela II). Deste modo, é correto descontar 8% do total das exportações fornecidos por Manoel Antonio de Malhães; abateu-se ainda 2% das importações tendo em vista que Bahia e Pernambuco remetiam alguma moeda para o Rio Grande que provavelmente foi contabilizada como importação (aproximadamente 2% do total é a participação das moedas nas importações riograndenses nos anos de 1802-1803). Para os anos seguintes utilizaram-se as fontes do AN (RJC, cx. 448, pct. 1). No ano de 1813, no entanto, só está discriminado o comércio com o Rio de Janeiro, com as outras praças todas agrupadas. Os anos de 1816 e 1817 não constam nesta documentação, por isto utilizei os dados de José Gonçalves Chaves (Chaves, *Memórias Econômo-Políticas...*, p. 118, 134-135 e 141), onde estão discriminados os volumes das principais exportações que foram multiplicados pelos preços fornecidos para a praça de Rio Grande. Para estimar as importações foram reunidos os números da alfândega de Rio Grande de 1816 e 1817 que constam no mesmo memorialista e comparados com os dados da alfândega de Porto Alegre existentes na documentação do AN para os anos seguintes (1818-1821). Viu-se por aí que, neste período, as importações da capital do Rio Grande do Sul equivaliam a 45% do total; pela mesma porcentagem, portanto, pode-se estimar as importações totais nos anos de 1816 e 1817 (praça de Rio Grande + praça de Porto Alegre).

castelhana os comerciantes rio-grandenses teriam perdido 61.536.893 réis do "valor real" de suas exportações[173].

Um outro documento permite compreender com mais clareza como os custos de transação eram contabilizados pelos negociantes de carne. Trata-se da *Conta da venda dos efeitos para o Rio de Janeiro por conta do casal, para do seu rendimento ser paga a letra a Luiz Antonio Bernardino* inserida em um inventário da esposa de um charqueador. Do lado do rendimento consta o valor obtido com a venda da carne, couro, graxa e chifres totalizando 3.037.200 réis. Do lado da despesa o pagamento dos direitos, comissão e outros gastos no transporte totalizando 1.040.190 réis. Descontado o pagamento da letra a Antonio Bernardino (1.000.000 réis), restava um lucro líquido de 997.004 réis[174]. Esta conta revela que os comerciantes locais faziam operações análogas ao circuito angolano descrito logo acima: comprava-se mercadorias de comissários do Rio de Janeiro, através de letras a serem descontadas na capital do Brasil, sobre o valor dos produtos a serem remetidos num futuro próximo. Assim, "apostava-se" que a venda do produto permitiria pagar os credores, os custos do transporte e os impostos e, com sorte, retornar um lucro líquido; se fosse o caso de prejuízo, este ficaria por conta do charqueador, situação que parece ser acusada com algum exagero por Antonio Caetano Silva em 1802.

Uma vez que os funcionários Reais elaboravam as balanças de comércio sobre as informações dos mestres de embarcação encarregados de vender as cargas nos portos do norte, é provável que o preço declarado representasse esta aposta no valor a ser obtido – de onde deveriam ser retirados os custos de transação – e não o preço real a ser vendido nos mercados brasileiros[175].

---

173 AHU, Avulsos, RS, doc. 575, *Demonstração do prejuízo que ficaram os comerciantes do Rio Grande de S. Pedro do Sul*. Antono Caetano da Silva. 22/02/1805

174 APERGS, A16, M-01, Inventário de Joana Maria Bernardina, 1811.

175 Isto explica porque os preços de charque no Rio de Janeiro, publicados por João Fragoso, são apenas levemente superiores aos preços declarados nas balanças de comércio riograndenses (Cf. FRAGOSO, João. *Homens de grossa...*, Op. cit., p. 279).

A série inicia em 1802 com um saldo negativo para o Rio Grande, mas já no ano seguinte o comércio fica a seu favor, voltando a uma posição deficitária em 1806. A partir deste ano os déficits vão se reiterar, chegando a um acumulado de mais de 1.392 contos em 1815. A tendência começa a se inverter em 1816, daí em diante, com exceção de 1819, a balança acumula superávits (ver o terceiro capítulo). Portanto, a tendência aos déficits da década anterior é confirmada ao menos até a metade da década de 1810 – a inflexão em 1803-1805 tem fundamentos anticíclicos que serão discutidos no próximo capítulo.

Os saldos da balança variavam de acordo com a região: com o Rio de Janeiro – para onde se remeteram 57,4% das exportações e vieram 73% das importações – acumulavam-se déficits, com a única exceção no recessivo ano de 1803. Com as praças de Pernambuco e da Bahia – que tinham 36,1% do mercado de exportações e 20,5% das importações – reiteravam-se superávits, com apenas dois anos deficitários no comércio com a Bahia (1808 e 1809); Como de ordinário estas praças obtinham superávits com o Reino, podiam pagar em moedas as importações de carne salgada[176]. Desde o Rio Grande organizava-se uma espécie de tráfico triangular com o Rio de Janeiro e as praças do nordeste e o decorrente jogo de letras e compensações.

Repete-se aqui o que Helen Osório já havia constatado, os superávits obtidos com os portos do nordeste sustentavam em parte os déficits com a capital do Brasil[177]. Ressalte-se que, como mostra a tabela V, os saldos positivos com o nordeste não chegavam para inverter a tendência deficitária mais geral do comércio do Rio Grande. Para se ter uma ideia a respeito do

---

[176] Os cálculos de participação de cada praça no mercado rio-grandense são baseados nos anos em que existem balanças completas: 1802, 1803, 1805, 1808-1812, 1814-1815, 1818-1821. Vale dizer ainda que as fontes geralmente tendem a sobrelevar o papel do Rio de Janeiro como consumidor e, por conseguinte, subestimar a participação das praças do nordeste. A capital do Brasil era um importante centro de informação das condições de mercado nas outras praças brasileiras; daí que muitos mestres de embarcações pudessem declarar que partiam para o Rio de Janeiro, mas depois tomar outros destinos. Esta distorção é praticamente impossível de corrigir no atual estágio da pesquisa.

[177] OSÓRIO, Helen. *Estancieiros, lavradores...*, Op. cit, p. 193.

que se está falando, com o déficit que se acumulou em 1815 seria possível comprar uns 6 mil escravos adultos, mais de 1/3 da população total de escravos do Rio Grande em 1814[178].

Como já ensinou Fernand Braudel: "(...) se o déficit se instala de modo permanente, é certa, num prazo mais ou menos longo, a deterioração estrutural de uma economia."[179] Esta não parece ser a condição da economia rio-grandense, afinal entre 1802 e 1813 as importações quase dobraram, o que significa crescimento econômico e a confiança da parte dos credores no pagamento das dívidas. Com efeito, as remessas de ouro e prata mostram que os homens de negócio do Rio Grande tinham outras fontes de receitas.

Uma destas fontes era o mercado de fretes, pois é provável que parte do comércio de navegação fosse operado por capitães de navios residentes no Rio Grande. Sobre os dados que possuo é difícil fazer estimativas sobre os valores que esse tipo de serviço trazia para a região.

Uma fonte alternativa que seguramente teve alguma importância, ao menos durante o século XVIII, foram as remessas que a Junta de Fazenda do Rio de Janeiro fazia à Provedoria do Rio Grande para o pagamento da folha militar. Esse dinheiro, como já foi dito, costumava acabar nos cofres dos atacadistas locais. Só que a Junta de Fazenda era célebre pelos seus calotes, de modo que em 1802 devia uns 700 contos em salários atrasados para os militares[180]. Ademais, em 1804, foi criada uma Junta de Fazenda no Rio Grande que, de acordo com este modelo de administração, deveria enviar seus saldos para o Erário Régio; foi o que aconteceu em 1805, quando foram remetidos uns 3 contos de réis para Lisboa[181].

---

178 Ver os números de população e as fontes no apêndice.

179 BRAUDEL, Fernand. *Civilização Material...*, Op. cit. [O jogo das trocas], p. 188.

180 AHU, Avulsos, RJ, doc. 14142, Donald Campbell, 30/04/1802.

181 AHTC, cód.-4082, 04/02/1807. Conheço poucos trabalhos que tratem de questões fiscais no período colonial. A este respeito vale a consulta ao artigo de Fernando Tomaz sobre as finanças pombalinas e a tese de Adalton Diniz sobre o perído Imperial (TOMAZ, Fernando. As Finanças do Estado Pombalino 1762 – 1776. *In:* VVAA. *Estudos e Ensaios em Homenagem a Vitorino Magalhães Go-*

Seguramente mais importante era o comércio de animais em pé com São Paulo e Minas Gerais – especialmente mulas e equinos, mas também algumas reses – que trazia saldos consideráveis para o extremo-sul. O chanceler da Relação do Rio de Janeiro Luiz Beltrão de Govea d' Almeida, afirmava que em 1796 o Rio Grande havia exportado animais no valor de 41 contos e que todo este comércio era saldado em ouro. Por sua vez, os homens de negócio do Rio Grande diziam que em 1803 o negócio de tropas havia sido responsável por uma exportação no valor de 75 contos e acrescentavam que "(...) a maior parte daqueles tropeiros vêm a fazer suas tropas à sombra de imensos panos de algodão, de escravos adultos e viciosos, de abonos de homens estabelecidos na Capitania de São Paulo e de letras e ordens do comércio grosso do Rio de Janeiro (...)"[182]. Estes testemunhos muito provavelmente sobrestimavam os valores das exportações terrestres, pois se fiavam nos valores do registro de Curitiba, representando os preços daquelas paragens.

Recalculando os dados do registro de Curitiba publicados por Affonso de Taunay, constata-se que em 1801 foram exportados animais no valor de 47 contos e importados pelo mesmo registro produtos como açúcar, ferro, fumo, sal, escravos, panos de algodão, fazendas, pólvora, totalizando 18 contos de réis. Sobravam assim pouco menos de 30 contos de réis para serem saldados em ouro em barra e letras de câmbio[183]. Este saldo positivo nas transações territorias do Rio Grande ajuda a explicar os saldos ne-

---

dinho. (351-388). Lisboa: Livraria Sá e Costa, 1988, Diniz, Adalton. *Centralização Política e Apropriação de Riqueza.* Análise das finanças do Império Brasileiro (1821-1889). São Paulo: FFLCH/USP [tese de doutorado], 2002.)

182 Memorial da câmara da Vila de Porto Alegre (1803). In: *RIHGRS*, 128, Porto Alegre, 1992, p. 159. É deles a informação do valor da exportação para o ano de 1803. A afirmação de Govea d'Almeida está em AHRS, AG, B-1.03. Rodrigo de Souza Coutinho, 26/07/1802. Os dados da exportação de 1805 em AHU, Avulsos, RS, doc. 668, 1806.

183 TAUNAY, Affonso. Ensaios de História Econômica e Financeira. In: *Anais do Museu Paulista.* São Paulo, 1961, Vol.15, p.3-80. O registro acusava que o valor dos animais que passavam chegava a 118 contos, este no entanto era o seu valor no momento da passagem pelo registro e não da sua venda no Rio Grande, daí eu ter utilizado os preços informados por Mendonça Furtado. É provável,

gativos no comércio marítimo: podendo comprar mercadorias europeias e escravos a preços mais baixos no litoral, os produtores rurais rio-grandenses preferiam receber seu pagamento em metais preciosos ou letras que depois eram remetidos aos negociantes litorâneos; daí o predomínio das mercadorias da terra nas importações pelo registro de Curitiba. Vale dizer que este padrão deve ter se consolidado apenas com a reabertura do giro mercantil pela barra do Rio Grande depois de 1777[184].

No entanto, a principal origem das moedas que permitiam ao Rio Grande saldar suas contas com o Rio de Janeiro era o contrabando com a região platina. A tabela IV confirma esta ideia já que 2/3 das moedas remetidas pelo Rio Grande eram de prata. O negócio da prata incentivava os comerciantes rio-grandenses a trazer ouro das praças nordestinas e do interior do Brasil, assim poderiam ganhar no câmbio e pagar com vantagem seus fornecedores do Rio de Janeiro; como diziam os traficantes rio-grandenses em 1793: "(...) a moeda líquida [é] (...) o meio que espiritualiza este país (...)"[185]. Além disto, este comércio de metais preciosos dos domínios castelhanos carregava consigo uma ampla gama de mercadorias ancilares: com o metal branco vinham mulas, couros, gado bovino e eqüino e ponches de lã de produção colonial; em troca iam algum ouro, fazendas europeias, escravos e tabaco. Estas especulações eram muito importantes para os mercadores rio-grandenses, e por isto que, no momento em que os espanhóis começaram a fazer contrabando diretamente com as praças do norte do Brasil, eles protestaram violentamente (ver os capítu-

---

    porém, que o valor exportado fosse maior, já que uma boa parte dos animais morria até Curitiba (ver nota 164).

184 Mendonça Furtado escrevia: "(...) neste giro pela maior parte se ocupam negociantes desta Capitania [São Paulo] (...)" "(...) parte do capital primitivo sai em efeitos embarcados para o Rio Grande e Porto Alegre e além disso em escravos que ali se reputam bem (...)" (MENDONÇA, Antonio Manoel de Castro. *Memória Econômo política da Capitania...*, op. cit., p. 210 e 212).

185 AHU, Avulsos, RS, doc. 284.

los 3 e 4). O fluxo de prata também era importante para o Rio de Janeiro, já que a Carreira das Índias costumava aportar ali para se abastecer[186].

Cabe a pergunta: como se comportava a balança de comércio do Rio Grande com os vizinhos do Rio da Prata? Por se tratar de negócio ilegal, é muito difícil estimar valores para este comércio, porém, nas conjunturas em que o comércio legal espanhol era interrompido pelo corso inglês (1779-1783, 1795-1802 e 1805-1808), o saldo era bastante favorável ao Rio Grande; nos momentos de paz os espanhóis seguravam sua prata e os termos desses negócios dependeriam, portanto, de outros fatores como a carga tributária e o custo das mercadorias[187].

A partir de 1816 os déficits da balança marítima da Capitania começaram a desaparecer. Ao que tudo indica, a situação caótica na Região Platina desorganizou o ramo castelhano do circuito de metais preciosos. Além disto, a liberalização do comércio no Brasil e no Rio da Prata permitia aos mercadores luso-brasileiros despedir em definitivo a intermediação dos rio-grandenses nos negócios de moeda[188]. Isto não quer dizer que o comércio na fronteira rio-grandense tenha desaparecido, como se observará no próximo capítulo, o tráfico de animais e produtos alimentícios ganhou o lugar da prata. Os superávits que a balança marítima apresenta desde 1816 (cinco, em seis anos) devem-se ao crescimento das exportações de alimentos, que foram favorecidas pela incorporação do espaço econômico Oriental e pela disparada dos preços do charque e do trigo (ver o próximo capítulo).

---

186 Voltarei a este tema nos próximos capítulos. Para algumas informações "econômicas" a respeito do contrabando, ver também AHRS, AM, M-22, Thomas da Costa Correa Rebello e Silva, 01/07/1810.

187 Hernan Asdrúbal Silva mostra que, no final do século XVIII, os espanhóis fizeram significativas remessas de ouro através do Rio da Prata para a Espanha. O autor, no entanto, não discute a origem do metal, ouro chileno ou brasileiro? (cf.Asdrubal Silva. *El comercio entre España...*, *Op.cit*, p. 33).

188 Ver a este respeito Barreto, Muniz. O fluxo de moeda entre o Rio da Prata e o Brasil (1800-1850). *Revista de História*. n. 101, São Paulo, 1975, quadro I, p. 223, que mostra grandes exportações legais de prata de Buenos Aires para o Brasil, pelo menos desde 1800.

O comércio marítimo rio-grandense mostra uma crescente integração do extremo-sul com a face americana do Império. Até 1789 o tráfego marítimo era praticamente exclusivo ao Rio de Janeiro, apenas a Ilha de Santa Catarina por estar no meio do caminho também participava deste tráfico, além disto havia o negócio de tropas com São Paulo e, através deste, com as Minas[189]. Na década de 1790 Bahia e Pernambuco ganharam em relevância e alguns outros portos passaram a fazer negócios pontuais com o Rio Grande. Na entrada do século XIX parece haver um aumento gradual nas rotas alternativas, até que em 1808 o Rio Grande passou a fazer comércio com todos os principais portos da América Portuguesa – Rio de Janeiro, Bahia, Pernambuco, Maranhão e Pará – e com alguns mais periféricos como Alagoas, Rio São Francisco, Caravelas e Cananeia. Em termos numéricos, a balança de comércio mostra que em 1802 o Rio Grande comerciou com cinco portos brasileiros; em 1803 foram oito portos; em 1805 teve comércio com dez portos; em 1808 já foram quinze as praças brasileiras que mantiveram tráfico com o Rio Grande e esta seria, com algumas variações para mais ou para menos, a realidade dos próximos anos.

Das praças brasileiras secundárias o Rio Grande praticamente só importava alimentos (farinha de mandioca, açúcar, sal, arroz e café), drogas (aguardente, tabaco) e diversos produtos da terra (madeira, algodão, anil, cal). A maior integração econômica do extremo-sul ao restante do Brasil no início do século XIX era, portanto, decorrente de um aumento constante nos mercados de alimentos e produtos da terra, também no comércio de importações. A tabela VI é um exemplo disto:

---

189 Entre 1737-1741 entraram no porto de Rio Grande 36 embarcações vindas do Rio de Janeiro com cargas particulares contra 11 originadas em outras praças. Destas últimas, 3 eram da Colônia de Sacramento, 2 de Santa Catarina, 2 da Bahia, 2 de Pernambuco e 2 de Santos, (*Livro de Registro de Embarcações* AHRS, F – 1241, 1737-1741. Helen Osório, baseada em um requerimento de homens de negócio, cita o ano de 1789 como o início do comércio entre o Rio Grande com o nordeste. (OSÓRIO, Helen. *Estancieiros, lavradores...*, Op. cit, p. 174).

Tabela VI: Importações rio-grandenses de farinha de mandioca[190]

Ano	Alqueires
1787	5.356
1792	11.459
1802	13.945
1803	27.501
1805	10.958
1808	22.367
1809	13.838
1810	22.229
1811	22.598
1812	41.967
1814	32.984
1819	39.103

Excluídas as flutuações entre um e outro ano, provavelmente ritmadas pelo acaso das colheitas, constata-se que o Rio Grande comprava quantidades cada vez maiores de farinha de mandioca[191].

Observou-se também que entre 1790 e 1810 o Rio Grande foi incorporado aos mercados litorâneos pela exportação de alimentos, ao mesmo tempo em que perdia força relativa o comércio tradicional de prata e couros que havia sido um dos eixos estruturais da geografia econômica sul-americana desde o século XVII, assim como a exportação de mulas em pé, elemento de integração durante a primeira metade do século XVIII. Mais ainda, o mercado litorâneo condicionava os fluxos terrestres e equilibrava-se com as compensações permitidas pelo tráfico de animais para o interior.

Mas não devemos nos deixar enganar por esta aparente unicidade entre os diferentes mercados coloniais aos quais o Rio Grande estava colado. Afinal, na opinião de Ruggiero Romano, seria a existência de um tecido

---

190 Fontes: 1787, 1792, 1802, 1803, 1805 (AHU, Avulsos, RS, docs. 232, 276, 465, 528, 668). O restante (AN, RJC, cx. 448, pct. 1).

191 Atente-se, porém, que as importações de farinha "de guerra" cresceram muito depois de 1812, quando começaram as aventuras militares na Banda Oriental.

comercial denso e uma certa uniformidade dos preços que definiria a existência de um único mercado interno[192].

O comércio de mulas, por exemplo, caracterizava-se pelo intercâmbio entre diferentes mercados de animais, sendo a essência do lucro o transporte da mercadoria de um mercado ao outro. Daí que uma besta comprada no sul por 4.500 réis valesse 13.000 réis em Curitiba, e os cavalos adquiridos da mesma procedência por 2.000 réis fossem vendidos por 6.000 réis. Estes preços eram ainda maiores no momento da venda dos animais no Rio de Janeiro ou em Minas Gerais, levando a Mendonça Furtado concluir que estes eram comprados "(...) a módicos preços (...)" no Rio Grande e depois vendidos "(...) a exorbitantes somas (...)" na capital[193]. Voltarei ainda a tratar da questão dos preços.

Por outro lado, seria possível argumentar que eram os fluxos financeiros e de compensações entre as diferentes regiões da colônia que caracterizaria um mercado interno colonial. Esta, aliás, parece ser a opinião de João Fragoso e Manolo Florentino que, em seu último artigo sobre o tema, argumentam nesta direção para explicar o comércio de reexportações no Rio de Janeiro: "O fato de a soma dos valores do comércio carioca com duas áreas coloniais [Santos e Rio Grande] corresponder a cerca de 80% de todas as compras feitas junto ao Reino mostra a enorme capacidade de compra do mercado interno colonial"[194].

Mais adiante, os autores qualificam o significado da expressão "enorme capacidade de compra do mercado interno colonial":

---

192 ROMANO, Ruggiero. *Mecanismo y Elementos del Sistema Económico Colonial Americano*. Siglos XVI-XVIII. México: FCE, 2004, p. 341-342

193 MENDONÇA. *Memória Econômo política da Capitania...*, Op. cit., p. 211. Ver ainda a comparação entre os preços do gado em Porto Alegre (RS) e Sabará (MG) durante o século XIX feita por NOGUÉROL, Luiz P. Preços de bois, cavalos e escravos em Porto Alegre e Sabará, no século XIX - mercadorias de um mercado nacional em formação. In: *Ensaios FEE*. Porto Alegre, 2005, Vol.26, p.7-36..

194 FRAGOSO, João e FLORENTINO, Manolo. Estrutura e dinâmica da praça mercantil do Rio de Janeiro entre 1790 e 1812. In: FURTADO, Junia (org.) *Diálogos Oceânicos.* Minas Gerais e as novas abordagens para uma história do Império Ultramarino Português. Belo Horizonte: Ed. UFMG, 2001, p. 165.

(...) o comprador das reexportações cariocas de fazendas e escravos, estivesse ele nos pampas riograndenses, no planalto paulista ou nas Gerais, viabilizava o pagamento dos déficits cariocas para com a Metrópole, a África e a Ásia por meio de dinheiro, e o fazia, em última instância, não mediante a produção de bens destinados ao mercado internacional ou para outras partes do Império Português, mas sim através da realização regional de inúmeras outras mercadorias[195].

No entanto, como já foi visto, parte do numerário e das letras de câmbio que permitia o Rio Grande saldar suas contas com a capital do Brasil era obtida junto às praças da Bahia e Pernambuco que, por sua vez, podiam remeter moedas para o sul em razão dos superávits - graças às exportações de algodão - sobre o Reino. Por esta análise o mercado português era tão "interno" ao Rio Grande quanto o mercado mineiro, pois ambos articulavam-se com extremo-sul por intermédio de outras praças e garantiam indiretamente saldos líquidos ao Rio Grande.

Uma outra definição de mercado interno estaria vinculada ao fundamento *territorial* do comércio irradiado a partir de Minas Gerais. Nesta direção é que argumenta Luiz Felipe Alencastro ao opor a desterritorialização da América Portuguesa durante o século XVII à formação de uma "(...) divisão inter-regional do trabalho na América portuguesa (...)" no século XVIII, engendrando "(...) um só mercado e faz isso tudo virar uma coisa só"[196].

A este respeito, vale a pena explorar o papel das reexportações de produtos europeus e escravos na formação dos circuitos mercantis que explicitam o caráter aterritorial do comércio inter-regional. As balanças comerciais permitem classificar a origem dos produtos importados pelo Rio Grande, através das praças brasileiras, e assim estabelecer o peso relativo dos mercado atlântico na configuração dos circuitos. Sendo assim, agruparam-se as cifras por valor, em três tipos distintos de mercadorias:

---

195 Idem., p. 173.
196 ALENCASTRO, *O Trato dos Viventes...*, op. cit., p. 353.

os produtos de provável origem europeia, constando aqui tecidos, vinhos, ferramentas, metais, joias, quinquilharias, etc.; em segundo lugar os gêneros da terra, como alimentos, sal, drogas, fumo e aguardente; na terceira coluna os escravos, por sua origem africana. Nesta classificação se escapam alguns produtos de origem asiática e africana. Também pode ter ocorrido alguma confusão quanto à procedência de algumas mercadorias, é o caso do sal, que além de ser produzido nas salinas do nordeste era importado de Portugal. Estes problemas, porém, não inviabilizam a argumentação.

Tabela VII: Importações do Rio Grande pelo Rio de Janeiro

	Mercadorias europeias	Gêneros da terra	Escravos
1802	79,2%	13,2%	7,5%
1803	65,5%	22,1%	12,5%
1805	77,0%	14,8%	8,2%
1808	64,2%	22,8%	13,0%
1809	79,4%	12,0%	8,7%
1810	70,4%	19,9%	9,7%
1811	68,6%	15,2%	16,2%
1812	75,3%	14,5%	10,2%
Total	**72,7%**	**15,6%**	**11,7%**

Vê-se por estes cálculos que a participação das mercadorias europeias nas importações pelo Rio de Janeiro era, em média, de 72,7%, girando no período entre 64,2% (1808), e 79,4% em 1809. Em segundo lugar, vinham os gêneros da terra, que eram 15,6% do valor, ficando entre 12 e 22,8%. Por último, temos os escravos, que não eram muito importantes comparados com as duas outras classes de mercadorias (11,7%), ainda que seu valor individual fosse bastante alto. Observemos agora a mesma operação para a Bahia:

Tabela VIII: Importações do Rio Grande pela Bahia

	Mercadorias europeias	Gêneros da terra	Escravos
1802	81,7%	14,2%	4,0%
1803	62,5%	30,2%	7,2%
1805	81,4%	17,2%	1,4%
1808	64,8%	16,4%	18,8%
1809	77,8%	14,9%	7,3%
1810	74,9%	19,1%	6,0%
1811	67,9%	12,8%	19,3%
1812	77,6%	17,4%	5,0%
Total	**73,8%**	**17,0%**	**9,2%**

A composição das importações na Bahia é muito parecida com a do Rio, com uma total dominância das mercadorias europeias. Há, no entanto, uma oscilação maior entre as diferentes mercadorias, especialmente no que se refere aos escravos, o que talvez indique um comércio menos padronizado.

Tabela IX: Importações do Rio Grande por Pernambuco

	Mercadorias europeias	Gêneros da terra	Escravos
1802	53,3%	46,7%	0,0%
1803	35,8%	51,9%	12,3%
1805	74,4%	24,9%	0,7%
1808	32,1%	57,1%	10,9%
1809	43,3%	43,9%	12,8%
1810	42,9%	46,3%	10,9%
1811	53,1%	41,5%	5,4%
1812	57,5%	40,2%	2,3%
Total	**50,7%**	**42,9%**	**6,4%**

No caso das compras em Pernambuco poderíamos falar até de uma ausência de padrão, pois em quatro dos oito anos estudados os gêneros da terra ultrapassaram em valor as mercadorias europeias. Quanto aos escravos, houve ano em que não ocorreram importações (1802), ou que elas foram desprezíveis (1805). É verdade que no total acumulado as mercadorias europeias foram mais importantes (50,7%) como no comércio com o Rio e com a Bahia; mas era uma maioria pouco significativa, posto que, graças ao sal, os gêneros da terra chegaram quase aos 43%.

Portanto, a análise do comércio rio-grandense com as suas três principais parceiras comerciais demonstra que as importações de gêneros da terra eram secundárias. Tampouco no cômputo geral dos anos analisados (1802, 1803, 1805, 1808-1812) os produtos das colônias têm grande importância no negócio de importações: mesmo somando *todas* as compras feitas nas praças classificadas como "outras" ao valor dos gêneros da terra[197], chega-se à conclusão que elas não ultrapassavam os 21% do total. Um último exercício matemático reitera o que se está afirmando, mesmo para o período (1819) que antecede a Independência, quando as importações de alimentos cresceram muito, as mercadorias produzidas no Brasil eram aproximadamente 25% de todas as compras feitas pelas praças de Porto Alegre e Rio Grande (62,6% de produtos europeus e 12,8% de escravos).

As mercadorias europeias e os escravos eram fundamentais para a formação dos circuitos mercantis no interior da colônia. Só assim era possível existir, nas palavras de Braudel, uma "diferença de voltagem" entre duas regiões coloniais que, descontadas as diferenças naturais, produziam os mesmos frutos[198].

Por aí se completa a crítica ao modelo de João Fragoso: a maior demanda externa fazia crescer as exportações e, por conseguinte, a capacidade de importar pelas regiões centrais da colônia. O aumento na capacidade de importação das regiões centrais da colônia era duplo, afinal, com a abundância de mercadorias europeias era possível comprar mais alimentos das zonas coloniais periféricas. Por sua vez, a "acumulação de

---

197 Cálculo que sobreleva produtos da terra, pois nesta classificação se incluíram algumas praças africanas. Registre-se ainda que se faziam importações, pouco importantes é verdade, de mercadorias europeias e escravos das praças secundárias.

198 BRAUDEL, Fernand. *El Mediterrâneo... op. cit.*, p. 513.

riquezas" no interior da colônia tinha origem nesta oposição entre mercadorias europeias e alimentos coloniais; de imediato o caráter da "acumulação colonial" era repor a ordem e a hierarquia coloniais[199] – a venda de produtos europeus permitia, por um mecanismo de socialização dos lucros e dos riscos, que os grandes monopolistas de Lisboa capturassem uma parte da renda colonial[200]. Por último, a afirmação do autor de que o comércio interno permitia à economia colonial resistir às conjunturas negativas externas tem origem na crença de que este circuito poderia se desenvolver autonomamente frente ao comércio colonial no estrito senso. Esta ideia fica especialmente clara num parágrafo em que trata do des-

---

[199] Como mostraram João Fragoso e Manolo Florentino, os grandes homens de negócio do Rio de Janeiro investiam as riquezas acumuladas nos negócios em engenhos e propriedades urbanas, esterilizando a riqueza. Os autores então concluem que esta "acumulação endógena" põe abaixo o modelo de Fernando Novais; parecem não se dar conta que o investimento em mais engenhos e mais escravos repõe o lugar da periferia na divisão mundial do trabalho (Fragoso e Florentino *O Arcaísmo...*, *Op. cit.*, *passim*).

[200] Portanto, não me parece justa a ideia de João Fragoso e Manolo Florentino que os homens de negócio portugueses perderam o controle destes ramos de comércio para os mercadores da colônia pela falta de crédito, provocada pela estrutura arcaica da sociedade portuguesa; como bem mostra Jorge Pedreira, os grandes homens de negócio de Lisboa dispunham recursos financeiros para praticamente monopolizar o tráfego com o Brasil. O que afastava os traficantes reinóis era o alto risco das especulações no interior da colônia frente ao lucro certo do comércio de entreposto entre o Brasil e a Europa. (Cf. Florentino, Manolo. *Em Costas Negras...*, *Op. cit.*, p. 115-118, Fragoso e Florentino, *O Arcaísmo...*, *Op. cit.*). Para as considerações de Jorge Pedreira, ver *Os homens de negócio da praça de Lisboa...*, *Op. cit.*, p. 117. Para uma ideia da dificuldade na cobrança das dívidas no interior da colônia, ver as queixas de Francisco Borges dos Santos, encarregado pela Junta de Comércio para cobrar as dívidas da massa falida de Feliciano Velho Oldemberg (ANTT, Real Junta de Comércio, M-10, Cx. 38, Francisco Borges dos Santos, 01/08/1761). Também é interessante ver o copiador de cartas escritas pela Junta onde constam muitas correspondências da década de 1760 que tratam de execuções de dívidas no Brasil (AHTT, Real Junta de Comércio, L-329).

compasso entre a queda brutal nas exportações de açúcar desde o Rio de Janeiro para Portugal, entre 1799 e 1811, e a redução apenas suave das entradas do produto, no porto do Rio, no mesmo período.

> A diferença entre as duas últimas taxas insinua que no período analisado, o consumo colonial tende a manter uma taxa de crescimento positiva. Na verdade, seria o aumento da demanda interna que possibilitaria a defasagem observada entre a produção mercantilizada e a exportação do açúcar. E aqui cabe lembrar que o espaço colonial não é apenas formado pela monocultura escravista; para além do engenho, existem outras produções coloniais (abastecimento interno), e enquanto segmentos mercantis, elas não apenas vendem, mas também compram e podem, inclusive adquirir açúcar. Nesse sentido, temos as saídas de açúcar do Rio para Santa Catarina, Rio Grande do Sul e outras áreas ligadas ao abastecimento colonial[201].

Se é verdade que houve um aumento no consumo de açúcar no extremo-sul, ele estava longe de poder servir como contrapeso à queda das exportações como comprova a tabela X.

---

201 FRAGOSO, João. *Homens de grossa...*, p. 278. Consultar ainda o apêndice.

Tabela X: Exportações de açúcar (em arrobas, branco e mascavo) do Rio de Janeiro para Portugal e Rio Grande e importações totais do Rio Grande do mesmo produto

ano	exportações RJ – Reino	exportações RJ- RS	importações RS (total)
1799	633.297		
1800	306.185		
1801	1.200.088		
1802	859.606	13.301	15.561
1803	624.031	6.476	8.790
1804	506.307		
1805	596.981	15.222	26.547
1806	777.659		
1807	736.114		
1808	21.964	18.419	24.504
1809	151.680	19.103	24.656
1810	254.111	9.913	15.862
1811	57.032	29.872	34.993

Em alguns anos, como 1808 e 1811, as vendas de açúcar para o Rio Grande ganham em importância em relação ao tráfico com o Reino. Porém, algumas vezes, os cálculos proporcionais podem esconder mais do que esclarecer: dizer que, em 1808, as exportações de açúcar do Rio de Janeiro para o Rio Grande equivalem a 84% das exportações do mesmo produto para Lisboa esconde o fato que a média anual das exportações de açúcar cariocas para o Rio Grande, na fase negativa (1808-1811), é menos de 3% da média anual das exportações de açúcar que a capital do Brasil fez para Portugal na fase positiva (1799-1807). Dada a insignificância das compras rio-grandenses de açúcar frente à generalidade do negócio, é difícil acreditar que as vendas do produto para outras zonas da colônia pudessem amortecer a queda no mercado europeu (ver ainda o 3º capítulo, p. 153-156)²⁰². Na verdade, a razão do referido descompasso entre as entradas de açúcar no porto do Rio de Janeiro e as exportações para Portugal deve ser buscada, em parte, na própria dinâmica da produção escravista que respondia com atraso às flutuações de curto prazo (voltarei a esta questão no capítulo 3). Por outro lado, em 1808, foram abertos os portos brasileiros; e, com isso, parte do açúcar que não foi exportado para Portugal pode ter se direcionado para Londres, Estados Unidos e Região Platina.

Durante o século XVIII o comércio pioneiro de metais preciosos, couros e mulas perdeu força frente à produção de alimentos para as praças centrais da colônia na década de 1790. Nas duas décadas seguintes consolidou-se a integração com os mercados do litoral. Note-se que os negócios tradicionais não foram substituídos, mas ultrapassados pelas exportações de alimentos, replicando o processo de diversificação agrícola que caracterizou toda a colônia. Moeda e mulas deixaram de ser o negócio do Rio Grande, mas ainda eram importantes para fechar as "contas externas" da Capitania, articulando o mercado do litoral com os mercados do planalto.

No entanto, no final do século XVIII e início do XIX a agroexportação continuava a ditar o ritmo da economia colonial, enquanto que as mercadorias europeias e os escravos permitiam o comércio entre as diferentes regiões da colônia. Em um certo sentido o espaço econômico do Brasil continuava no Atlântico.

---

202 Seguramente o Rio Grande era o maior comprador "colonial" de açúcar, já que as outras regiões de clima temperado (como São Paulo) produziam seu próprio açúcar ou eram de população muito rala (como Santa Catarina) para ter algum consumo de alimentos de vulto.

3. O RIO GRANDE E A CONJUNTURA (1777-1822)

Praticamente todos os historiadores concordam que o século XVIII foi um período de expansão econômica na Europa e na América. O crescimento demográfico e a maior produtividade na agricultura puxaram a expansão secular, enquanto que a Revolução Industrial inglesa depois de 1780 acelerou ainda mais a atividade econômica[203].

No caso do Brasil, ultrapassada a depressão aurífera – que parece ter chegado ao seu ponto mais profundo na década de 1770 –, a atividade agroexportadora voltou a determinar o ritmo da economia colonial: a recuperação dos preços do açúcar iniciada em 1780 e a diversificação das atividades agrícolas, com destaque à produção do algodão, são os elementos fundamentais do consagrado "renascimento da agricultura" do final do século XVIII. Tudo isto numa sociedade bem mais complexa, em que o crescimento populacional era acompanhado pelo aumento das aglomerações urbanas nas cidades portuárias como Recife, Salvador e Rio de Ja-

---

203 A bibliografia sobre a expansão econômica no século XVIII é extensa, ver por exemplo BRAUDEL, Fernand. *Civilização Material*, Op. cit.... [O tempo do mundo], p. 66-69. ALDEN, Dauril. O período final do Brasil colônia, 1750-1808. In: BETHELL, Leslie. *História da América Latina*. São Paulo: Edusp, Vol.2, p.527-592 É notável, no entanto, a opinião de Ruggiero Romano que, coerente com a sua teoria de "conjunturas opostas" para a Europa e Ibero-América, afirma que o século XVIII foi recessivo para a última. Reconhece, no entanto, que, no final deste século, os preços mostram uma tendência positiva (cf. ROMANO, Ruggiero. *Conyunturas Opuestas*: La crisis del siglo XVII en Europa e Hispanoamérica. Mexico: FCE, 1993, esp. p. 109-115).

neiro. Como já foi sugerido no capítulo 2, o Rio Grande acompanhou este desempenho, com o correpondente aumento nas exportações de alimentos.

A década de 1790 foi decisiva. A revolta dos escravos em São Domingos, desarticulando a produção de gêneros tropicais na ilha, e as dificuldades enfrentadas pelas metrópoles envolvidas nas guerras revolucionárias francesas favoreceram as exportações do Brasil. Praticamente todas as séries sobre a atividade econômica no Atlântico português são positivas a partir de 1792.

Entretanto, a agricultura para a subsistência, especialmente no nordeste, era condicionada pelos ritmos da agroexportação. Os altos preços dos produtos coloniais pressionavam o mercado de gêneros alimentícios de duas maneiras: no engenho, a tendência era a concentração dos fatores de produção, terra e trabalho, na produção das mercadorias exportáveis. Os produtores rurais compravam assim os alimentos de seus escravos no mercado e, por conseguinte, pressionavam a demanda por estes gêneros. Na produção de alimentos a tendência era os pequenos produtores cultivarem gêneros mais rentáveis - tabaco, algodão e café, que podiam ser produzidos com pouco capital –, ou a sua exclusão das melhores terras por conta da pressão da agroexportação, diminuindo a oferta de alimentos. Guillermo Pallacios analisou estes fenômenos em Pernambuco durante as décadas de 1780 e 1790 e constatou uma "(...) *crisis de larga duración* (...)" no fornecimento dos mercados [204].

A produção de alimentos foi especialmente afetada no ano de 1791 quando um *El Niño* de grande intensidade provocou maior aquecimento do nordeste brasileiro. A conseguinte redução das chuvas, potencializou uma seca no sertão nordestino que começara um ano antes e se estendeu

---

204 Palacios, Guillermo. *Cultivadores Libres, Estado y Crisis de la Esclavitud en Brasil en la Época de la Revolución Industrial*. Ciudad de Mexico: FCE, 1998, p. 129. Ver também Schawrtz, Stuart. Roceiros e escravidão: alimentando o Brasil nos fins do período colonial. In: *Escravos Roceiros e Rebeldes*. Bauru: EDUSC, 2001, p. 159-161. A expansão da agroexportação deve ter pressionado ainda a pecuária no Rio de Janeiro com a conversão dos campos de Goytacazes à produção do açúcar especialmente nas décadas de 1780-1790.

até 1792. Três anos de aridez extrema, além de seus efeitos catastróficos para a população sertaneja, destruíram os rebanhos daquela região[205].

No mesmo período Portugal sofria com a escassez de cereais. As autoridades metropolitanas procuraram forçar a exportação da farinha de mandioca para o Reino, agravando o caos no comércio de alimentos. Em 1796 as exportações das três principais praças do Brasil para Lisboa e Porto equivaleram a ¼ das entradas deste produto no porto do Rio, num ano particularmente difícil para o abastecimento da cidade como se observa no gráfico[206].

---

[205] Os meteorologistas têm avançado bastante na compreensão e na datação retrospectiva do fenômeno El Niño. O artigo de Wiliam Quinn, ainda que bastante técnico, possui muitas tabelas com as datas deste acontecimento climático, baseadas numa série de dados como, por exemplo, as cheias do rio Nilo. (QUINN, Wiliam H. A study of Southern Oscillation – related climatic activity for A.D. 622-1900 incorporating Nile River Flood data. *In:* DIAZ, Henry F. Markgraf, Vera. *El Niño Historical and Paleoclimatic Aspects of the Southern Oscillation.* (119-149). Londres: Cambridge University Press, 1993, p. 126. Para uma explicação do fenômeno *El Niño* e o seu efeito no nordeste brasileiro, ver o provocador livro de DAVIS, Mike. *Holocaustos Coloniais:* clima, fome e imperialismo na formação do Terceiro Mundo. Rio de Janeiro: Record, 2002, p. 225-226 e 267-269.

[206] AHU, ROR, Cód. 573, Luís Pinto de Souza, 20/06/1795. Dados da balança de comércio INEL, *Balanças Gerais do Comércio do Reino de Portugal com os seus Domínios e Nações estrangeiras,* 1796. Ver ainda Palacios e Teixeira da Silva.

Gráfico 1: Entradas de cereais (alqueires) e carnes (arrobas) no porto do RJ[207]

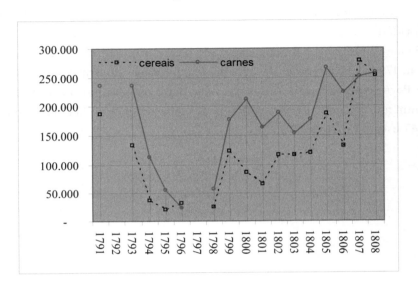

Mas a crise teve efeitos contraditórios, pois a escassez no nordeste estimulou a produção no Rio Grande:

---

207 Fonte: SANTOS, Corcino. O Rio de Janeiro e a Conjuntura Atlântica. Rio de Janeiro: Expressão e Cultura, 1993 p. 86, tabela V, o autor afirma ter retirado seus números de um registro de entrada de gêneros no porto do Rio, mas não apresenta com clareza a fonte. Seus dados são confirmados por outras fontes, ainda que constem certas incorreções. BNL (Códs. 1691 e 1692), Almanach da Cidade do Rio de Janeiro, 1792 e 1794. Para a entrada de cereais somei os dados do arroz, feijão, milho, farinha de mandioca e trigo. Para os dados da carne somei o charque e o toucinho. No entanto, como o registro do toucinho era em alqueires e foi impossível transformar a medida de volume deste produto em arrobas, defini arbitrariamente que 1L de toucinho pesava um quilo, peso aproximado de um 1L de água. Bem entendido que as incorreções desta conversão não afetam a curva das importações, pois as importações de toicinho eram pouco importantes.

Apareceu o tempo, apesar da humanidade, que a esterilidade da Capitania de Pernambuco seguida da fatal Revolução da Europa deu tal tom e valor aos principais efeitos de primeira necessidade (...) que dentro de cinco anos se viu tomar o Continente do estado de uma Colônia novamente criada e dependente de outras ao de uma antiga no comércio e providente de outras Capitanias multiplicando-se de ano a outro até um prodigioso número de vasos nela nascidos e construídos (...)[208]

Os preços altos da carne e dos cereais tornavam atrativos os mercados de Pernambuco e da Bahia e, consequentemente, aumentava a concorrência pelos produtos do Rio Grande. Vale notar que as exportações de Santa Catarina também foram influenciadas positivamente: em 1798 o governador da ilha acusava a dificuldade de abastecer os armazéns reais do Rio de Janeiro pelos preços tabelados. Três anos depois a queixa era que na vila de São Francisco do Sul preferia-se exportar farinha para a Bahia, Pernambuco, Santos e Rio Grande do que enviar cargas ao Rio de Janeiro[209].

A concorrência pela produção de alimentos sulinos afetou o abastecimento do Rio de Janeiro especialmente nos anos de 1794-1798, como demonstra o gráfico. Tanto é assim que, já no ano de 1793, o Conde de Rezende tomou medidas para tentar controlar, a partir da capital do Brasil, o mercado rio-grandense[210].

As crises de abastecimento não eram um fenômeno novo na colônia, no entanto, sua intensidade durante a década de 1790 faz lembrar o velho princípio da transformação da quantidade em qualidade: nesta década a falta de gêneros se tornou crônica – entre 1791-1802, em apenas um ano

---

208 AHU, Avulsos, RS, doc. 373, o documento é de 1799, mas está anexo na corresp. de 24/11/1800.

209 Cf. Silva, Augusto da. *A Ilha de Santa Catarina e sua Terra Firme*. Estudo sobre o governo de uma capitania subalterna. [tese de doutorado] São Paulo, FFLCH/USP, 2007, pp. 229-230.

210 Ver capítulo 4.

(1800) não se registrou subabastecimento em alguma das três principais capitanias do Brasil – e sincrônica porque afetou Rio, Bahia e Pernambuco[211].

Da minha parte, desconheço estudos que tenham procurado aprofundar a relação entre as crises de abastecimento e a situação política na colônia do final do século XVIII e início do XIX. Parece-me claro, no entanto, que a escassez de alimentos foi um dos fenômenos que contribuíram para a crise do sistema colonial português.[212]

Nos seus desdobramentos econômicos os efeitos da crise foram óbvios: os preços altos no nordeste atraíram os gêneros sulinos forçando também os valores praticados no Rio, integrando os mercados do litoral em torno do consumo de alimentos. Neste momento, portanto, o Rio Grande apareceu como uma colônia "*providente de outras capitanias*", especialmente pelas exportações de carnes. A forte concorrência pelos alimentos forjou um mercado "criador de preços" e permitiu consolidar o escravismo colonial no extremo-sul.

Passarei agora a analisar o desempenho das atividades exportadoras no Rio Grande, reconstruindo a conjuntura de 1790-1822. O objetivo aqui é discutir as diferentes flutuações econômicas que permitirão estabelecer com mais precisão os laços econômicos do extremo-sul com as praças do norte e com a região platina. Com este objetivo, iniciarei com a exposição

---

[211] A cronologia das crises está em SILVA, Francisco C. T. As crises de subsistência no Brasil colônia. In: Morfologia da Escassez: crises de subsistência e política econômica no Brasil colônia (Salvador e Rio de Janeiro, 1680-1790). Niterói, UFF [tese de doutorado], 1990, p. 183-188.

[212] Em 1798, no contexto da assim chamada Revolução dos Alfaiates, surgiram pasquins contra o preço da carne. Mais tarde, em Pernambuco, os pasquins foram utilizados para atacar a atividade dos comerciantes "monopolistas" que supostamente atravessavam o mercado de carnes de Recife e Olinda. O pasquim com referência ao preço da carne é citado por MOTTA, *Idéia de Revolução...*, *Op. cit.*, p. 133, nota 246. Sobre a Revolução dos Alfaiates, Cf. JANCSÓ, István. *Na Bahia Contra o Império.* História do ensaio de sedição de 1798. São Paulo/Salvador: Hucitec/Edufba, 1995. Sobre a situação de Pernambuco ver BNL, Cód. 8973, 1801.

do movimento geral dos preços para demarcar as flutuações e então perguntar sobre as suas causas e seus efeitos sobre a agropecuária da região. O maior problema é construir séries consistentes em razão das lacunas na documentação. Para tanto, reuniram-se os dados das alfândegas de Rio Grande e Porto Alegre que contêm estimativas dos preços de atacado e algumas séries do mesmo tipo organizadas por outros autores. Observe-se que o modo pelo qual as balanças foram organizadas originalmente variaram com o tempo: em alguns anos é possível notar uma pequena diferença nos preços, de acordo com o destino final da mercadoria. Contudo, na maior parte do tempo foram registrados os mesmos preços médios, independente da exportação ser enviada ao Rio de Janeiro, Pernambuco ou Bahia. Quando foi constatada a diferença de preços optei pelos valores praticados no Rio de Janeiro.

Além disso, mantiveram-se os valores nominais dos produtos porque a análise dos preços aqui serve apenas como um indicador dos movimentos mais profundos da economia colonial; inserir um cálculo deflacionador seria uma complicação inútil.

Charque e trigo podem ser encarados como indicadores da economia rio-grandense porque resumem as duas principais atividades e eram as exportações de maior valor para a região, as demais (couro, sebo, graxa) geralmente eram solidárias às flutuações da carne seca. A tabela I elabora índices de preços para o charque e para o trigo:

Tabela I: Preços de atacado do charque e do trigo[213]

Ano	charque (arroba)	Index	trigo (alqueire)	Index
1790	$320	100	$800	100
1791	$400	125	$600	75
1792				
1793				
1794				
1795	$600	188	1$500	188
1796	$565	177	1$150	144
1797				
1798	$700	219	1$000	125
1799	$628	196	1$020	128
1800	$493	154	$997	125
1801	$600	187	1$098	137
1802	$533	167	1$193	149
1803	$555	174	834	104
1804	$503	157	1$295	162
1805	$505	158	1$302	163
1806	$503	157	1$958	245
1807	$515	161	1$271	159
1808	$541	169	1$970	246
1809	$509	159	746	93
1810	$513	160	766	96
1811	$567	177	1$322	165
1812	$542	169	1$532	192
1813	$517	161	1$376	172
1814	$562	176	1$680	210
1815	$576	180	1$090	136
1816	$726	227	1$467	183
1817	1$485	464	1$694	212
1818	1$600	500	2$720	340
1819	1$600	500	1$280	160
1820	1$466	458	1$257	157
1821	1$372	429	1$262	158
1822	1$161	363	2$315	289

213 Fonte: média dos preços apresentados por Fragoso O, *Homens de grossa...*, *Op. cit.*, p. 279, tabela 14-1; SANTOS, *Economia e Sociedade...*, *op. cit.*, p. 138, tabela 26 – que retiraram seus dados das Listas de Entrada de Embarcações do Rio – e os dados retirados da alfândega rio-grandense. Os preços do trigo reunidos por Fragoso estão registrados em arrobas, converti para alqueires à medida de 1L=855g, segundo a pesagem que fiz no mercado público de São Paulo.

Entre 1790 e 1795 sucede uma valorização considerável do charque e do trigo (*Index* de 188 para os dois produtos). A partir de 1796, os preços mostram uma tendência para a estabilização – especialmente no que se refere ao charque – ainda que ocorram oscilações bem marcadas entre 1798 e 1801; depois de 1802 a carne seca fica na casa dos $500 até o ano de 1815, quando tem início uma nova inflação geral dos preços. O trigo se mantém ligeiramente estável até 1802, há uma queda forte nos anos de 1809 e 1810, depois disto a tendência parece ser para a alta. O gráfico 2 compara as oscilações dos preços do charque e do trigo.

Gráfico 2: Preços do charque e do trigo em escala semilogarítmica[214]

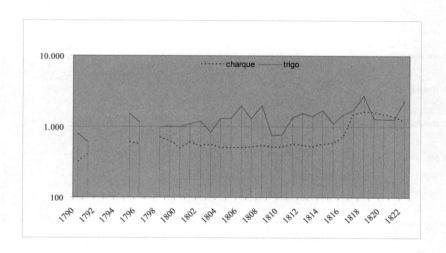

O trigo oscila muito mais que o charque, pois o valor alcançado pelo cereal gira muito em relação às colheitas. No entanto, no período como um todo a tendência é para a alta, o que indica, na média duração, um crescimento da demanda pelo grão.

---

214 Fontes: Ver tabela I.

Os preços do charque e do trigo por si só permitem demarcar as duas flutuações expansivas de curta duração: 1791-1798 e 1816-1822. No intervalo entre um e outro momento os preços das duas mercadorias passam a divergir e a flutuar, sendo preciso incluir outras informações para melhor compreender os ritmos da economia rio-grandense.

A balança de comércio da Capitania do Rio Grande pode ser um bom indicador desses ritmos. O gráfico 3 representa o movimento geral do comércio rio-grandense e está baseado nas informações contidas na tabela V do capítulo 2:

Gráfico 3: Exportação e Importação da Capitania do Rio Grande[215]

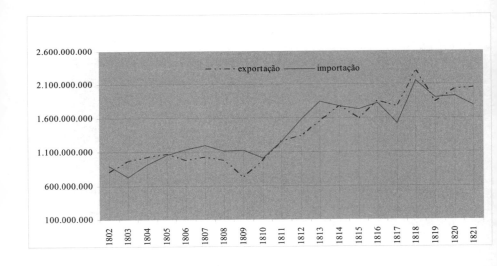

O gráfico reitera o que já foi dito no capítulo 2: em geral a balança de comércio do Rio Grande é deficitária. Mas é possível visualizar movimentos cíclicos de ajustamento da oferta com a demanda: em prazos de mais ou menos cinco ou sete anos os mercadores do Rio Grande cortavam as suas encomendas – transformando déficits em superávits - para pagar

---

215 Fontes: ver tabela no capítulo 2.

parte de seus débitos e manter o crédito com o centro[216]. Isto aconteceu no ano de 1803, que certamente influenciou o resultado de 1804, de forma bastante suave em 1810, e de maneira muito bem demarcada em 1817.

Os ajustes cíclicos não implicavam, contudo, uma reversão da tendência positiva das importações: em 1803 foi importado um valor de 730 contos, em 1810 o valor foi de 1.013 contos e em 1817 foram 1.509 contos. Portanto, ao contrário do que se poderia concluir por uma leitura vulgarmente "mercantilista", a balança comercial marítima positiva não era indicador imediato da boa saúde econômica da região[217].

A presença de quatro anos positivos entre 1814-1821 sugere uma modificação no padrão. Afinal, além do acúmulo de superávits, observa-se que parte deles ocorre mesmo com o aumento nas importações (1816, 1818, 1820). Infere-se disto que a metade da década de 1810 se caracteriza por um desco-

---

[216] Fisher relata um movimento cíclico similar no comércio entre Inglaterra e Portugal em meados do século XVIII: "Os frequentes movimentos de curto prazo para cima e para baixo, principalmente de três em três ou de quatro em quatro anos indicam a presença de um ciclo de 'inventário' (...) Esta circunstância decorria da dificuldade que os exportadores na Inglaterra tinham em avaliar com precisão os mercados. Quando os stocks de têxteis em Lisboa e no Porto estavam baixos (...) os exportadores (...) aumentavam a dimensão das suas expedições. As ações combinadas dos exportadores invertiam mais cedo ou mais tarde a posição dos stocks em Portugal. Todavia, isto não podia ser totalmente apreciado ou relatado imediatamente aos comerciantes instalados na Inglaterra, nem podiam ser instantaneamente invertidas as decisões de exportação (...) nem as encomendas (...). Em consequência, passava mais tempo até baixar a dimensão das expedições da Inglaterra." (FISHER, *De Methuen a Pombal...*, Op cit., p. 172-173).

[217] Os burocratas reinóis, formados na ortodoxia mercantilista, não conseguiam entender essa estranha dinâmica da economia rio-grandense. O contador do Erário Régio fazia o seguinte comentário ao analisar a balança de 1802: "(...) julgo se deve fazer ver a este governador, recomendando-se-lhe todo o auxílio e proteção no aumento das produções daquela Capitania para que se possível só com elas possa confrontar a importação das mais, sem que remeta dinheiro (...)" (AHTC, Livro de representações da Capitania do RS, 4082, 24/05/1804).

lamento da trajetória geral, muito provavelmente pela perda do comércio da prata com a Banda Oriental que, por esta época, estaria pagando suas compras no Rio Grande com animais em pé (ver adiante, p. 178-186).

Da mesma forma, os dados populacionais, especialmente a evolução da população cativa, podem indicar o comportamento geral da economia rio-grandense.

Nos intervalos de 1780-1791 e 1791-1798 a taxa de crescimento anual dos escravos foi superior ao crescimento da população livre. Ora, ainda que não se deva descartar o crescimento vegetativo da população tendo em vista o predomínio de fazendas de produção agropecuária para o abastecimento, taxas formidáveis como estas (4,8% e 5,5%, respectivamente) demonstram que eram grandes as importações de escravos, sinal da boa saúde econômica da região. Nos períodos seguintes (1798-1802, 1802-1805 e 1805-1807) não apenas o crescimento da população cativa desacelera, como a população livre passa a apresentar taxas superiores em relação aos escravos. Entre 1805-1807 há, inclusive, decréscimo em termos absolutos na escravaria – possivelmente por uma venda do estoque para os espanhóis da fronteira. Segue-se uma recuperação formidável (4,2% entre 1807-1809), no entanto, toda a primeira década do século XIX parece ser relativamente estacionária: entre 1802 e 1809 a taxa anual de crescimento entre os escravos foi de 1,7%, enquanto que o aumento anual da população livre foi de 5,7%. Já para a década seguinte o aumento no número de escravos volta a superar o índice da população livre: entre 1809 e 1814 o número de cativos cresce a 3,1% ao ano, enquanto os homens livres diminuem a 0,8%por ano[218]. Entre 1814-1819, refletindo a euforia econômica do período, os escravos cresceram a 10,3% ao ano e o restante da população a 9,43%[219].

---

218 É provável que esta diminuição entre os homens livres deva-se às constantes mobilizações militares do início da década de 1810. Os militares normalmente não eram contados nestes "censos" e os paisanos evitavam as autoridades nestes períodos, receando as convocações.

219 Fontes: 1780 (MONTEIRO, *A Dominação espanhola...*, *Op. cit.*, p. 388), 1791 (AHU, Avulsos, RS, doc. 252), 1798, 1802, (SANTOS, *Economia e Sociedade...*, *Op. cit.*, p. 37), 1805 (AHU, Avulsos, RS doc. 747), 1807 e 1809 (AN, cód. 108, vol. 1), 1814 (CARDOSO, *Capitalismo e escravidão...*, *Op. cit.*, p. 51), 1819 (IBGE, *Estatísticas His-*

Com os dados levantados até agora, é possível demarcar em linhas gerais as flutuações de curta duração da economia rio-grandense:
1. 1791-1798: expansão.
2. 1798-1801: estabilização, com tendência positiva.
3. 1802-1810: estabilização, com tendência negativa.
4. 1811-1822: expansão.

Por sua vez, Jobson Arruda, com preços reunidos por Kátia Mattoso e Harold B. Johnson, traça o seguinte quadro para as duas principais praças do Brasil. Para a Bahia[220]:
1. 1788-1799: alta.
2. 1799-1804: baixa.
3. 1804-1822: alta.
4. 1822-1827: baixa.

Para o Rio de Janeiro:
1. 1763-1808: tendência ligeiramente descendente.
2. 1809-1813: tendência ligeiramente ascendente.
3. 1814-1823: tendência fortemente ascendente.

Em linhas gerais, as flutuações rio-grandenses acompanham o movimento dos dois principais mercados brasileiros. Mas há algumas peculiaridades

---

tóricas do Brasil. Séries Econômicas, Demográficas e Sociais. 2 ed. rev. Rio de Janeiro: IBGE, 1990, p. 32). Os números completos, correções e a explicação dos cálculos estão no apêndice.

220 ARRUDA, José J. A circulação, as finanças e as flutuações económicas. *In:* SERRÃO, J. e MARUQES, A (orgs.). *Nova História da Expansão Portuguesa*. [O império luso-brasileiro] Vol. 8. Lisboa: Estampa, 1986, p. 205-206. Ver ainda: JOHNSON JR., Harold B. A preliminary Inquiry into money, prices, and wages in Rio de Janeiro, 1763-1823. *In:* DAURIL, Alden. *Colonial Roots of Modern Brazil*. Berkeley: University of California Press, 1973. E os artigos de Kátia Mattoso, Conjuntura e sociedade no Brasil no final do século XVIII: preços e salários às vésperas da Revolução dos Alfaiates, Bahia, 1798. Os preços na Bahia de 1750 a 1930 (81-104), Sociedade e conjuntura na Bahia nos anos de luta pela Independência. Todos estão reunidos em MATTOSO, Kátia. *Da Revolução dos Alfaiates à Riqueza dos Baianos no século XIX*. Itinerário de uma historiadora. Salvador: Corrupio, 2004.

que merecem ser discutidas: em primeiro lugar, não parece ser o mais correto considerar todo o período entre 1763 e 1808 como deflacionário para o Rio de Janeiro. Em 1763, em razão da guerra dos Sete Anos, os preços estavam absurdamente altos; ao iniciar a série neste ano Harold B. Johnson coloca na mesma conjuntura duas flutuações opostas (1763-1789, negativa, 1789-1807, positiva)[221]. Note-se também que o movimento ascendente do início do século XIX ocorre no Rio Grande com algum atraso em relação à Bahia (seis anos), revelando mais sincronia com o Rio de Janeiro. Esta diferença deve-se a um problema metodológico, pois Kátia Mattoso construiu índices de preços que incluem produtos de exportação, alimentos de produção local e importados, enquanto minha análise das flutuações rio-grandenses centra-se única e exclusivamente na atividade do setor exportador.

Como já discuti os fundamentos do surto exportador da década de 1790, faz-se necessário analisar a desaceleração que tem início em 1798. Inicialmente foram os problemas no mercado europeu que provocaram a queda: como mostra Javier Cuenca-Esteban, os preços das mercadorias coloniais chegaram ao seu ponto máximo nos anos de 1797 e 1798 no mercado inglês. Nos anos seguintes, os estoques acumulados forçaram a queda dos preços até alcançar seus valores mais baixos em 1802, seguindo-se um período de deflação até 1812[222].

A tabela II reúne alguns dos dados já mostrados na tabela I (preços do charque entre 1796 - 1820), atualiza o *Index* pelo ano de 1796 e acrescenta os preços do açúcar, permitindo comparar a evolução dos preços do charque do Rio Grande e do açúcar branco do Rio de Janeiro.

---

221 JONHSON Jr. *A preliminary Inquiry...* , *Op. cit.* p. 245.
222 CUENCA-ESTEBAN, Javier. The markets of Latin American exports, 1790-1820. A comparative analysis of international prices. *In:* JOHNSON, Lyman L. e TANDETER, Enrique. *Essays on the Price History of Eighteenth-Century Latin-America.* (373-399). Albuquerque: University of New Mexico Press, 1990, p. 376-378.

Tabela II: Preços de atacado do açúcar branco e do charque[223].

ano	Açúcar (arroba)	Index	charque (arroba)	Index
1796	2$450	100	$565	100
1797	2$500	102		
1798	2$800	114	$700	124
1799	3$200	131	$628	111
1800	2$200	90	$493	87
1801	2$600	106	$600	106
1802	1$625	66	$533	94
1803	1$900	78	$555	98
1804	2$400	98	$503	89
1805	2$500	102	$505	89
1806	2$200	90	$503	89
1807	2$000	82	$515	91
1808	1$800	73	$541	96
1809	1$400	57	$509	90
1810	1$500	61	$513	91
1811	1$300	53	$567	100
1812	1$600	65	$542	96
1813	1$800	73	$517	91
1814	2$600	106	$562	99
1815	3$000	122	$576	102
1816	2$500	102	$726	128
1817	2$600	106	1$485	263
1818	2$573	105	1$600	283
1819	2$300	94	1$600	283
1820	2$000	82	1$466	259

Há quase uma sincronia na evolução dos preços do charque e do açúcar entre 1796 e 1802. A diferença fundamental é na inflexão de 1802, enquanto que o valor do charque cai muito pouco (94% do valor

---

[223] Fontes: para o charque ver tabela I. Para o açúcar até 1811, ARRUDA, *O Brasil no comércio... op. cit.*, tabela 50; entre 1812 e 1820, INEL, *Balanças Gerais do Comércio do Reino de Portugal com os seus Domínios e Nações estrangeiras*. Ver ainda o apêndice.

de 1796), a queda do açúcar é violenta (66% do valor). A razão desta discrepância parece residir na crescente integração dos mercados coloniais e, por conseguinte, na maior dependência que as *plantations* possuíam do abastecimento de carne rio-grandense. O mercado consumidor de carne seca também era menos sujeito aos azares das guerras marítimas que caracterizaram o período, portanto, apesar de uma certa semelhança nas tendências de médio prazo, o preço do charque flutuava bem menos do que o do açúcar.

Mas os homens de negócio do Rio Grande tinham uma interpretação bastante diferente, para eles a causa dessa desacelaração econômica era a concorrência do contrabando espanhol. O já citado requerimento de 1799 colocava a questão nestes termos:

> O prejuízo referido que é assaz e que exige um providente remédio é incomparavelmente menor ao que S. A. Real e os suplicantes sofrem há três anos e a esta parte principalmente no de noventa e oito e no presente de noventa e nove (...) Tal é o da permissão dada ou venda tolerada aos espanhóis dos mesmos gêneros de que superabunda esta capitania (...)[224]

As queixas da concorrência espanhola iriam se repetir nos anos seguintes, o governador do Rio Grande, Paulo José da Silva Gama, reclamava em 1803 que embarcações de bandeira portuguesa descaminhavam escravos para Montevidéu e Buenos Aires, em troca de farinha de trigo, charque e sebo que eram depois revendidas nos portos ao norte do Rio Grande *"(...) por um preço muito diminuto em atenção ao ganho que já tiveram na escravatura e serem ali os ditos gêneros mais baratos que nesta*

---

[224] AHU, Avulsos, RS, doc. 373. Sobre a formaçãoo de um mercado "criador de preços" cf. POLANYI, Karl. La economía como actividad institucionalizada. In: POLANYI, Karl. *Comercio y Mercado en Los Imperios Antiguos*. Barcelona: Labor Universitaria, 1974, p. 290; do mesmo autor: POLANYI, Karl. *A Grande Transformação*. As origens de nossa época. Rio de Janeiro: Campus, 1980, p. 61. Ver também FINLEY, Moses I., *A economia antiga*. 2. ed., Porto: Ed. Afrontamento, 1986, p. 7.

Capitania (...)"[225]. Em outra correspondência, que acompanhava o ofício, o governador acrescentava a prova do crime: o mapa de exportação e importação do ano de 1802 mostrava que a praça de Rio Grande ficava "(...) sempre em débito com as outras (...)", correndo o risco de se ver "(...) arruinada (...)" se o contrabando não fosse reprimido[226]. Manoel Antonio Magalhães, homem de negócio local, repetia os reclamos dos mercadores e do governador e acrescentava que, pelo seu preço de custo, uma arroba de carne precisava ser vendida por no mínimo $720 no Rio de Janeiro[227].

São muitos os testemunhos a respeito de um aumento nos descaminhos entre as principais praças brasileiras e o Rio da Prata. Como já foi visto no capítulo 1, as liberdades castelhanas impostas pelas circunstâncias da guerra e os incentivos da Corte portuguesa facilitavam o comércio ilegal entre as colônias. Não parece coincidência que os comerciantes rio-grandenses afirmassem que os descaminhos espanhóis haviam começado por volta de 1796, já que neste ano havia sido autorizada pelo Rei Católico a compra de escravos em colônias portuguesas em troca de "frutos" coloniais.

Essas negociações também foram incentivadas desde o Brasil ao menos desde 1800. Neste ano, o vice-rei conde de Rezende, seguindo ordem da Corte, determinou em carta sigilosa que o desembargador Diogo de Toledo Lara Ordenhes se reunisse com os homens de negócio do Rio de Janeiro, e "(...) da minha parte lhes insinuará as grandes vantagens e interesses que lhe podem resultar, carregando por si, ou pelas pessoas que lhes parecer embarcações que sem demora conduzam ao Rio da Prata efeitos que possam ter maior e mais pronto con-

---

225 AHU, Avulsos, RS, doc. 463, 25/07/1803, Paulo José da Silva Gama.
226 AHU, Avulsos, RS, doc. 465, 25/07/1803, Paulo José da Silva Gama.
227 MAGALHÃES, Manoel Antonio de. Almanack da Vila de Porto Alegre (1808). In: FREITAS, Décio. *O capitalismo pastoril*. Porto Alegre: Escola Superior de Teologia São Lourenço de Brindes, 1980, p. 80-81. Os aspectos políticos e ideológicos do contrabando serão discutidos no próximo capítulo.

sumo". Chegava ao ponto de prometer uma nau e uma fragata para acompanhar as embarcações em comboio[228].

Uma relação elaborada por um espia do governador do Rio Grande acusava a existência de 18 embarcações de médio porte fazendo contrabando com a região platina (oito da carreira do Rio de Janeiro e 10 da Bahia)[229]. Outros números podem ser obtidos a partir dos registros de entrada nos portos de Montevidéu e do Rio de Janeiro, representados no gráfico:

Gráfico 4: Entradas de embarcações rio-platenses no RJ e de embarcações brasileiras em Montevidéu[230]

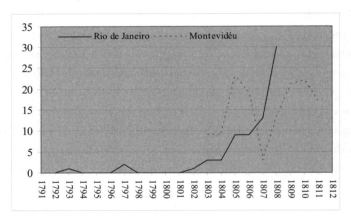

---

[228] IHGB, L-108, doc. 21. conde Rezende, 11/02/1800. Terminava a carta determinando: "Deste ofício não consentirá V. Mce. seja extraída cópia alguma e só vocalmente devem os negociantes ser insinuados e convidados para o dito fim." Seguia aqui determinações de D. Rodrigo que desejava estabelecer um "(...) comércio ativo (...)" com o Rio da Prata (AHU, ROR, Cód. 574, D. Rodrigo de Souza Coutinho – Luiz Beltrão de Almeida, 23/10/1799). Não conseguimos comprovar se o comboio chegou a partir.

[229] AHU, Avulsos, RS, doc. 463, Paulo José da Silva Gama, 25/07/1803. Ver ainda AHU, Avulsos, RS, doc. 317, representação dos moradores do Rio Grande, 1796 e Azcuy Ameghino, *Comercio exterior...*, *Op. cit.*, p. 27-32.

[230] Fonte: SANTOS, *O Rio de Janeiro e a conjuntura*, *Op. cit.*, p. 201 e 203-204.

O gráfico, incompleto por não conter os números de Buenos Aires, Bahia e Pernambuco, sugere que, apesar de algumas entradas esporádicas de embarcações na década de 1790, os primeiros anos do século XIX foram decisivos no estabelecimento do comércio com o Rio da Prata. É inegável que o contrabando entre o Rio da Prata e as praças centrais do Brasil aumentou consideravelmente, mas apenas depois do fim da trégua de *Amiens* (1805).

Mas até onde é possível dar crédito aos choramingos da comunidade mercantil do Rio Grande? Em outras palavras, eram justas as queixas do governador e dos homens de negócio em relação ao efeito dos descaminhos sobre o preço e a produção dos gêneros alimentícios rio-grandenses? Em primeiro lugar, o requerimento citado apontava 1798 como a data em que havia engrossado o contrabando, o que não é improvável já que os números que apresentei aqui estão incompletos. Neste ano, contudo, o preço do charque alcançou o maior valor da década; o trigo caiu em relação a 1795, mas o valor continuava elevado frente ao ano de 1790. De qualquer forma, as duas mercadorias seguiam sendo mais caras do que no início da série (ver tabela I). Note-se ainda que antes de 1816, o preço do charque não chegou ao seu "valor natural" de $720; neste caso, a acreditarmos em Manoel Magalhães, seria necessário concluir que durante mais de 25 anos produziu-se carne salgada com prejuízo no Rio Grande.

Mas a comparação entre os registros de saída do Rio Grande e as declarações de entrada de charque e trigo no porto do Rio de Janeiro reduziria a força dos argumentos dos advogados da Capitania. Nos anos de 1802, 1803 e 1805 o Rio Grande registrou uma exportação para o Rio de 831.052 arrobas de charque e 421.766 alqueires de trigo, mas entraram efetivamente na alfândega da capital 506.486 arrobas do primeiro e 237.633 alqueires do segundo. Apesar da já referida tendência da fonte em sobrelevar a participação da sede do vice-rei nas exportações do Rio Grande, os números deixam claros que, ao menos até 1808, o Rio Grande era o principal fornecedor de alimentos para aquela cidade[231]. Pode-se argumentar que, dado o caráter ilegal destas negociações, as cargas de alimentos originadas no Rio da Prata não teriam sido registradas na al-

---

231 Cf. SANTOS, *O Rio de Janeiro e a Conjuntura, Op. cit.,* p. 86. Avulsos, RS, docs. 465, 528 e 668).

fândega do Rio, mas a tendência positiva das importações legais destes gêneros a partir de 1800 reforçam a ideia de que a concorrência castelhana não teve um efeito negativo sobre o charque e o trigo do Rio Grande.

Não obstante, uma outra comparação pode esclarecer um pouco mais o problema: entre 1805 e 1807 o Rio de Janeiro exportou para Lisboa aproximadamente 1.928 mil unidades de couro seco enquanto que neste mesmo período as quantidades deste produtos enviadas pelo Rio Grande para a capital não devem ter superado as 750 mil unidades. Ao que tudo indica, ao menos até 1808, o negócio que movimentava o eixo Brasil-Rio da Prata tinha um pé na Europa, e centrava-se principalmente nas peles de animais e no metal branco. Nada mais natural, pois operações complexas do ponto de vista institucional deveriam prometer margens excelentes como parece ter sido o caso do couro[232]. Como escreveu o vice-rei do Rio da Prata, Nicolás Arredondo, em 1795, o couro era o *"(...) premio de la introduccion de negros (...)"* feita pelos entrelopos estrangeiros. Afinal, *"(...) cualquier otro renglon de comercio de los que aqui se crian ó se trabajan (...) no merecen tanta consideracion como el cuero para llevarlos á dominios extranjeros de Europa."*[233]

Por aí se compreende, em parte, as queixas dos homens de negócio do Rio Grande. A navegação direta entre Montevidéu/Buenos Aires e as praças centrais do Brasil era uma incômoda concorrência na venda deste produto. Só que os preços do couro permaneceram relativamente estáveis entre 1790 e 1808, sugerindo que não era apenas isto que incomodava a comunidade mercantil local.

O problema era a concorrência "dupla" que as praças do norte do Brasil exerciam sobre o comércio rio-grandense. De um lado, rebaixavam os

---

[232] Cf. ARRUDA, *O Brasil no comércio, op. cit.* p. 387 e AHU (Avulsos, RS, docs. 465, 528 e 668). Como as exportações do Rio estão registradas em arrobas, considerei que cada unidade pesava 11 quilos e 475 gramas a partir de algumas correspondências mercantis. A comparação dos preços também foi possível por esta operação, assim uma unidade de couro exportada desde o Rio Grande em 1802 custava 800 réis, enquanto o mesmo produto custava em torno de 1$374 em Lisboa.

[233] RADELLI, *Memórias de los virreys..., Op. cit.*, p. 395

preços dos produtos da pecuária com a sua compra direta com os fornecedores castelhanos, de outro lado podiam fornecer as mercadorias europeias e os escravos a preços mais baixos, aliviando a situação de desabastecimento na região platina e prejudicando o contrabando que se fazia pela campanha rio-grandense. No entanto, era impossível para os homens de negócio argumentar nesta direção, dado o caráter ilegal de *qualquer contrabando*. O vice-rei Dom Fernando José de Portugal, do seu ponto de vista, pôde desmascarar os argumentos da Junta de Fazenda do Rio Grande que havia tomado as dores da comunidade mercantil rio-grandense.

> Reparo que queixando-se [sic] a referida Junta de tolerarem as Capitanias do Norte do Rio Grande o comércio do Rio da Prata, deixa em silêncio a negociação clandestina que também estão fazendo os habitantes daquele Continente com os mesmos Espanhóis (...) Donde venho a conjecturar que talvez se deseja que este comércio com os Espanhóis seja só privativo ao Rio Grande (...)[234].

À desaceleração de 1798-1801 seguiu-se uma verdadeira recessão: é que a Espanha recuperou boa parte dos seus mercados coloniais, reduzindo o preço do couro na Europa e diminuindo ainda mais as oportunidades de contrabando[235]. Também os preços dos produtos coloniais foram abalados com a relativa normalização do seu abastecimento na Europa, afetando a demanda por alimentos nos mercados do litoral do Brasil.

Os efeitos foram sentidos na balança comercial do Rio Grande. É bem provável que já em 1802 tivesse ocorrido uma diminuição nas importações; em 1803 teria havido uma redução ainda maior nas compras provocando

---

234 AN, SEB, Cód. 69, vol. 12, Dom Fernando José de Portugal, 15/10/1804. Ver a resposta da Junta no capítulo 4, pp. 223-224).

235 Cf. Fisher, *Commerce and Imperial Decline...*, *Op. cit.* e Cuenca Eesteban, Javier. Statistics of Spain's Colonial Trade 1792-1820: Consular duties, cargo inventories, and balances of trade. In: *HAHR* 61(3) (381-428), 1981, p. 409, table V que baseia suas estimativas especialmente na cobrança do *derecho de avería*.

uma inversão na tendência geral do comércio marítimo rio-grandense (de negativa para positiva). Só nos dois anos seguintes, com o crescimento das exportações, que as importações voltaram a ganhar força.

Nos anos que se seguem (1804-1807) ocorre uma pequena recuperação no comércio rio-grandense, apesar da estagnação dos preços. Em parte a recuperação das importações pode ser um reflexo do ajuste anterior, pois é possível que, com o corte das importações em 1802-1803, a comunidade mercantil local tenha pago as suas dívidas e garantido o crédito para os anos vindouros. Já o reinício da guerra naval em 1805 provocou novo colapso no comércio legal castelhano, o bloqueio e a conquista das praças platinas por frotas inglesas nos anos de 1806 e 1807 aumentaram as oportunidades de contrabando por terra, pois a campanha Oriental, controlada pelos espanhóis, não tinha como se abastecer na ocupada Montevidéu. O aumento expressivo nas exportações de couro pelo Rio Grande entre 1805 e 1807 mostra que, apesar da concorrência das praças do norte do Brasil, a quebra nas exportações platinas tinha um efeito positivo sobre o comércio rio-grandense.

A recuperação foi interrompida nos anos seguintes (1808-1810) por causa da ocupação de Lisboa pelas tropas napoleônicas que desarticulou as rotas tradicionais do açúcar, o que certamente teve reflexos sobre o comércio de abastecimento. A liberalização do comércio no Rio da Prata em 1809 também deve ter pesado negativamente: em 1808 as exportações de couro caíram bruscamente, ao mesmo tempo em que o tráfego entre o Rio da Prata e as colônias do norte do Brasil aumentou absurdamente.

No entanto, apesar de uma queda geral das exportações sulinas, o preço do charque não caiu nestes dois anos críticos e até mesmo teve uma leve recuperação, ao contrário do açúcar que acumulou perdas nos três anos que se seguiram à chegada da família Real, desfazendo de vez a referida sincronia dos preços do açúcar e da carne salgada dos anos anteriores (ver tabela II).

O que explica esta resistência dos preços do charque em acompanhar a queda do açúcar é a existência de um mercado rural para a produção de charque rio-grandense que, desde a segunda metade da década de 1790, era relativamente estável. Enquanto nos mercados urbanos a carne seca tinha de competir com a carne fresca dos talhos citadinos, nos engenhos do interior não havia esta opção; tampouco era aconselhável produzir a carne no próprio engenho pela já conhecida incompatibilidade entre pecuária e cana-de-açúcar[236]. Vale notar que o mercado de carne comportava-se de maneira oposta ao mercado da farinha, pois a população pobre das cidades coloniais não possuía alternativa à compra do tubérculo, enquanto que os produtores rurais poderiam se furtar da aquisição no mercado, já que a mandioca era de produção fácil e relativamente rápida[237].

Ademais, apesar da queda dos preços das mercadorias coloniais, não houve uma redução na produção na mesma escala. Dados os custos relativamente fixos da empresa açucareira havia vantagem em seguir produzindo açúcar – e, por extensão, comprando carne no mercado – mesmo com a queda dos preços do produto Rei[238].

Ultrapassado o ano de 1810, o preço do charque inicia uma lenta recuperação, enquanto que o trigo alcança novos picos, especialmente em 1812 e 1814. Nos anos que se seguem o preço do charque simplesmente dispara, chegando a valer 1$600 em 1818 e o trigo também alcança preços formidáveis, valendo 2$720 na mesma época. À primeira vista, parece que os gêneros alimentícios simplesmente acompanham os produtos

---

[236] Como se sabe, na Bahia foi proibida a criação de gado por dez léguas da beira mar.

[237] BARICKMAN, *Um contraponto... Op. cit.*, p. 101-121.

[238] Cf. FURTADO, Celso. *Formação Econômica do Brasil*. 14. ed. São Paulo: Companhia Editora Nacional, 1976, p. 52. Ver ainda as interessantes reflexões de Eugene e Elizabeth Genovese (Genovese, Eugene e Fox-Genovese, Elizabeth. *Fruits of Merchant Capital*. Slavery and bourgeois property in the rise and expansion of capitalism. New York: Oxford University Press, 1983, pp. 56-57). O clássico de Jacob Gorender (GORENDER, Jacob. *O Escravismo Colonial*. 3. ed., São Paulo: Ática, 1980, p. 241-267) e o livro de Robin Blackburn, (Blackburn, Robin. *The Making of New World Slavery*. London/New York: Verso, 1997, p. 341-342) também discutem estas questões. João Fragoso por sua vez, sugere que os produtores de açúcar, para enfrentar a conjuntura desfavorável, deslocavam os fatores para a produção de aguardente (FRAGOSO, *Homens de grossa... Op. cit.*, p. 280).

de exportação, pois o açúcar também dá sinais de recuperação especialmente entre 1814-1817.

No entanto, os preços das mercadorias coloniais nos mercados europeus apresentam uma trajetória deflacionária ao menos desde a total pacificação do continente em 1815 e que parece afetar o Brasil depois de 1817, enquanto que os alimentos continuam em alta até mais ou menos 1821.[239] Esse comportamento contraditório dos preços obriga a retornar a uma questão repisada pela historiografia: por que na metade da década de 1810 a conjuntura brasileira se descola da conjuntura internacional?

Foi Frédéric Mauro, comparando os dados de Kátia Mattoso com os de Vitorino Magalhães Godinho, quem chamou a atenção para a aparente desconexão entre os ritmos da economia brasileira e da portuguesa. Assim, a fase "B" do *"Kondratieff* brasileiro" teria iniciado (1821-1824) com algum atraso frente à portuguesa (1810-1815) e terminado (1842-1845) um pouco antes da europeia (1847-1850). Para Mauro, de modo geral o *trend* secular brasileiro era mais acelerado (daí chamá-lo de *miséculaire*) em função de uma maior variedade de produtos para exportação. No entanto, o que explicaria o atraso de 1815-1821 era o próprio processo de descolonização[240].

A mesma opinião a respeito do atraso de 1815-1821 tem Jobson Arruda que concluiu seu estudo sobre as flutuações econômicas, dizendo: "(...) o movimento da Independência ocorreu num momento de efectiva euforia económica, ao contrário de Portugal cuja revolução de 1820 foi expressão de uma profunda prostração económica"[241].

No capítulo 2 foi analisada a visão de João Fragoso a este respeito: que a existência de um mercado interno colonial permitia à colônia resistir às flutuações negativas do mercado internacional; no plano geral de

---

239 CUENCA-ESTEBAN. *The markets of Latin American...*, Op. cit. passim.

240 "Graças à vinda da Corte portuguesa, ao tratado de comércio com a Inglaterra, desde antes de 1810, e à pulverização precoce do regime de exclusivo, o Brasil escapa à guinada portuguesa de 1810-1815 e sua prosperidade prolongada e encorajada é a causa da crise de estrutura do comércio lusitano." (MAURO, Frédéric. A conjuntura atlântica e a Independência do Brasil. In: MOTTA, Carlos G. *1822: Dimensões*. São Paulo: Perspectiva, 1972, p. 46).

241 ARRUDA, *A circulação, as finanças e as flutuações...,Op. cit.*, p. 206.

seu livro, a explicação do fenômeno de 1815-1821 serve para reforçar esta ideia[242]. Sendo assim, de acordo com o autor:

> (...) em certas circunstâncias, a reprodução ampliada daqueles segmentos coloniais [regiões vinculadas ao abastecimento] pode minimizar as perdas da empresa exportadora, assegurando-lhe alimentos a baixos preços e, ao mesmo tempo, garantindo a realização interna da parte de sua produção[243].

Já manifestei meu ceticismo com relação à capacidade das regiões periféricas para comprar a produção das *plantations*, de modo a amortecer a redução das vendas no mercado externo. Por outro lado, como tive a ocasião de expressar, o preço dos alimentos, especialmente a farinha de mandioca e o charque, era um importante elemento nos custos da empresa escravista; a estabilidade no preço do charque pode ter contribuído para a sobrevivência do setor exportador entre 1808-1811, quando o mercado do açúcar era desfavorável. No entanto, a estabilidade nos preços do alimentos neste período foi provocada pela retração da demanda da *plantation*; portanto, parece ser mais correto afirmar que a empresa escravista exportadora, por conta de seus custos relativamente fixos, amortecia as flutuações negativas do mercado externo.

Mas, vale repetir, no que diz respeito ao período em questão (1815-1821) o preço do charque – assim como o da farinha de mandioca e outros alimentos – mantinham uma trajetória de alta, enquanto que o açúcar apresentou uma trajetória descendente pelo menos desde 1817, configurando um movimento de "tesoura dos preços" (ver tabela II)[244].

---

242 Daí que extrapola suas reflexões para as décadas de 1820, 1830 e 1840. Ver ainda a crítica de MARIUTTI, Eduardo B. *Colonialismo, imperialismo e o desenvolvimento econômico europeu*. Campinas: IE/Unicamp, [tese de doutorado], 2003, p. 233-242.

243 FRAGOSO, *Homens de grossa...*, *Op. cit.*, p. 276.

244 Os preços ao consumidor reunidos por Harold Johnson Jr. também mostram grandes saltos na farinha de mandioca, cachaça, arroz e farinha de trigo em

Portanto, a retração nas atividades da *plantation* neste período não teve efeito sobre o mercado de alimentos.

Cabe lembrar aqui a crítica de Bert Barickman ao modelo que procura relacionar a carestia dos alimentos única e exclusivamente aos surtos exportadores de gêneros coloniais. Reconstituindo a cronologia dos preços baianos, o autor demonstrou que ocorreram diversas crises de abastecimento nas décadas de 20 e 30 do século XIX, quando a atividade exportadora estava em retração. Assim, apesar de constatar que o aumento do preço no açúcar pressionava de maneira gradual o preço da mandioca, considera que as flutuações mais violentas eram causadas imediatamente pelo mudança climática. Portanto, "as crises de escassez de farinha que ocorriam no mercado baiano assemelhavam-se às crises de subsistência que, nos século XVIII e XIX, atingiam as cidades da Europa e de outras áreas da América Latina". Por conseguinte, sua conclusão é:

> Em última instância, o preço que os baianos pagavam por um alqueire de farinha em Salvador ligava suas vidas cotidianas tanto às flutuações da demanda em açúcar nos distantes mercados estrangeiros quanto aos ritmos de plantar e colher nos engenhos e nas roças de mandioca do vizinho Recôncavo[245].

E, de fato, as condições climáticas foram críticas na metade da década de 1810: em 1815 teve início uma grande seca na Bahia que se estendeu até 1817. Em 1816 o Rio de Janeiro foi atingido por enchentes que afetaram a safra de mandioca. Problemas políticos também podem ter reduzido a oferta de alimentos, especialmente de carne, pois a invasão da Banda Oriental em 1817 e as guerrilhas artiguista destruíram os *saladeros* orientais. Deste modo, o charque se manteve num valor elevado, ao

---

1817 (Jonhson Jr., *A preliminary inqury...* Op. cit., p.-272-275). Ver também Fragoso, *Homens de grossa...*, Op. cit., p. 279, 14-1.

245 (Cf. BARICKMAN, Bert J. *Um Contraponto Baiano. Açúcar, fumo, mandioca e escravidão no Recôncavo, 1780-1860*. Rio de Janeiro, Civilização Brasileira, 2003, p. 145 e 150.

menos até 1822, enquanto que a farinha de mandioca voltou em 1820 a ficar próxima do preço de 1814[246].

Mas as flutuações na oferta apenas agravavam uma fragilidade crônica no abastecimento de alimentos, desde a década de 1790, que era potencializada pela unificação dos mercados do litoral e pelo crescimento urbano e populacional após 1808. Assim, enquanto em 1791 os açougues do Rio de Janeiro haviam produzido 66.138 arrobas de carne verde, em 1818 a produção era de aproximadamente 436.800 arrobas e, mesmo assim, havia escassez e carestia.

Quero chamar a atenção para um fenômeno especialmente perturbador: reunindo alguns dados de diferentes fontes é possível mostrar que a oferta *per capta* de carne aumentou no Rio de Janeiro durante o período estudado. Em 1791 a oferta *geral* de carnes (charque, carne verde e toicinho) teria sido em torno de 303.332 arrobas, o que dá um consumo de 7,3 arrobas anuais *per capta*, enquanto que em 1811 a oferta exclusiva de charque e carne fresca subiu para umas 609.630 arrobas, o que significaria um consumo de 10,1 arrobas por pessoa. Mesmo num ano de grande carestia como 1818, a oferta foi de 788.180 arrobas, o que dá um consumo de 10,9 arrobas para cada habitante[247]. Na minha opinião, a única explicação

---

246 As informações a respeito das secas na Bahia e no Rio de Janeiro constam em, BARICKMAN, *Um contraponto baiano... Op. cit..* Sobre as vicissitudes políticas do período, ver o primeiro capítulo. Para o preço da farinha de mandioca, Cf. FRAGOSO, *Homens de grossa..., Op. cit.,* p. 279, 14-1.

247 *Fontes e cálculos*: População. Estimativa sobre os números de 1780 (39 mil), 1799 (43 mil) e 1821 (79 mil) ALDEN, *O período final, op. cit.,* p. 532 e ALENCASTRO, *A pena e o pincél, op. cit.,* p. 154. Assim, calculei a população de 1791 em 41 mil, a de 1811 em 60.000 e a de 1821 em 72 mil. Oferta de carne em 1791 BNL, Códs. 1691 e 1692, *Almanach da Cidade do Rio de Janeiro* (1792) e SANTOS, *O Rio de Janeiro e conjuntura, op. cit.,* p. 86. Oferta de carne em 1811, para a entrada de charque, FRAGOSO, *Homens de grossa, op. cit.,* p. 166-167. Para o número de arrobas produzidas nos açougues da capital fiei-me em uma resposta ao requerimento da câmara do Rio de Janeiro (anexo em AHRS, AG, B-1.0014 Thomas Antonio Villanova Portugal, 12/09/1818) na qual consta que em 1811 eram abatidas 800 cabeças por semana nos talhos da cidade, o que dá em torno de

plausível para isto é uma mudança qualititativa no funcionamento dos mercados, provocada pela participação mais ativa das propriedades rurais na compra de alimentos e pela maior integração dos mercados do litoral. Ou seja, é provável que, apesar do crescimento da oferta de alimentos ter superado o crescimento populacional, *o número relativo de pessoas que se alimentavam através do mercado aumentou ainda mais*. E é esta mudança – estrutural, por assim dizer – que explica em parte a resistência dos preços dos alimentos em cair depois de 1815.

Outro elemento no deslocamento da trajetória econômica foi o forte aumento na circulação monetária depois de 1808. A desconexão entre Lisboa e o Rio de Janeiro, provocada pela invasão napoleônica, pode ter aliviado a situação de desmonetização e de entesouramento na colônia, afinal não só o tradicional circuito de metais preciosos perdia força, também os fluxos financeiros (renda dos não residentes, pagamentos ao Erário Régio) diminuíram ou se inverteram; houve inclusive uma expressiva fuga de capitais para o Brasil[248]. Com a vinda da Corte, o Rio passou a ser credor do resto do Império. O gráfico 5 representa o movimento geral dos metais entre as três principais praças brasileiras e Portugal e entre Rio de Janeiro e Portugal, entre 1796 e 1807 e 1808 e 1811[249]:

41.600 animais por ano. Aceitando a média de 10,5 arrobas por animais (de acordo com o já referido *Almanach*), chega-se às 436.800 arrobas. Para 1818 utilizei os já referidos registros de exportação da alfândega do Rio Grande e o mesmo número de arrobas de carne verde do ano de 1811, já que 800 cabeças eram o número definido pelo contrato com o arrematador dos talhos da capital (cf. CAMPOS, Pedro H. O comércio de abastecimento de carne verde para a cidade do Rio de Janeiro, o caso da crise de 1818 – notas de pesquisa. *Anais Eletrônicos do XII Encontro Regional de História*. Rio de Janeiro, ANPUH, 2006).

248 Jorge Pedreira cita um cronista que falava de um "(...) *susto que tem induzido os negociantes capitalistas a tirarem do reino os seus cabedais e até em emigrarem em bastante número para Inglaterra e para o Brasil (...)*" (NOGUEIRA, Ricardo Raymundo apud: PEDREIRA, *Os homens de negócio da praça de Lisboa...*, op. cit., p. 141).

249 Discordo, portanto, de Jobson Arruda que, seguindo Pandiá Calógeras, considera que o período entre 1810 e 1813 de neutralidade monetária. (Cf. ARRUDA, *O Brasil no comércio*, op. cit., p. 347).

Gráfico 5: **Exportações e importações de metais preciosos do Rio de Janeiro e do Brasil (Rio, Bahia e Pernambuco) com Portugal**[250]

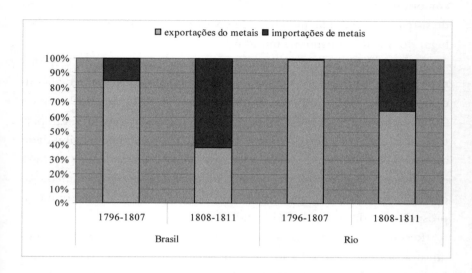

Se é verdade que no período imediatamente posterior (1808-1811) o Rio continua a enviar mais moedas do que receber, o gráfico mostra o início de uma tendência contrária. Além disto, no movimento das três principais praças do Brasil, o Reino passa de credor a devedor. É plenamente compreensível, portanto, que a opinião pública portuguesa se manifestasse contra o sumiço das moedas reinóis e interpretasse a relação entre o Brasil e Portugal como uma inversão nas relações entre metrópole e colônia (ver o primeiro capítulo, p. 63)[251].

O efeito imediato deste refluxo no circuito de moedas pode ser imaginado: desentesouramento, aumento na capacidade de importação, na velocidade da circulação do numerário e até mesmo um certo afrouxamento nas relações (internas e externas) entre centro e periferia. Também deve-se considerar um crescimento no nível de investimento: é em 1809

---

250 Dados elaborados a partir de ARRUDA, *O Brasil no comércio...*, op. cit. tabelas 17, 19, 20b, 22, 24, 26.

251 Cf. a queixa dos negociantes portugueses citada por ALEXANDRE, *Os Sentidos do Império...*, op. cit, p. 403.

que, de acordo com os dados reunidos por Manolo Florentino, a Capital do Brasil passa a importar escravos a números inusitadamente altos. A compra de mais escravos com o cabedal tornado excessivo pelo colapso do sistema tem a dupla qualidade de revelar o passado e antever o futuro lugar do Brasil na economia-mundo[252].

O fator "monetarista" da inflação dos preços da década de 1810 fica mais bem definido se forem consideradas as emissões de papel moeda iniciadas justamente em 1810 e aceleradas a partir de 1814: em 1822 mais de 9.000 contos de réis circulavam pelo Brasil em moeda fiduciária. Em parte os preços do charque, do trigo e do açúcar mostram uma sensibilidade a estas emissões. Contudo, a desordem financeira – agravada pela retirada dos fundos do Banco do Brasil em 1821, que lastreavam o papel moeda – e os défcts na balança de pagamentos do Brasil ajudaram a interromper a prosperidade da época da Independência[253].

Resumindo, os principais fatores que explicam a descolagem da conjuntura brasileira em relação à europeia (1815-1821) estão relacionados à transformação estrutural provocada pela crise do sistema colonial português. No limite, foi o lento e secular crescimento econômico e popula-

---

[252] Estudando a Espanha da primeira metade do século XIX, Vicens Vives aventa a possibilidade de que os capitais retirados do comércio com as antigas colônias e obtidos com a desamortização dos bens de mãos mortas teriam tido algum papel na recuperação da indústria espanhola desde 1841. O fim do Antigo Regime teve sentidos diferentes segundo o lugar que se ocupava na economia-mundo. (cf. VIVES, Vicens. *La industrialización y el desarrollo ecnómico de españa de 1800 a 1936. In:Conyuntura Económica y Reformismo Burgués: Y otros estudios de Historia de España.* (145-156). Barcelona: Ariel, 1969, p. 149). Os números da importação de escravos estão em FLORENTINO, *Em Costas Negras...*, op. cit., p. 51, tabela 3.

[253] Considero que o capítulo XIV da História Econômica de Simonsen ainda é uma referência obrigatória para se entender a conjuntura econômica da Independência. (cf. SIMONEN, Roberto. *História Econômica do Brasil.* 3. ed. São Paulo: Companhia Editora Nacional, 1957, p. 389-454). Para alguns problemas no comércio de animais em pé provocados pelo papel do Banco do Brasil, ver PETRONE, *O Barão de Iguape,* p. 93-94.

cional da colônia durante o século XVIII que condicionou o surgimento das crises alimentares da passagem do século; entretanto, foi a sua aceleração no fim de século que provocou a unificação dos mercados do litoral e a decorrente evolução positiva dos preços dos gêneros alimentícios. Já as transformações institucionais provocadas pela transferência da Corte, como bem notaram os cronistas da época, estimularam a inflação, o investimento e a expansão do mercado de alimentos, contraditoriamente, porém, potencializaram ainda mais as crises de abastecimento[254].

Note-se que a fase "A" do "*Kondratieff* brasileiro" alcançou o seu ponto máximo exatamente ao mesmo tempo em que os preços dos alimentos jogavam contra a lucratividade do açúcar (1817). De sorte que a euforia econômica da época da Independência esteve restrita aos setores ligados ao abastecimento; e, ao contrário da década de 1790, afetou conjuntamente os interesses dos produtores de açúcar e da população pobre da cidade. O contexto era propício para as inovações políticas: o levante pernambucano de 1817 reuniu, em torno da "causa patriótica", a elite agrária e a população plebeia contra os comerciantes portugueses, os "monopolistas", que na visão dos revolucionários rebaixavam o preço dos produtos de exportação e inflacionavam os alimentos[255]. A crise do sistema colonial português foi uma crise de prosperidade, mas também uma crise da pobreza.

---

254 Cf. a perspicaz descrição de John Luccock: (*Notas sobre o Rio de Janeiro e partes meridionais do Brasil*. São Paulo/Belo Horizonte: Edusp/Itatiaia, 1975, p. 381-383).

255 Pierre Vilar, num excelente artigo, aponta para o modo como a conjugação de crises comerciais com crises agrícolas, num processo mais amplo acumulação prévia de capital, conduziu à Revolução Francesa (Cf. VILAR, Pierre Reflexiones sobre la "crisis de tipo antiguo", "desigualdad de las cosechas" y subdesarrollo. *In: Economía, Derecho, Historia*. (13-42) Barcelona: Ariel, 1983, p. 31; ver do mesmo autor, VILAR, *Conyunturas. Motín de Esquilache...*, *op. cit.*). Sobre a revolta de Pernambuco, cf. MOTA, *Nordeste, 1817...*, *op. cit.*, p. 27, *passim*, que se refere ao problema da queda nos preços do algodão e à carestia dos alimentos, mas não aprofunda a questão.

As exportações rio-grandenses

Passemos agora ao estudo das exportações por categorias, avaliando a participação das atividades agrícola e pecuária na economia mercantil da região. Da mesma forma pretende-se perscrutar mais profundamente as dinâmicas locais em relação às flutuações econômicas.

A atividade agropecuária na região envolvia culturas variadas (milho, arroz, cevada, algodão, ovinos, equinos, asininos) e a produção de diferentes derivados (farinhas diversas, queijos, lã, chifres) que, além do peso bastante óbvio para as atividades econômicas locais, também eram exportadas de forma intermitente. No entanto, optou-se por centrar a observação nas exportações de trigo e farinha de trigo e na dos principais derivados bovinos (charque, couro, sebo, graxa, barris de carne). Esses produtos representam aproximadamente 98% do total das exportações rio-grandenses entre 1802-1821[256].

Ao menos desde a fundação do presídio do Rio Grande o trigo era produzido e consumido na região. O clima subtropical e as experiências castelhanas com o cereal no Rio da Prata convidavam a sua produção naquelas terras; ao que tudo indica, as primeiras sementes foram obtidas junto a comerciantes de Montevidéu que abasteciam as guardas e fortes portugueses[257].

Alguns propagandistas da Capitania do Rio Grande chegavam a dizer que o rendimento do trigo era de 80 a 100 por 1[258]. É difícil crer nestes números já que Braudel fala em uma colheita ordinária de 5 por 1 para a Europa do Antigo Regime, enquanto que Gelman calcula para a região de Colônia, na Banda Oriental, um rendimento de 5,5 por 1 no final dos setecentos[259]. Em todo o caso, exageros entre os cronistas não

---

[256] Uma vez mais o cálculo não inclui os anos de 1804, 1806-1807, 1813, 1816-1817.

[257] Ver AHU, Avulsos, RS, docs. 23 e 24, 1738.

[258] Cf. SANTOS, *Economia e Sociedade...*, *op. cit.*, p. 94.

[259] BRAUDEL, *Civilização Material* ... [As estruturas do cotidiano], *op. cit.*, p. 104.
Jorge Gelman dá este como o rendimento médio de uma chácara, cf. Gelman,

são de surpreender e um desses entusiastas chegava a crer que o clima da região era capaz de curar mulheres "(...) corridas e galicadas (...)"[260].

Números mais razoáveis nos foram legados por Domingos Marques Fernandes que falava em uma produção ordinária de 20 por 1, com terrenos que chegariam aos 50 por 1[261].

No entanto, se comparados os alqueires de trigo semeados em 1780 (6.987) com a quantidade colhida em 1781 (53.897), tem-se uma produção média de 7,7 por 1. Mesmo considerando que nesse ano houve uma má colheita – em 1780 foram colhidos 61.111 alqueires – por outras estimativas nunca se chega perto dos rendimentos sugeridos pelos cronistas: se tivéssemos uma plantação sempre igual a de 1782 (8.982), o rendimento seria em 1787 – na maior colheita que se tem notícia na década de 1780 – de 11,9 por 1; já no ano seguinte, seria de 8,8 por 1[262].

Por estes cálculos o rendimento da tritricultura rio-grandense seria apenas ligeiramente superior às médias europeia e da região de Colônia. É provável que a superioridade – se ela realmente existiu – frente à Europa explique-se pela existência de terras livres, especialmente na década de 1780, daí a utilização exclusiva dos terrenos de maior fertilidade[263]. Por

---

Jorge. *Campesinos y Estancieros*. Una región del Rio de la Plata Colonial. Buenos Aires: Editorial de los libros de Riel, 1998, p. 228.

260 A cura da gonorreia e sífilis era prometida pelo fundador da colônia, o Brigadeiro da Silva Pais (*apud:* CESAR, *Primeiros Cronistas...*, p. 128).

261 FERNANDES, *Descrição Corográfica...*, op. cit., p. 45.

262 A quantidade de trigo semeada, está em SANTOS, *Economia e Sociedade..., op. cit.*, p. 95. A colheita de 1781 foi retirada do AN, Cód. 104, Vol. 04, Sebastião Xavier da Veiga Cabral, 14/11/1782. Corcino Santos atribui esta colheita ao ano de 1782, pois parece não ter notado que o mapa fala da colheita "(...) *do ano passado (...)*". A colheita de 1787 está em AHU, Avulsos, RJ, doc. 10434, anexo na correspondência de Luiz de Vasconcelos, 12/05/1788. A colheita de 1788 em AN, Cód. 104, Vol. 10.

263 Superioridade apenas frente aos países mais atrasados, já que no mesmo período Inglaterra, Irlanda e Países Baixos alcançavam médias de 10,6 para 1 (cf. BRAUDEL, Fernand. *Civilização Material..., op. cit.* [as estruturas do cotidiano], p. 106).

sua vez, a produção superior em relação à castelhana pode ser explicada por um acesso maior à mão-de-obra escrava por parte dos agricultores luso-brasileiros.

Outro ponto importante: a maior parte da safra de trigo era exportada, enquanto que na Europa a produção do cereal visava principalmente o auto–consumo. Em 1787, por exemplo, foram colhidos 106.971 alqueires e exportados 85.841 alqueires. Esta constatação reforça a hipótese de que produção do trigo no Rio Grande era feita com mão-de-obra escrava[264].

Outro fator que deve ser considerado para compreender o sucesso do cultivo tritícola no Rio Grande é a conjugação da cultura com a pecuária. Cavalos e bois eram fontes de energia e de adubo; também eram os animais mansos que permitiam o transporte do cereal aos mercados locais. Assim, comparando os alqueires cultivados em 1780 com o rebanho de bois mansos na mesma época, chega-se à conclusão de que, em geral, nos distritos em que houve um cultivo de trigo acima da média o número de bovinos domesticados também supera a média[265].

Passemos agora à análise das exportações de trigo e de seu principal derivado: a tabela III apresenta os alqueires de trigo e as arrobas de farinha exportados pelo Rio Grande nos anos em que existem registro. Algumas ressalvas merecem ser feitas a respeito das quantidades de trigo: nos anos de 1798-1801 e 1804 foi necessário utilizar os números de Corcino Santos que não faz uma indicação precisa de sua origem. Já para os anos de 1806, 1807, 1813, 1816-1817 utilizamos os dados de José Gonçalves Chaves que, com exceção de algumas pequenas diferenças, geralmente fecham com os números das alfândegas rio-grandenses.

---

264 AHU, Avulsos, RJ, docs. 10400 e 10434, anexo na correspondência de Luiz de Vasconcelos, 12/05/1788. Helen Osório já havia notado que a maior parte da produção de trigo era feita pelos grandes proprietários (Osório, Helen. *Estancieiros e Lavradores, op. cit.*). Angelo Carrara atesta o mesmo fenômeno em Minas Gerais (Carrara, *Minas e Currais, op. cit.*). Devo aqui a um comentário de Gustavo Acioli.

265 Idem, p. 101. O rebanho rio-grandense em 1780 é apresentado por Santos, *Economia e Sociedade..., op. cit.*, p. 79.

Tabela III: Exportações de trigo (alqueires) e farinha (arrobas)[266]:

ano	trigo	farinha
1787	85.841	0
1790	73.044	0
1791	107.298	3.715
1792	109.739	3.313
1793	85.854	1.017
1794	62.818	822
1795	30.540	170
1796	89.550	2.811
1797	66.933	8
1798	115.500	
1799	151.198	
1800	85.390	
1801	70.013	
1802	114.937	1.964
1803	194.178	5.299
1804	111.631	
1805	113.312	5.221
1806	87.755	
1807	140.338	
1808	257.336	10.942
1809	153.944	19.720
1810	190.545	19.743
1811	206.711	9.499
1812	213.635	7.658
1813	342.087	
1814	273.591	5.335
1815	288.362	14.849
1816	279.622	
1817	133.359	
1818	76.351	1.650
1819	123.761	0
1820	109.121	0
1821	123.262	0

266 Fontes: 1787 (AHU, Avulsos, RS, doc. 232); 1790-1795 (BN, I-29,19,28); 1796-1797 (AHU, Avulsos, Brasil, doc. 2462); 1798-1801, 1804 (Santos, *Economia e sociedade...*, op. cit., p. 142); para os anos de 1802, 1803, 1805 AHU (Avulsos, RS, doc. 465; doc. 528; doc. 668); 1806, 1807, 1813, 1816-1817 (Chaves, Antonio José Gonçalves. Memórias Ecônomo Políticas Sobre a Administração Pública do Brasil. [1822] Porto Alegre: Erus, 1978, p. 116-118). Para os outros anos utilizaram-se as fontes do AN (RJC, cx. 448, pct. 1).

Por uma observação inicial da tabela vê-se que as exportações de farinha nem sempre acompanham as do trigo *in natura*. Os dois produtos possuíam mercados distintos: enquanto que o grão era quase todo exportado para o Rio – entre 1802 e 1821 uns 97% do trigo foi destinado para lá – a farinha ia para o nordeste do Brasil, especialmente para a Bahia - quase 89% da farinha tomava este destino – onde normalmente concorria com a fornecida pelas embarcações norte-americanas e as reexportações portuguesas[267]. Em todo o caso, o negócio com farinhas nunca chegou a se firmar e, se em alguns anos houve exportações consistentes (como no biênio 1808-1809), elas se devem mais às interrupções da navegação atlântica do que às condições de sua produção no Rio Grande.

Para competir com a farinha originária do hemisfério norte o Rio Grande não poderia contar apenas com o diferencial da renda do solo, também era preciso beneficiar o grão em moinhos e, depois de pronta a farinha, acondicioná-la em barris de maneira a protegê-la de qualquer umidade; todas estas operações deveriam ser significativamente mais custosas numa região periférica, em que o custo do trabalho especializado era mais caro. A exportação do trigo em grão, por sua vez, era de logística simples e barata; acondicionado em surrões, feitos de couro, que qualquer pequeno produtor poderia preparar em casa. Assim, o custo da embalagem pesava muito pouco no valor do trigo exportado – mais uma das vantagens da conjugação da pecuária com a cultura do trigo[268].

---

[267] A Bahia era o mais importante comprador de farinha do Rio Grande, mas a participação do produto rio-grandense no mercado baiano era irrelevante. Basta dizer que, entre 1773 e 1776, a Bahia importou, principalmente do Reino, uma média de 19.177 arrobas de farinha por ano, enquanto que, na primeira década do século XIX, os baianos importaram do Rio Grande uma média 6.460 arrobas por ano (a informação das importações baianas entre 1773-1776, estão em BN, 4,4,11, 12/05/1788, Luiz de Vasconcellos).

[268] O tipo de embalagem dos produtos é revelado pelas correspondências mercantis (por exemplo, APERGS, POA, 1º Tab., Reg. Diversos L-5, Cartas de Jose Pereira Fonseca a Antonio Coelho Duarte, registradas em 09/09/1813 e Rio Grande, 1º Tab., Reg. Diversos, L-s/nº, carta de Manoel Gomes Pinto a Jose Je-

A série organizada – completa desde 1790 – convida a estabelecer uma cronologia das colheitas, definindo os períodos entre as grandes e pequenas safras. Naturalmente que todas as ilações feitas sobre as condições da produção agrícola, com base nas séries das exportações do Rio Grande, devem ser encaradas com muitas reservas, especialmente depois de 1808. Além disto, havendo uma tendência mais longa no aumento das exportações, que sugere o alargamento extensivo dos cultivos, fica muito difícil diferenciar os bons dos maus anos. Sendo assim, pareceu que o mais correto seria construir médias de oito anos, definindo no interior de cada intervalo os anos de boas e más colheitas.

Gráfico 6: Grãos exportados em relação às médias de cada intervalo de oito anos:

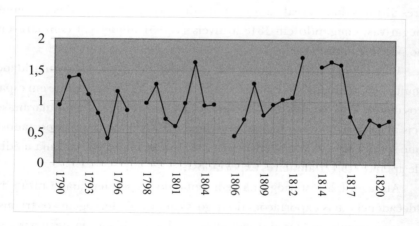

Os critérios para analisar o gráfico 6 são os seguintes: se a exportação foi menor que a média do intervalo (que é sempre igual a 1 no gráfico), teve-se naquele ano uma má colheita. Quando a exportação supera a média, estamos diante de um ano de boa colheita. Vejamos o desempenho ano a ano, por intervalo:

---

sus Maria). Pelo mesmo tipo de correspondências calculou-se que um surrão levava entre 7,6 e 8,2 alqueires de trigo.

1790-1797 (média: 78.221 alqueires): neste intervalo houve quatro colheitas acima da média (1791-1792, 1793 e 1796), destas, duas foram muito importantes (1791-1792); quatro ficaram abaixo da média (1790, 1794-1795 e 1797), o ano de 1795, aliás, foi quase catastrófico.

1798-1805 (média: 119.520 alqueires): houve duas colheitas bem acima da média (1799 e 1803); uma na média (1798); o restante (1800-1802, 1804-1805) ficou abaixo da média.

1806-1813 (média: 199.043 alqueires): constata-se aqui quatro anos de boas colheitas (1808, 1811-1813), sendo a de 1813 a mais importante de todas; os anos iniciais da série (1806-1807), no entanto, foram muito ruins e com 1809-1810 completam quatro anos abaixo da média.

1814-1821 (média: 175.928 alqueires): este intervalo demonstra uma inflexão (1817) na tendência geral da série. Se os três primeiros anos (1814-1816) ainda foram formidáveis, acompanhando a alta dos três últimos do intervalo anterior, desde 1817 tem-se seguidas colheitas negativas, chegando em 1818 a níveis (76.351 alqueires) comparáveis ao primeiro intervalo.

Entre 1790 e 1810, portanto, não é possível detectar uma regularidade muito bem marcada das colheitas; bons e maus anos alternam-se em espaços de um, dois, ou três anos. No entanto, entre 1811-1816 acumularam-se seis anos de grandes colheitas, (média de 267.333 alqueires exportados) que seriam seguidos por cinco anos, 1817-1821, muito ruins (uma média de apenas 113.171 alqueires exportados).

Até agora, a historiografia vem tentando responder qual a razão da "decadência" nas exportações do trigo. O ataque da ferrugem aos trigais, o recrutamento militar dos lavradores, a lucratividade da pecuária e a concorrência da farinha norte-americana são inventariados como as causas da diminuição na produção do cereal[269].

As causas alegadas são, no entanto, muito contestáveis: em primeiro lugar, o fenômeno da ferrugem é tão velho como o próprio cultivo do trigo[270].

---

269 Helen Osório retoma todos estes argumentos, parte dos quais havia sido levantada por outros autores (Cf. OSÓRIO, *Estancieros, lavradores...*, op. cit., p. 178).

270 Em um ano tão distante como 1742, José da Silva Pais já se queixava do problema da ferrugem (*In:* CESAR, *Primeiros Cronistas...*, op. cit., p. 128).

O recrutamento dos lavradores também não era novidade naquelas bandas, sobretudo se recordarmos que a mobilização iniciou em 1808 e as invasões à Banda Oriental em 1811, justamente quando começam as grandes exportações do grão. Por outro lado, supor que a lucratividade da pecuária "atrairia" os capitais imobilizados no trigo, pressupõe não apenas a mobilidade dos capitais – que numa economia de Antigo Regime era pequena – mas também que a produção de gado estava rendendo mais. Por último, a concorrência norte-americana, se ela realmente existia, teria que provocar o rebaixamento do preço, o que, como mostraremos em seguida, não acontecia[271].

É que todo esse quiproquó baseia-se numa pergunta errada: a de tentar estabelecer as razões da suposta decadência, quando se faz necessário questionar o aparecimento de um movimento de expansão na década de 1810 e que se encerra bruscamente em 1817. Retornarei a esta questão.

No início deste capítulo, quando se discutiam os preços, foi sugerido que as flutuações do trigo dependiam mais das condições da oferta, ou seja, das colheitas do cereal no Rio Grande, do que com a situação dos mercados brasileiros. O gráfico 7 compara preços com exportações:

Gráfico 7: Preços e exportações de trigo (centenas de alqueires), em escala semilogarítmica

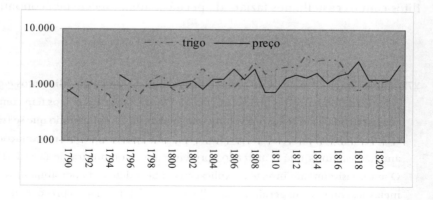

---

271 Outra hipótese para explicar a "decadência", seria um aumento paulatino do consumo interno, já que a população da capitania cresceu consideravelmente.

Observando as duas curvas deduz-se que – com exceção de alguns poucos anos – o preço está em relação oposta às quantidades de trigo exportadas. Nos anos de colheitas extremamente altas ou extremamente baixas (1795, 1803, 1813, 1818) a oposição entre preço e quantidade fica ainda mais clara[272].

Como o preço do cereal flutua muito claramente em relação às quantidades exportadas pelo Rio Grande, deduz-se que o mercado carioca de grãos era dominado pela produção rio-grandense. Ou seja, ao menos desde a segunda metade da década de 1790, este comércio no Rio de Janeiro configurava-se como um *sellers market*, mercado hegemonizado pelos vendedores. Já havia, portanto, uma sensível diferença entre a década de 1780 e a de 1790 (ver capítulo 2, p. 94). É que as constantes crises alimentares jogavam o mercado a favor dos produtores. O comportamento dos preços revela ainda a inelasticidade da demanda pelo trigo: o consumo era restrito à população endinheirada dos centros urbanos que praticamente não abria mão da farinha de trigo nem quando o preço estava alto[273].

A pecuária bovina foi sempre uma das atividades mais importantes do Rio Grande. Nos primórdios da colonização lusa, contudo, praticamente só os couros eram aproveitados e é provável que o comércio de mulas para o centro do Brasil envolvesse maiores somas do que as pequenas exportações marítimas de derivados bovinos. Os repetidos conflitos com os castelhanos faziam da pecuária uma espécie de economia

---

272 Já João Fragoso, analisando o descompasso entre o preço dos alimentos e os volumes desembarcados no Rio, afirma que "(...) a baixa dos preços têm como contrapartida o aumento dos volumes negociados (...)", concluindo que se tratam de "(...) formas sociais de produção que conseguem executar reproduções ampliadas, ainda que o mercado apresente uma 'conjuntura desfavorável'." O autor visivelmente inverte a explicação já que a demanda por alimentos é inelástica, ou seja em geral, são as colheitas que determinam o preço, e não o contrário (FRAGOSO, *Homens de grossa..., op. cit.*, p. 282).

273 São muitas as referências ao caráter restrito do consumo do trigo. Ver, por exemplo, BARICKMAN, *Um contraponto baiano..., op. cit.*, p. 83, sobre a Bahia.

de guerra, marcada muito mais pelo saque das riquezas naturais do que pela criação regular dos animais[274].

A paz lograda em 1777 e consolidada pelo Tratado de Santo Ildefonso formava um quadro institucional propício à consolidação da atividade criatória. O resultado foi o aumento constante dos rebanhos privados de gado bovino e a paulatina diminuição, até o extermínio, das vacarias de gado *simarron*.

Tabela IV: Evolução dos rebanhos vacuns no Rio Grande, com taxa de crescimento anual[275]

Ano	Vacuns	% anual
1741	41.710	
1774	79.760	2,0
1780	170.961	13,5
1784	491.746	30,2
1787	639.164	9,1
1791	738.226	3,7

A tabela mostra que houve um crescimento constante dos rebanhos privados, com uma aceleração na década de 1780 – permitida pela pacificação do território –, seguida por um processo de arrefecimento no início

---

274 Para as questões referentes às formas de exploração do gado no Rio Grande ver a excelente análise de Helen Osório, (OSÓRIO, *Estancieros, lavradores...*, *op. cit.*) especialmente as duas primeiras partes de sua tese. Ver também REICHEL e GUTFREIND, *As Raízes...*, *op. cit.*, *passim*. Nos permitimos ainda citar um trabalho anterior: MENZ, Maximiliano M. Producción ganadera y formas de propriedad: Río Grande do Sul a comienzos del siglo XIX. *In*: Razón y Revolución. (93-106). n. 12, Verano de 2004.

275 Fontes::1741 AHU, Avulsos, RS, doc. 41; 1774, MONTEIRO, *A dominação espanhola...*, *op. cit.*, p. 243; SANTOS, *Economia e sociedade...*, *op. cit.*, p. 79; 1784, os números deste ano nos foram gentilmente fornecidos pela profa. Dra. Helen Osório; 1787, SANTOS, *Economia e sociedade...*, *op. cit.*, p. 82; 1791, AHU, Avulsos, RS, doc. 252. Ao que tudo indica todos estes "censos da população bovina" tem como base lista de moradores elaboradas pelos comandantes de distritos

da década seguinte. É que, neste período, além de começarem a crescer as exportações dos produtos bovinos, o fechamento da fronteira e o desaparecimento de terras livres deram fim ao crescimento extensivo na criação de animais. Bem entendido que não se tratava de um desaparecimento das terras "em geral", mas apenas das propícias à pecuária[276]. Em todo o caso, dados isolados de alguns distritos mostram uma pequena recuperação nas taxas de crescimento dos rebanhos entre 1791-1797.

Até onde é possível relacionar a evolução positiva dos rebanhos rio-grandenses durante a década de 80 com o grande *boom* das exportações na década seguinte? Comparando as exportações de couros com o estoque de gado nos anos de 1787 e 1791 observa-se, respectivamente, que 10,9 e 17,4% dos animais teriam sido abatidos nestes anos. Pelas estimativas da época que estabelecem um rendimento próximo dos 10% para a pecuária desenvolvida sobre tecnologia tradicional, conclui-se que no ano de 1787 os abates estiveram muito próximos deste rendimento "limite" e que no ano de 1791 eles teriam superado tal rendimento[277].

---

[276] A produção extensiva de gado impunha a exploração em grandes propriedades. Como escreve Jonathan Brown a respeito de Buenos Aires: "*La Naturaleza impuso dos condiciones, pues, que justificaban el gran tamaño inicial de las estancias. En primer lugar, por la aspereza y bajo valor nutritivo de la vegetación natural, los campos sostenían menos animales (...) En segundo lugar, una buena estancia necesitaba ser lo suficientemente extensa como para abarcar terrenos en distintos niveles. Los rebaños se echaban a las pasturas altas cuando las bajas se inundaban durante el invierno y a los bajíos cuando el sol estival quemaba los pastos de las lomas.*" (BROWM, Jonathan. Historia Socioeconómica de la Argentina. 1776-1860. Buenos Aires: Siglo XXI, 2002,. p. 230).

[277] Luiz A. Farinatti, analisando as estimativas de época e contrapondo-as aos cálculos de autores recentes, afirma que a taxa de reprodução dos rebanhos rio-grandenses ficaria entre os 20 e 25% positivos. No entanto, agrega que as vendas de animais não poderiam ultrapassar os 9 ou 10% sem pôr em risco o rebanho (FARINATTI, Luis A. Trajetórias Familiares, Estratégias Sociais e Produção Agrária na Campanha Rio-Grandense. (1830-1870). Relatório de qualificação de doutorado, inédito, UFRJ, 2005, p. 106-107, agradeço ao autor a gentileza de permitir citar seu trabalho).

Como já foi dito, as matanças de animais podem ter influenciado na redução da taxa de crescimento dos rebanhos que se observa entre 1787-1791 – as queixas das autoridades a respeito do abate indiscriminado das vacas eram constantes. Frise-se, contudo, que não é possível deduzir uma relação de oposição entre o estoque de gado e as exportações de couro. Afinal, as últimas seguiam crescendo ao mesmo tempo em que, como já foi dito, existem sinais de recuperação dos rebanhos entre 1791-1797[278].

Uma vez mais a explicação para as excentricidades da economia rio-grandense está no seu "caixa 2": o contrabando. Nas épocas pacíficas os descaminhos eram endêmicos e facilitados pela geografia: diversos arroios e riachos situados em território castelhano desembocam na lagoa Mirim – neutral pelo Tratado de Santo Ildefonso – que se comunica com a Lagoa dos Patos (ver Mapa 2). A proximidade com a praça de Rio Grande atraía à órbita portuguesa os produtores de gado da fronteira espanhola; nesta rota navegavam os contrabandistas com pequenas canoas carregadas de couro. Pela fronteira seca, entre os rios Jaguarão, São Gonçalo e Negro eram descaminhados os animais em pé[279]. Como lembra Tiago Gil, as diferentes cargas fiscais sobre o couro incentivavam o comércio ilegal, o quinto português incidia sobre 20% dos couros negociados enquanto que a *alcabala* espanhola era cobrada sobre 25% do valor. Também o preço do frete das peles de animais no trajeto Rio-Lisboa era inferior à rota legal Montevidéu-Cadiz[280]. Por causa do contrabando era perfeitamente

---

278 Neste caso, as exportações de couros do Rio Grande não teriam relação com as condições criatórias locais; do contrário as grandes exportações da década de 1790 deveria ter provocado *uma redução* na taxa de crescimento dos rebanhos. Os distritos que demonstram uma taxa positiva são os do Cahy e do Viamão (AHRS, Fazenda, F-1198A, e 1198B, 1797).

279 Cf. REICHEL, Heloísa. *Os Caminhos do contrabando entre a Província de Rio Grande de São Pedro e o Vice-reinado do Prata no tardio colonial (1776-1801).* [artigo inédito], 2001. Agradeço à autora a gentileza de permitir citar o seu trabalho.

280 GIL, Tiago. *Infiéis Transgressores:* Os contrabandistas da fronteira (1760-1810). [Dissertação de mestrado]. Rio de Janeiro: UFRJ, 2002, p. 120-121. SANTOS, *O comércio hispano-lusitano, op. cit.*, p. 336.

normal as exportações de couro superarem o rendimento ordinário dos rebanhos da Capitania[281].

Com as guerras marítimas entre Inglaterra e Espanha o contrabando aumentava ainda mais. De acordo com a tabela V as exportações de couro do Rio Grande cresceram substancialmente entre 1805 e 1807 e, apesar da ausência de dados para o ano de 1798-1801, pode-se assegurar que houve desempenho parecido neste período[282]. Também a produção de charque reagiu positivamente ao colapso do comércio legal espanhol (ver especificamente o período entre 1805-1807). Ou seja, apesar das queixas dos homens de negócio do Rio Grande contra a concorrência da carne salgada platina, as dificuldades castelhanas traziam vantagens à região; a queda no preço dos derivados bovinos – provocada pelo bloqueio inglês – reduzia o valor do gado em pé, facilitando a sua compra pelos charquedadores rio-grandenses[283].

---

[281] O contrabando de gado vacum era reprimido, mas o de cavalos e de couros era estimulado pelas autoridades portuguesas (cf. AHRS, AM, M-14, Manoel Marques de Souza, 15/10/1809).

[282] As exportações de couro do Rio de Janeiro mostram sinais de expansão nos intervalos de 1798-1801 e 1805-1807 (cf. ARRUDA, *O Brasil no comércio...*, op. cit., tabela 58).

[283] O contrabando tomara tal magnitude que em 1808, Manoel Antonio Magalhães previa a entrada de 60 a 80 mil reses anuais se o comércio com os domínios espanhóis fosse franco. (cf. MAGALHÃES. *Almanack da Vila de Porto Alegre...*, op. cit., p. 82). O produtor espanhol de gado não tinha a opção de "estocar" o animal em espera pela reabertura do trafico legal, a menos que possuísse grandes extensões de terras subocupadas. Como escrevia o capitão Manoel Gomes Pinto ao administrador de sua fazenda: "*Vossa Mercê não deve perder ocasião de fazer venda de gado, ainda que seja vendido por menos, quando a ocasião assim o peça, a fim de não só fazer dinheiro mas também de aliviar os pastos (...) que será um erro conhecido, isto lhe lembro visto a grande marcação que vossa mercê fazendo vai anualmente (...)*" (APERGS, Reg. Div., Rio Grande, 1º Tab., L-SNº, Reg. 12/08/1813).

Tabela V: Exportações dos principais derivados bovinos[284]

Ano	charque arrobas	couros un.	sebo arrobas	graxa arrobas	carne barris
1787	117.221	69.750	5.982	113	0
1790	209.418	111.001	11.064	0	0
1791	255.326	128.245	9.508	0	0
1792	295.671	145.571	16.070	0	0
1793	404.745	127.042	19.100	60	0
1794	443.462	180.746	25.589	316	0
1795	486.901	203.103	27.820	651	0
1796	492.650	137.627	26.428	510	0
1797	555.070	205.197	34.978	260	0
1802	680.261	235.457	37.632	419	480
1803	773.903	290.075	49.357	631	664
1805	879.925	329.762	47.373	258	
1806	806.776	314.124	58.472	620	751
1807	966.052	403.393	65.504	964	725
1808	855.570	248.983	62.851	296	803
1809	741.762	217.802	56.673	300	865
1810	892.159	329.141	68.986	146	1.685
1811	1.061.656	346.032	80.206	529	1.958
1812	1.245.527	351.607	96.119	620	1.325
1813	1.208.702	358.826	96.651	5.335	1.675
1814	1.399.907	423.304	113.925	9.214	880
1815	1.255.420	419.847	85.320	5.058	1.673
1816	1.133.300	398.912	84.597	5.892	1.705
1817	763.143	238.979	43.497	8.440	937
1818	928.482	290.950	63.914	10.648	962
1819	770.448	215.902	52.353	7.908	1.491
1820	938.506	265.922	57.957	9.401	320
1821	873.715	218.817	73.220	15.810	134

284 Fontes: 1787, 1802, 1803, 1805 (AHU, Avulsos, RS, docs. 232, 465, 528,668); 1790-1795 (BN, I-29,19,28); 1796-1797 (AHU, Avulsos, Brasil, doc. 2462); 1806, 1807, 1813, 1816-1817 (CHAVES, *Memórias ecônomo-políticas...*, op. cit., p. 116-118). Para os demais, AN, RJC, cx. 448, pct. 1.

Passemos agora à analise dos ritmos das exportações da Capitania de derivados bovinos:

Gráfico 8: Exportações de charque, sebo (milhares de arrobas) e couro (milhares de unidades)[285].

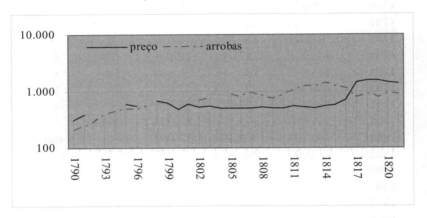

Pelo gráfico 8 observa-se um crescimento constante e proporcional das exportações dos três principais produtos bovinos. Neste movimento expansivo mais amplo houve, entretanto, duas inflexões bem demarcadas, os anos positivos de 1805-1807 foram sucedidos por dois anos de queda (1808 e 1809). Em 1810 as exportações voltaram a crescer, com o charque ultrapassando as 1.000.000 de arrobas exportadas, este aumento contínuo tem o seu ponto máximo em 1814 quando o charque (quase 1 milhão e 400 mil arrobas), couro (mais de 423 mil unidades) e sebo (mais de 113 mil arrobas) chegaram aos maiores valores da série. Os três anos seguintes foram de queda, atingindo seu ponto mais baixo em 1817, a partir daí as exportações passaram a flutuar em níveis similares aos de 1805-1809[286].

---

285 Fontes: Mesmas da Tabela V.

286 Com a série completa é muito provável que ficassem demarcadas três inflexões: provavelmente 1798-1800 foram anos de alta, em 1801 teria iniciado a baixa, provocada pela guerra das Laranjas, aprofundada pelo reestabelecimento do comércio espanhol em 1800-1804.

É inútil buscar os fundamentos dessas flutuações exclusivamente nas condições produtivas da região. Os problemas climáticos poderiam diminuir os rebanhos, mas isto pouco afetava as exportações. Em novembro de 1810, por exemplo, Manoel Marques de Souza dizia que o gado estava muito magro por causa de um rigoroso inverno e de uma praga de gafanhotos que havia acabado com o pasto. Não obstante, as exportações deste ano foram superiores às de 1809 e as do ano seguinte seriam ainda formidáveis[287]. Portanto, é correto afirmar que os ritmos das exportações rio-grandenses estavam conectados, de modo reversivo, à economia platina. A comparação entre os preços do charque e as quantidades exportadas tornará essas questões mais claras.

Gráfico 9: Preços e exportações de charque (milhares de arrobas), em escala semilogarítmica

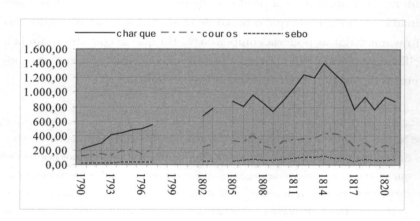

É visível que, ao contrário do trigo, o preço do charque flutua muito pouco em relação às quantidades exportadas, comportamento que se define em 1802 quando praticamente desaparecem as lacunas da série. Parte da explicação encontra-se, como já foi sugerido no início deste capítulo, no mercado consumidor: a carne salgada rio-grandense concorria com o produto platino e, nos centros urbanos, com a carne verde abatida nos açougues urbanos, de sorte que preços estáveis e baixos garantiam o

---

287 AHRS, AM, M-19, Manoel Marques de Souza, 03/11/1810.

aumento paulatino do consumo[288]. No ano de 1817, porém, ocorre uma inversão na tendência e os preços parecem reagir a uma queda brusca na oferta do charque rio-grandense. Esta inflexão tem motivos particulares que serão mais bem discutidos adiante.

Até 1817 há um crescimento constante na produção de carne salgada, ainda que, como já mostrou o gráfico 8, existam algumas flutuações mais marcadas. Mesmo com preços estáveis, os charqueadores e pecuaristas forneciam mais e mais charque, o que indica uma certa constância nos custos e a capacidade de aumentar a produção com nada menos do que 14 anos de preços relativamente baixos para o charque (1802-1815).

A exportação de carne salgada envolvia o negócio de outras mercadorias ancilares: de um animal morto retiravam-se uma unidade de couro, três e meia arrobas de charque, uma arroba de sebo e meia arroba de graxa[289]. O cálculo de um produtor, portanto, envolvia a cotação de, no mínimo, três produtos – a produção de graxa ainda não era tão disseminada – e, no ano em que o preço de charque fosse baixo, o valor das outras mercadorias poderia compensar[290]. Há que se considerar ainda a facilidade em obter gado bovino a preços baixos, especialmente nas conjunturas de fechamento do comércio legal castelhano.

---

[288] Numa representação de Francisco Carneiro do Rosario, contratador do subsídio militar das carnes das cidades de Olinda, Recife e seus termos observa-se que os mesmos homens de negócios que estavam envolvidos no comércio de carne verde negociavam com a carne salgada do Rio Grande. Inclusive o autor da representação queixava-se de ser acusado de impedir a descida de gado em pé para os açougues da cidade "*(...) para assim poder aumentar o preço das carnes salgadas e secas do Rio Grande do Sul, que com antecedência havia (...) mandado vir.*" (BNL, Cód. 8973, 1801).

[289] "*(...) conforme práticos, calculei o peso de uma rês charqueada em 5 arrobas, sendo 3½ de charque, 1 arroba de sebo e ½ arroba de graxa (...)*" ("Observações" no mapa de exportação de 1837-1845, f-35. AHRS, Cód. E-01, Estatística).

[290] É o caso do ano de 1805, de baixa apreciação da carne salgada, mas que se poderia alcançar 4$760 pelo produto de uma vaca abatida, enquanto que em 1808, com a carne mais valorizada, só se lograva 4$093 pelo produto.

Uma última questão a ser respondida, neste nível da análise, é a respeito da participação das diferentes praças nas exportações rio-grandenses de derivados bovinos (couro, charque, sebo, graxa e barris de carne). Os mercados desses produtos eram muito variados, mas entre 1802-1821 observa-se que o Rio de Janeiro mantém um lugar privilegiado nas compras de gêneros vacuns com 50,9% do valor total (máximo de 57,1% em 1805, mínimo de 42% em 1809)[291]; a Bahia aparece em segundo lugar com 31,4% (máximo de 36,8% em 1809, mínimo de 27,4% em 1820); Pernambuco é a terceira praça em importância com 10,9% (máximo de 16,7% em 1819, mínimo de 7,2% em 1818); as outras praças brasileiras compraram todas uns 3,0% (máximo de 10% em 1808, mínimo de 0,4% em 1802); Portugal tem uma importância mínima com só 0,1% (máximo de 1,8% em 1803 e diversos anos com 0,0%). De fora do Império destaca-se a Ilha de Cuba que comprou 3,1% do valor total (máximo de 10% em 1818 e vários anos com 0,0%) de derivados bovinos – quase a importância das praças brasileiras, excluídas naturalmente as três principais –; os Estados Unidos eram irrelevantes, com 0,2%(máximo de 0,7% em 1810 e seguidos anos com 0,0%); as outras praças estrangeiras somaram apenas 0,4% (máximo de 1,4% em 1820 e diversos anos com 0,0%)[292].

Desta monótona descrição de porcentagens deve ser destacado o seguinte: na flutuação ligeiramente recessiva de 1802-1810 (ver supra) os homens de negócio do Rio Grande responderam com a diversificação dos destinos de suas exportações. É nesse período que os portos secundários do Brasil ganham alguma importância como consumidores. Por outro lado, nos anos seguintes (1811-1816), quando a economia rio-grandense retoma a sua trajetória ascendente, as praças estrangeiras começaram a comprar mais da Capitania, voltarei ao tema.

No momento em que foram a analisadas as exportações de trigo, charque, couros e sebo viu-se que o ano de 1811 iniciou uma série de

---

[291] Nunca é demais lembrar que a participação do mercado carioca nas exportações rio-grandenses está superestimada (ver capítulo 2, p. 103, nota 191).

[292] Vale consultar a tese de Helen Osório que também trata da participação das diferentes praças nas exportações do charque, do couro assim como do trigo. Cf. OSÓRIO, *Estancieros, lavradores...*, op. cit., esp. p. 176.

grandes exportações, em termos de volumes, que alcançou o seu zênite em 1813-1814, seguindo-se uma redução brusca em 1817 e uma certa estabilização nos anos seguintes (ver tabela V). No entanto, é justamente em 1817 que os preços das mercadorias rio-grandenses – especialmente dos produtos bovinos – dispararam; o que indica, pela primeira vez no que se refere ao charque, uma sensibilidade dos preços à redução da oferta do produto rio-grandense. O resultado é que em termos de valores as exportações não demonstram uma queda expressiva a partir de 1817 e chegam inclusive a superar os anos anteriores (ver gráfico 3 deste capítulo e tabela V do capítulo 2). Quais as razões desse desempenho estranho da economia rio-grandense?

Tabela V: Médias anuais das exportações rio-grandenses. Charque, sebo, graxa (arrobas), trigo (alqueires)

	charque	trigo	couro	sebo	graxa
1805-1810	857.041	157.205	307.201	59.977	431
1811-1816	1.217.419	267.335	383.088	92.803	4.441
1817-1821	854.859	113.171	246.114	58.188	10.441

No momento em que foram estudadas as flutuações do trigo e dos produtos bovinos já expressei minha contrariedade em buscar causas naturais para esta retração brusca das exportações (1811-1821). Especialmente porque secas e enchentes tinham efeitos opostos sobre as exportações do trigo e do couro: enquanto que as intempéries diminuíam as colheitas de trigo, elas aumentavam as matanças de animais, dada a redução das pastagens disponíveis. Também pode-se esperar uma diminuição nas exportações de couro nas grandes safras agrícolas, pois assim crescia o consumo de peles para a elaboração dos surrões. Mas o que as curvas do trigo e dos principais produtos vacuns apresentam é uma verdadeira sincronia para o período de 1811-1821.

Uma vez mais a explicação encontra-se ao sul do Rio Grande: entre 1811-1813 o porto de Buenos Aires esteve sob o efeito do bloqueio marítimo dos legalistas espanhóis. Regiões que até então se conectavam automaticamente ao porto platino, como por exemplo os territórios castelhanos a oeste do rio Uruguai, passaram a enviar parte da sua produção para a Capitania. Daí a expressiva redução nas exportações de couro portenhas e o decorrente aumento nas rio-grandenses[293].

Mais importante era a situação da Banda Oriental: em 1811 teve início a revolta artiguista que cercou a praça de Montevidéu, neste caso houve uma queda brusca nas exportações orientais que mais uma vez pode ser exemplificada pelos couros: de uma média anual de 331.958 unidades nos anos de 1791-1796, reduziu-se a 137.042 entre 1815-1819[294]. Os produtores rurais daquela campanha transferiram as vendas de couro, trigo e animais em pé às praças de Rio Grande e Porto Alegre. Ou melhor, no que diz respeito ao trigo, a Vila de Rio Grande foi a beneficiada pelo que se depreende do *Mapa comparativo das exportações das praças de Porto Alegre e Rio Grande,* de autoria de José Gonçalves Chaves[295]. É que Porto Alegre estava muito distante da fronteira e seu poder de atração sobre as mercadorias rústicas castelhanas limitava-se às de baixo custo de transporte – principalmente o gado trazido através de Rio Pardo.

No quadro institucional, foi importante o oportunismo político do governador do Rio Grande, D. Diogo de Souza, que passou a liberar a entrada de gado castelhano pela fronteira mediante requerimento[296]. Os

---

[293] A respeito do bloqueio, Cf. BROWN, Jonathan. Dynamics and autonomy of a traditional marketing system: Buenos Aires, 1810-1860. HAHR, Vol. 56, no. 4 (605-629), 1976, p. 607, nota 5. Números das exportações de couro por Buenos Aires foram publicados por ROBERTO SCHIMIT, Miguel. Del reformismo colonial borbónico al librecomercio: las exportaciones pecuarias del Río de la Plata (1768-1854). *In:* Boletín del Instituto de Historia Argentina y Americana n. 20 (69-103), 1999, p. 80.

[294] ROBERTO SCHIMIT, *Del reformismo colonial...*, op. cit., p. 77 e 87.

[295] Cf. CHAVES, *Memórias econômo-políticas...*, op. cit. p. 116-118)

[296] Não encontrei a ordem do governador, mas em 1811 o comandante da Guarda fronteiriça de Arredondo, dizia: "Preciso ordem de V. Exa. para ver de que forma hei de portar com as entradas de gado destes domínios [castelhanos] para os nossos, pois em outubro e novembro começam os condutores a conduzirem tropas para as charqueadas. Em virtude das portarias que V. Exa. foi

interessados em introduzir animais da Banda Oriental justificavam seus requerimentos pela existência de dívidas a serem cobradas de estancieiros espanhóis, mas também começaram a surgir pedidos de permissão de compras de bovinos como mercê de serviços prestados ao Rei: por alguns requerimentos consultados no AHRS é possível ter uma ideia da magnitude destas entradas: em 1812 foi permitida a introdução de, no mínimo, 22.500 cabeças de gado, já no ano seguinte contabilizei 103.600. Isto era apenas uma parte dos animais extraídos, já que só pela guarda de São Diogo o Capitão Antonio Pinto Barreto acusava a passagem de 95.589 reses entre fevereiro e setembro de 1813[297].

No mesmo período os militares portugueses começaram a operar no terreno espanhol, confiscando dezenas de animais por dia para sustentar as tropas acampadas. Além disto, os comandantes das partidas e das guerrilhas aproveitavam-se da situação para extrair couro e roubar gado. Como reclamavam alguns fazendeiros espanhóis:

> (...) acham-se ao presente deteriorados em onze a doze mil cabeças de gado vacum que o comandante da Guarda de Pirahy, o alferes Manoel Marques, mandou tirar e consentiu roubar das estâncias dos suplicantes (...)
>
> Apenas o alferes Manoel Marques foi empossado no comando da guarda do Pirahy, parece que se considerou imediatamente empossado nos bens dos suplicantes (...)
>
> À imitação destes dois oficiais concorreram outros portugueses estabelecidos na fronteira a roubar livremente os gados e animais dos suplicantes (...) apenas deixaram (...)

---

servido conceder a todos os vassalos para as entradas dos gados, deram muitos prejuízos porque haviam condutores que compravam 100 reses e chegavam às charqueadas com tropas de 400." (AHRS, AM, M-25, Jose Pereira da Fonseca, 14/08/1811).

297 Os cálculos foram baseados em 67 requerimentos do AHRS, Requerimentos, maços 6, 7, 8, 9, 10, 11. Os números do capitão Antonio estão em AHRS, AM, M-34, Antonio Pinto Barreto, 13/09/1812.

duas ou três mil reses, possuindo antes do comando daquele Manoel Marques, de 22 a 23 mil reses (...)[298].

Às agressões dos invasores somavam-se as arbitrariedades dos patriotas, revolucionários e dos bandos de índios e escravos fugidos que se aproveitavam da ausência do Estado para irem à forra de décadas de opressão[299]. Tal situação rebaixava o preço do gado no território Oriental e facilitava a fuga de capitais em dinheiro, escravos e gado para a Capitania. Já se observou a existência de uma comunidade hispano-americana na Vila de Rio Grande neste período (ver capítulo 1, p. 78-79). Muitos desses refugiados eram homens de negócio que traziam capital e contatos com negociantes de outras praças. A partir de 1811, as embarcações estrangeiras começaram a frequentar a barra em negociações que muito provavelmente eram intermediadas pelos comerciantes de Montevidéu, daí as crescentes exportações de carne salgada para Cuba, que sempre fôra mercado do produto platino: entre 1811 e 1822 (exclusive o ano de 1813) o Rio Grande exportou uma média de 55.491 arrobas de charque para a ilha caribenha, pouco menos da metade das 127.989 arrobas anuais enviadas pelo Rio da Prata entre 1793-1795[300].

---

298 AHRS, AM, M-38, anexo na coresp. de Pedro Fagundes d' Oliveira, 25/06/1813. Testemunhos de roubos de gado na fronteira são constantes na documentação. Ver por exemplo *Breve relação de roubos de gado extraída de hum diário do Sargento Mor de milícias Albano de Souza Enriques Rebello em Porto Alegre* (BN, 35,34,14).

299 O capitão Antonio Pinto Barreto relatava, em 1813, que os índios guarani das antigas missões espanholas haviam se levantado e matavam todos os espanhóis que encontravam (AHRS, AM M-34, Antonio Pinto Barreto, 13/09/1812). Já pelos lados de Japeju se acusava o ataque dos índios charrua e minuano (AHRS, AM, M-36, Francisco Soares da Costa Luria, 28/12/1813).

300 Os dados do Rio Grande foram retirados de AN, RJC, cx. 448, pct. 1 e CHAVES, *Memórias econômo-políticas...*, op. cit., p. 134-140. Os dados de Buenos Aires são de AZCUY AMEGHINO, *Comercio exterior y comercio de cueros...*, op. cit., p. 39, mas a passagem de quintais para arrobas é por minha conta.

É nesse período "heroico" da pecuária comercial rio-grandense que foram realizadas as charqueadas como manufaturas, separadas da estância, na região que mais tarde seria conhecida por Pelotas. Aliás, é muito provável que a riqueza acumulada por essa maneira "bárbara" tenha sido a origem do complexo charqueador. Tanto é assim que, em 1813, começou a ser manufaturada a graxa – produto mais elaborado – em grandes quantidades na região da Vila de Rio Grande. Até então, apenas algumas centenas de arrobas eram produzidas nas charqueadas mais antigas na região de Porto Alegre[301]. O ganho de produtividade permitido pelas charqueadas é o que permite elucidar a razão das exportações de graxa não acompanharem as outras na queda de 1817-1821 (ver tabela V). Acredito ainda que o estabelecimento de manufaturas de carne e o decorrente aumento na produtividade denotam o surgimento de um mercado criador de preços em torno dos alimentos. Assim, ao contrário do negócio de mulas, em que a essência do lucro era o transporte de um mercado ao outro, no mercado do litoral as leis de oferta e procura e a produtividade do trabalho se impunham enquanto formadores do preço.

Estão esclarecidos os fundamentos da expansão de 1811-1816, porém, não estão os motivos da contração sucessiva (1817-1821). A explicação mais simples seria que o fim do bloqueio a Buenos Aires e uma relativa pacificação da Banda Oriental, permitida pela conquista de Montevidéu pelos portugueses em janeiro de 1817, teriam trazido o comércio da região à

---

[301] Cf. o *Mapa comparativo* de José Gonçalves Chaves (CHAVES, *Memórias econômo-políticas...*, *op. cit.*, p. 116-118). Vale dizer que até agora não foi estudada a passagem da produção do charque, de maneira artesanal, na própria estância, para a sua produção em manufaturas proto-industriais. A historiografia fala o tempo todo em charqueadas no "Rio Grande do Sul Colonial", mas em nenhum momento preocupou-se em investigar sobre o que estava falando. Em geral, aceita-se que, se existiam exportações de charque, existiam charqueadas e daí se passa às descrições do início do século XIX, especialmente de Saint-Hilaire. Se as charqueadas enquanto proto-indústrias existiram antes de 1800 – em minha pesquisa em inventários entre 1777-1795 não encontrei nenhuma – eram muito poucas e seguramente se localizavam na região de Porto Alegre.

normalidade e o Rio Grande teria de competir com as praças espanholas no negócio de carnes e grãos, liberado desde 1808.

Não obstante, o comportamento dos preços do charque não permite concluir nessa direção, pois exatamente em 1817 mostram uma inédita sensibilidade à redução da oferta da carne salgada exportada pela Capitania, o que significa dizer que – dada a relativa elasticidade da demanda pelo produto do Rio Grande, especialmente nos mercados urbanos – nesse ano houve não só uma redução na oferta da carne rio-grandense, *mas uma redução na oferta da carne em geral*. Já foi observado no início do capítulo que, entre 1815-1817, ocorreram secas nas regiões consumidoras que podem ter reduzido o abastecimento de carne verde em um mercado bastante sensível por causa das suas transformações estruturais[302].

Simultaneamente, não existem sinais de que a pecuária de Montevidéu tenha se recuperado em 1817-1821, as exportações de couro continuaram baixas e a produção de carne não chegava para o consumo interno: em 1820 o porto Oriental chegou a importar charque do Rio Grande. A documentação mostra que a exploração desordenada do gado nos anos anteriores e o esforço militar das guerras de Independência e da invasão portuguesa exauriram o território da Banda Oriental. Já em 1815, sucedendo o ano de maior exportação de charque, o comandante da fronteira do Rio Grande, Manoel Marques de Souza, acusava os primeiros sinais de esgotamento e profetizava:

> (...) vim achar as estâncias desta fronteira exauridas de gado de criar pela desordenada matança de vacas; de sorte que, a não proibir V. Exa. esta desordem, como já foi, em dois anos se estagna o comércio das carnes salgadas; principalmente vindo o número de tropas que se esperam. Os confinantes [Banda Oriental] têm também as campanhas limpas: os novilhos levantaram de preço a oito patacões, e não se acham (...)[303]

---

[302] Bem entendido que se trata de uma redução na oferta de curto prazo.
[303] AHRS, AM, M-56, Manoel Marques de Souza, 10/11/1815.

O esgotamento dos rebanhos se manifestava pela carestia do gado em pé. Em 1817, por exemplo, alguns estancieiros queixaram-se do preço pago pelo contratador do municio de carne para o exército português, que, por Ordem Régia de 10/10/1816, pagava 3$200 por um novilho e 2$400 por uma vaca, enquanto que os preços de mercado eram respectivamente 6$400 e 4$000. A reação imediata das autoridades foi facilitar ainda mais a introdução do gado das campanhas orientais: em 08/03/1817, Manoel Marques de Souza dizia estar instruído a permitir a entrada dos animais com o pagamento de um direito de 240 réis; só o gado que estivesse sem o comprovante da compra era confiscado. No final do mesmo ano manifestava o recebimento da ordem determinando que o gado introduzido "(...) *que não for comprado (...)*" deveria apenas ser quintado e que não deveriam ser apreendidos os animais "*(...) cujos donos pela sua conduta devam ser considerados como vassalos de Sua Majestade*"[304].

A grita contra o preço da carne chegou à Corte e, em janeiro de 1818, um aviso de governo proibiu o abate de vacas, pois o próprio Senado da Câmara reclamava do desabastecimento de carne no Rio de Janeiro[305]. E, em 25 de abril de 1818, foi sobretaxada a exportação de carnes para estrangeiros em 600 réis, medida que visava a diminuir a competição estrangeira[306].

Ao menos no curto prazo essas restrições não tiveram efeito e os anos seguintes foram de produção pequena e carestia. É que os preços altos, a facilidade de introduzir gado de Montevidéu, as requisições militares e a presença constante de guerrilhas no território oriental – espécie de corsários a cavalo – eram um estímulo para o abate indiscriminado de animais. Uma vez mais era o infatigável Manoel Marques de Souza que informava:

---

304 AHRS, AM, M-64, 08/03/1817 e M-65, Manoel Marques de Souza, 28/11/1817.

305 AHRS, AG, B-1.0014, Thomas Antonio Vilanova Portugal, 09/01/1818 e 12/09/1818.

306 CHAVES, *Memórias econômo-políticas...*, op. cit., p. 171.

(...) esta fronteira não pode assistir com mais do que se lhe tem tirado para a Real Fazenda (...) Mandei marchar uma companhia de guerrilhas com cem homens para seguir as ordens do sobredito Exmo. Tenente General (...) mas, Exmo. Senhor, eu duvido que aquela gente queira executar tal ordem pela ambição em que estão de correrias de gado (...)[307]

A título de curiosidade: as denúncias a respeito das violências cometidas pelas guerrilhas dariam um capítulo à parte. Crimes que levaram Manoel Marques de Souza a cunhar a frase: "(...) os excessos que tem cometido as guerrilhas excedem a maior expressão (...)"[308].

Medidas mais fortes foram tomadas pelo governador de Montevidéu, agora sob o domínio português. Em 1820 proibiu a extração de gado da Banda Oriental para outras províncias, determinou o fim do abate de vacas e impediu a criação de novos saladeiros[309]. Mesmo assim, a força de atração do mercado brasileiro e a influência dos interesses ligados ao negócio de bovinos eram mais fortes: as partidas de salteadores de gado continuavam a agir no território Oriental e alguns negociantes logravam obter da Corte a autorização de passar gado para o Rio Grande[310]. Existem sinais de uma recuperação das exportações rio-grandenses, como o

---

307 AHRS, AM, M-69, 24/01/1816, Manoel Marques de Souza.

308 AHRS, AM, M-69, Manoel Marques de Souza, 24/01/1818. As queixas podem ser encontradas em AHRS, AM, M-70, Patrício Jose Correa da Camara, 28/12/1818; Sebastião Pinto d' Araujo Correa, 10/02/1818; M-71, barão de Laguna, 13/03/1819 e 1º/04/1819; AHRS, AG, B1.004, Thomas Antonio Vilanova Portugal, 30/03/1818.

309 O bando do barão de Laguna está em AHRS, AG, B1.016, Thomas Antonio Vilanova Portugal, 30/06/1820.

310 AHRS, AG, B1.016, Thomas Antonio Vilanova Portugal, 20/12/1820, autoriza a entrada de 30 mil reses da Banda Oriental. Na correspondência de Bento Correa da Camara há um interrogatório a um *gaucho* envolvido nas correrias de gado que mostra como eram recrutados, sugerindo um vínculo destas com o negócio do charque pelotense AHRS, AM, M-72, Bento Correa da Camara, 13/03/1819.

aumento nas vendas de charque da praça de Rio Grande no ano de 1822 e na arrecadação do quinto do couro entre 1824-1826, mas a situação econômica da Capitania, assim como a política, estava indefinida[311].

Uma última questão merece ser respondida antes de concluir o capítulo: é possível estimar a magnitude das extrações de gado da Banda Oriental para o Rio Grande? Já foi dito que, no mínimo, 103 mil animais entraram em 1813, se esta foi a média anual nos anos de pico (1811-1816), haveriam entrado 618 mil reses apenas neste período. Por um cálculo sobre bases estatísticas mais confiáveis chega-se a números muito parecidos. A comparação entre as médias das exportações de charque nos períodos anterior (1805-1810) e posterior (1817-1821) mostram uma diferença de 361.469 arrobas exportadas a mais anualmente entre 1811-1816, o que significaria um abate anual a mais de 103 mil bovinos. É válido somar mais 30 mil a esta conta, já que, mesmo antes de 1811, o gado da Banda Oriental era contrabandeado para o Rio Grande, chegando assim a 798 mil cabeças só entre 1811-1816.

As introduções de animais continuaram a ser numerosas em 1817 e 1818, algo perto talvez dos 50 mil. Só assim seria possível seguir o giro de carnes, pois a diminuição dos rebanhos do Rio Grande por causa das exportações e da guerra já era bem notória. Nos anos de 1819-1821 a passagem de gado para o Rio Grande deve ter se reduzido, ao menos era esta a intenção do governador de Montevidéu. No entanto, pelo menos 30 mil vacuns atravessaram a fronteira por conta de apenas um negociante, Antonio Soares de Paiva & filhos, em 1820 (ver nota 343). Embora 30 mil animais por ano neste período seja um número bastante modesto é possível considerá-lo a fim de estimativa.

Por aí, chega-se a 988 mil reses trazidas da Banda Oriental para a Capitania entre 1811 e 1821. Se for somada uma perda de 20% no transporte

---

311 Cf. CHAVES, *Memórias econômo-políticas...* ,*op. cit.*, p. 140. Os dados da cobrança dos dízimos encontram-se num requerimento de João Vieira Braga, barão do Piratini, que diz ter sido encarregado desta cobrança por conta da Fazenda Real (BN, C-450, 14). O rendimento dos dízimos foi o seguinte: em 1822 - 33.809 couros; em 1823 - 33.332; em 1824 – 41.921; em 1825 – 40.530; em 1826 - 41.252.

das boiadas, perda subestimada já que aos problemas da pecuária rústica há de se acrescentar os riscos da guerra, conclui-se que 1 milhão e 186 mil vacuns orientais foram vitimados no processo. Minhas estimativas são bem modestas, tendo em vista que o viajante francês Arsène Isabelle dizia que os luso-brasileiros haviam roubado mais de 4 milhões de cabeças de gado durante a ocupação da Cisplatina[312].

Exagerados ou subestimados, estes números são certamente apenas uma parcela das perdas no estoque bovino da Banda Oriental causadas pelas invasões portuguesas e pela guerra patriótica. Afinal, quantidades semelhantes ou até maiores foram sacrificadas para sustentar cada exército que cruzou o território (português, legalista, de Buenos Aires e do general Artigas).

A tendência inflacionária na economia exportadora, muito bem marcada desde 1792, e as intempéries do mesmo período puxaram economicamente o Rio Grande para dentro do Império e transformaram os mercados de alimentos. Em outras palavras: esta flutuação de fim de século demarcou a conjuntura e marcou uma relação estrutural entre o Rio Grande e o Império. A transferência da Família Real e as mudanças institucionais após 1808 aceleraram as transformações e, contraditoriamente, a crise. Em suma, trata-se de uma conjuntura (1790-1822) que marca a transição entre uma e outra estrutura, a passagem de um a outro Império.

---

[312] "Os brasileiros roubaram da Banda Oriental, durante a ocupação injusta do território desta república, por suas tropas, mais de 4.000.000 de cabeças de gado, que eles introduziram na província do Rio Grande como comprovam os registros da fronteira. Eis a esse respeito, dois fatos curiosos: antes de 1817 a Capitania Geral do Rio Grande, pertencente ao Brasil, não tinha senão treze estabelecimentos saladeiros (charqueadas), e agora ela possui mais de 200! Antes da ocupação dos portugueses, na Banda Oriental havia mais gado que em qualquer outra povíncia da América, agora os brasileiros que a habitam são forçados a trazer o gado de sua pátria para formar estâncias." (ISABELLE, Arsène. Viagem ao Rio Grande do Sul (1833-1834). Porto Alegre: Martins Livreiro, 1983, p. 86, nota 1).

4. PROJETOS DE INTEGRAÇÃO E POLÍTICA COLONIAL

Projetos concorrentes? Pacto colonial e Império.

Durante o século XVIII o pensamento político português deu-se conta da crescente importância relativa de sua principal colônia no Atlântico-sul, o Brasil, frente ao Reino de Portugal. Esta constatação deu origem a diferentes memórias, instruções e raciocínios que procuravam equacionar a relação entre Portugal e o Brasil. Para o período que se estuda é possível identificar ao menos dois tipos de pensamento, não totalmente opostos, a respeito da relação entre a metrópole e a colônia: de um lado um pensamento fortemente influenciado pelos mercantilistas franceses e ingleses, que via esta relação pelas lentes do pacto colonial, de outro lado uma doutrina *imperial* que procurava pensar outras vias de integração entre metrópole e colônia[313].

Portanto, antes de estudar os diferentes projetos de integração do Rio Grande no sistema colonial português, é correto descrever esses enquadramentos teóricos do problema colonial no pensamento lusitano da época. Como não cabe, nos limites deste trabalho, uma ampla genealogia da

---

313 Para uma discussão a respeito das origens intelectuais do pensamento mercantilista português ver MACEDO, Jorge B. Mercantilismo. *In:* SERRÃO, Joel. *Dicionário de História de Portugal.* Porto: Livraria Figueirinhas, 2002, p. 271-275. A respeito do mercantilismo "heterodoxo" e da idéia de Império, ver CARDOSO, José Luís. Nas malhas do Império: A economia política e a política colonial de D. Rodrigo de Souza Coutinho. *In: A Economia Política e os dilemas do Império luso-brasileiro.* Lisboa: CNCDP, 2001, p. 63-109.

questão, escolho dois textos que, na minha opinião, resumem de maneira mais explícita esses dois tipos de pensamento.

Em um manual de comércio da década de 1790, de autoria anônima, encontra-se de maneira explícita o pensamento mercantilista ortodoxo. Sua 9ª lição inicia identificando três espécies de colônias, a primeira, para aliviar a população de um país, a segunda, que era estabelecida para o domínio sobre os povos conquistados e a terceira para o comércio:

> A terceira finalmente são as colônias de comércio; porque o objeto do seu estabelecimento é o negócio. (...) Estas são as colônias que os portugueses, os castelhanos, os ingleses, os franceses etc., têm estabelecido três séculos a esta parte e continuam a aumentar na Ásia, e na África e na América, ou seja, para comerciar com os habitantes daqueles países, ou para cultivar as terras e plantar nelas cana de açúcar, anil, tabaco, arroz e outras produções estimadas e necessárias na Europa. Esta espécie de colônias do comércio se subdividem em outras duas: uma cujo objeto é somente o tráfico, outra o mesmo tráfico e a cultura. O efeito comum delas é enriquecer a terra ou o país que estabeleceu as tais colônias[314].

Seria impossível ser mais claro: as colônias estabelecidas pelos europeus na época moderna eram *"colônias de comércio"* que poderiam se limitar ao negócio com os naturais do país ou cultivar *"produções estimadas e necessárias na Europa"*. Finalmente, o sentido de tais estabelecimentos era *"enriquecer o país que estabeleceu as tais colônias"*.

---

314 ANÔNIMO, *Notícia Geral do Comércio*. (prov. 1793). Lição 9 (BNL, Cód. 11.260). Este texto parece ser baseado em grande medida num folheto de Malachy Postletwayt "Britain's commercial interest explained" de 1747 (ver BEAUD, Michel. *História do Capitalismo*. De 1500 aos nossos dias. 3. ed. São Paulo: Brasiliense, 1991, p. 70).

O fim da Metrópole informar e sustentar estabelecimentos tão custosos e em privar-se de uma porção tão considerável de seus próprios moradores é de procurar-lhes um trabalho mais rendoso e mais cômodo, sem, contudo, perder neles o seu domínio, de sorte que a felicidade e as riquezas destas colônias devem criar nele um reconhecimento terno para com a Metrópole. Esta gratidão e a continuação do domínio que se conserva neles lhe impõem a obrigação de uma dependência imediata e de um interesse sempre subordinado aos seus próprios[315].

A metrópole criava colônias para que seus próprios moradores encontrassem um lugar em que seu trabalho fosse "mais rendoso e mais cômodo"; naturalmente que a vantagem obtida deveria ser em prol da metrópole. Inseria-se ainda o problema da reposição do "domínio" metropolitano que passava pela manutenção de uma relação de "dependência imediata" dos colonos para com a metrópole. Por aí, a metrópole deveria obter:

(...) 1º um maior consumo das suas produções. 2º a ocupação para maior nº de fabricantes, artífices e marinheiros. 3º uma maior abundância das cousas necessárias à Metrópole; 4º e, finalmente, uma maior abundância de gêneros supérfluos para prover as Nações Estrangeiras[316].

A dependência da colônia significava maior consumo das mercadorias metropolitanas, o incentivo aos fabricantes, artífices e marinheiros, o fornecimento de bens necessários à metrópole e, numa clara referência ao papel que as reexportações de produtos coloniais ocupavam na economia portuguesa, produção de gêneros supérfluos para "prover Nações Estrangeiras". Esta relação de dependência era, em última instância, garantida por duas espécies de proibições:

---

315 Idem.

316 Idem.

> 1ª É lei originada da própria natureza destas colônias que elas não devem ter cultura ou artes algumas que possam entrar em concurso com a cultura e as artes da Metrópole: porquanto uma colônia em que se houvesse de criar as mesmas produções e lavrar os mesmos gêneros que a Metrópole seria mais perigosa do que útil pela sua falta de dependência na terra. 2ª As colônias não podem gastar gêneros estrangeiros, enquanto a Metrópole os pode procurar, ou outros equivalentes, tampouco podem as colônias vender e levar diretamente aos Estrangeiros as suas produções que se devem transportar diretamente, e, em primeiro lugar, aos Portos da Metrópole (...) Segue-se destes princípios que as colônias estão principalmente calculadas para a cultura e que a navegação que resulta desta cultura e do sustento das colônias pertence à Marinha mercantil da Metrópole[317].

Eram proibidas as produções que concorressem com a metrópole, do contrário a nova fundação seria "mais perigosa do que útil". Tampouco era permitido consumir produtos estrangeiros similares aos produzidos pela mãe-pátria e, por último, o comércio colonial deveria ser, "diretamente e em primeiro lugar", com as praças metropolitanas. Por conseguinte, as colônias deveriam se limitar à agricultura e o seu "sustento" pertencia à marinha da metrópole. O fragmento sugere uma divisão colonial do trabalho, pela qual as colônias se limitariam à produção agrícola enquanto se incentivavam a produção das artes e a marinha metropolitanas[318]; para

---

317 Idem.

318 A ideia de uma divisão colonial do trabalho que deveria unir metrópole e colônia pode ser encontrada em um texto de 1721 de Antonio Rodrigues da Costa do Conselho Ultramarino. Discutindo o contrabando na Costa da Mina, o conselheiro escrevia: "(...) consequentemente se extinguirá ou se atenuará totalmente o comércio reciproco, entre este Reino e o Brasil e consequentemente aquele vínculo da mútua indegência, que ata uns estados com outros estados, e uns homens com outros homens, que é só o que segura a união, porque as mais cautelas que se lhes aplicão ou são do artifício,

a manutenção da dependência colonial um mecanismo político: as proibições e o monopólio colonial.

O autor anônimo termina a sua 9ª lição discutindo a melhor maneira de aumentar a população e, por consequência, a agricultura das colônias:

> (...) o melhor destes meios consiste na contínua extração dos negros da África para as colônias, a qual extração se deve pelo conseguinte proteger e animar, como a base recíproca da cultura e da povoação. Daí a de resultar uma maior abundância das produções das colônias para a Metrópole, e daí o concurso e a superioridade desta Metrópole sobre as outras Nações na venda das produções das suas colônias[319].

A escravidão era o melhor meio para aumentar a população e a cultura nas colônias, resultando em uma "maior abundância" de produtos coloniais para a sua metrópole, desta forma caberia "proteger e animar" a extração "*dos negros*".

***

A historiografia é praticamente unânime em relacionar a ideia de um Império luso-brasileiro à figura de D. Rodrigo de Souza Coutinho, que ocupava o cargo de secretário de Marinha e Ultramar do príncipe regente D. João, quando escreveu a já bem conhecida "Memória sobre o melhoramento dos domínios da América". De fato, ainda que seja possível encontrar na memória de D. Rodrigo certos temas e questões presentes no memorialismo e na correspondência oficial portuguesa anteriores a década de 1790, a "Memória sobre os melhoramentos"

---

ou da violência, e como tais débeis e pouco duráveis (...)" (*apud:* Acioli, Gustavo. *Negócio da Costa da Mina:* Ouro e Açúcar, Tabaco e Tráfico de Escravos: Capitania de Pernambuco (1654-1760), São Paulo: FFLCH/USP, tese de doutorado inédita, 2008, p. 87).

319 ANÔNIMO, *Notícia Geral...*, *op. cit.*.

merece destaque pela coesão entre suas ideias e a política prosseguida pela geração reformista de 1790[320].

Assim, ainda que a preocupação de D. Rodrigo fosse a mesma dos mercantilistas portugueses do final do século XVII, melhorar a arrecadação da Fazenda Real, os objetivos de sua memória eram mais ambiciosos, desejando formular um "(...) sistema político que mais convém que a nossa coroa abrace para a conservação dos seus tão vastos domínios, particularmente dos da América (...)"[321].

Deste modo, fundamentava a relação entre metrópole e colônia na posição geográfica de Portugal:

> A feliz posição de Portugal na Europa, que serve de centro ao comércio do norte e meio-dia do mesmo continente e do melhor entreposto para o comércio da Europa com as outras três partes do mundo, faz que este enlace dos domínios ultramarinos portugueses com a sua metrópole seja tão natural, quão pouco o era o de outras colônias que se separaram da mãe-pátria (...)[322]

---

320 MAXWELL, Keneth. A geração de 1790 e a idéia de império luso-brasileiro. *In*: *Chocolate, Piratas e Outros Malandros. Ensaios Tropicais.* (157-208), São Paulo: Paz e Terra, 1999. NOVAIS, *Portugal e Brasil na crise..., op. cit.*, pp. 233-235, *passim* e ALEXANDRE, *Os Sentidos do Império, op. cit.*, p. 84-88. CARDOSO, *Nas malhas do império..., op. cit.*

321 COUTINHO, Rodrigo de Souza. Memória sobre o melhoramento dos domínios da América. (1798) *In*: MENDONÇA, Marcos C. *O Intendente Câmara.* Manuel Ferreira da Câmara Bethencurt e Sá, intendente geral das Minas e dos diamantes (277-299). São Paulo: Companhia Ed. Nacional, 1958, p. 278. Sobre o mercantilismo português do final do século XVII cf. CARDOSO, José Luís. Trajectórias do mercantilismo em Portugal: o pensamento econômico da época da Restauração. *in: Pensar a Economia em Portugal. Digressões Históricas.* (59-80) Lisboa: Difel, 1997, p. 67-69.

322 Idem. ibidem.

Ao contrário de outras colônias que se separaram da mãe-pátria (refere-se aqui às Treze Colônias), o "enlace" entre Portugal e seus domínios ultramarinos estava fundado na geografia, "melhor entreposto do comércio da Europa com as outras três partes do mundo". Esta relação "natural" sustentava o sistema político:

> (...) incomparável sistema dos primeiros reis desta monarquia que fizeram descobertas, todas elas foram organizadas como províncias da monarquia, condecoradas com as mesmas honras e privilégios que se concederam aos seus habitadores e povoadores, todas reunidas ao mesmo sistema administrativo, todas estabelecidas para contribuírem à mútua e recíproca defesa da monarquia, todas sujeitas aos mesmos usos e costumes, é este inviolável e sacrossante princípio da unidade, primeira base da monarquia que se deve conservar com o maior ciúme a fim de que o português nascido nas quatro partes do mundo se julgue somente português (...)[323]

Na visão de D. Rodrigo, o Império português se caracterizava pela relação política de cada "província" com a monarquia. As descobertas ultramarinas foram organizadas como "províncias" em igualdade de direitos ao centro europeu, "com as mesmas honras e privilégios", com os mesmos "*usos e costumes*", para que todo o habitante do Império só se sentisse "português".

Por sua vez, o lado americano do Império era garantido pela "*(...) feliz posição do Brasil (...)*" que lhe permitia se defender com sucesso dos concorrentes metropolitanos[324]. Por isto as províncias deveriam ajudar na sua defesa mútua em torno de dois centros políticos coloniais, o Pará e o Rio de Janeiro, "*(...) centro de reunião e de forças (...)*"[325] que articulariam a guarda dos domínios.

---

323 Idem, p. 278-279.

324 Idem, p. 279.

325 Idem, p. 280.

Mas, em seguida, o futuro conde de Linhares acaba por revelar o sentido do Império:

> Animar as culturas existentes e naturalizar no Brasil todos os produtos que se extraem de outros países deve ser outro grande objeto de legislador político, unindo-lhe também o cuidado de segurar-lhes com a mais extensa navegação o seu consumo na Europa, por meio da Metrópole, e nas partes do mundo, por meio dos outros domínios que a nossa real coroa possui. Não seria contrário ao sistema de Províncias com que luminosamente se consideram os Domínios ultramarinos o permitir que neles se estabelecessem manufaturas; mas a agricultura deve ainda por muitos séculos ser-lhes mais proveitosa do que as artes que devem animar-se na Metrópole para segurar e estreitar o comum nexo (...)[326]

Via de regra, o sistema de províncias reconhecia ao Brasil o direito de negociar com os "outros domínios" da Coroa e também de possuir manufaturas. Esta liberalidade confrontava-se com a política pré-pombalina em que existiam diversas restrições ao comércio intercolonial (especialmente entre o Brasil e a África). Contudo, a ideia de pacto colonial permanece subjacente: o comércio com a Europa deveria ser feito "por meio da Metrópole" e as manufaturas eram exclusivas a Portugal para "estreitar o comum nexo", restando aos domínios ultramarinos a "mais proveitosa" agricultura.

Terminava dizendo que assim "(...) se combinam os interesses do Império (...)" - e curiosamente é aqui que a palavra Império aparece – e o que parecia "(...) sacrifício (...)" das colônias, era, na verdade, uma "(...) recíproca vantagem (...)"[327].

A relação entre Portugal e as suas colônias não excluía ligações alternativas entre as próprias províncias, como declarava D. Rodrigo quando se referia ao esforço de defesa mútua, centralizado no Pará e no Rio de

---

326 Idem, p. 284.

327 Idem, p. 285.

Janeiro, e também quando reconhecia que o consumo da produção agrícola do Brasil se poderia dar por meio dos outros domínios portugueses. Não obstante, todas as "províncias" deveriam estar politicamente ligadas, e sem outras mediações, ao centro da monarquia; e mais importante ainda: a sua definição de Império era substanciada pela divisão colonial do trabalho.

Desta apresentação preliminar dos quadros teóricos da política colonial do final do século XVIII, quero chamar a atenção para dois aspectos que serão desenvolvidos neste capítulo: a hegemonia da ideia de pacto colonial e do pensamento mercantilista e, ao mesmo tempo, a abertura para um pensamento imperial, que ganhará força com a perspectiva americana que surgida na Corte com a chegada da família Real no Rio de Janeiro em 1808.

A perspectiva mercantilista

Antes do Tratado de Santo Ildefonso a principal preocupação da Coroa com o extremo-sul era militar. Nesta direção, a política oficial para a região visava principalmente ao desenvolvimento da agricultura de abastecimento, daí a fixação de pequenos lavradores, que deveriam sustentar o esforço de guerra, fornecendo mão-de-obra e alimentos para o exército português[328].

Com a estabilização da fronteira sul-americana em 1777 surgiram planos mais ambiciosos para conectar o Rio Grande ao Império português, ecoando as reformas espanholas que abriram o porto de Buenos Aires ao comércio peninsular. Foi o vice-rei Luiz de Vasconcelos o primeiro a redigir um texto que ultrapassasse a mera descrição da Capitania e das suas potencialidades econômicas, propondo medidas que desenvolvessem o comércio da região.

A proposta de Luiz de Vasconcelos revestiu-se de verdadeiro projeto oficial, tendo em vista que foi dirigida ao secretário de Marinha e Ultramar, Martinho de Mello e Castro. A correspondência iniciava por uma breve caracterização do estado político e econômico, traçando um quadro sombrio em que a inexistência de comércio era completada pelo esta-

---
[328] Ver o cap. 1, ver também SILVA, *A Ilha de Santa Catarina, op. cit..*, esp. p. 171-215.

do incivil dos habitantes da colônia: tomada pelos contrabandistas, pelos grandes estancieiros que monopolizavam as terras e pelos índios vadios a cultura não se adiantava, o gado diminuía e o crime grassava. Ao pintar este quadro, repetia as palavras de Sebastão Francisco Bettamio, que formulara uma "Notícia Particular" do Continente do Rio Grande[329].

No entanto, enquanto Sebastão Bettamio se limitava a propor reformas administrativas, como no que diz respeito à administração dos índios e à distribuição de terras – que, aliás, Luiz de Vasconcelos iria repetir – o vice-rei ia mais longe e propunha um plano para desenvolver o comércio da região:

> Não deixa de me ter lembrado a utilidade que resultaria ao mesmo comércio e aos moradores daquele Continente se nesta capital se estabelecesse uma Companhia de Homens de Negócio que, com um fundo repartido em ações, animasse a lavoura e as produções do mesmo Continente e promovessem o adiantamento do comércio[330].

A ideia era formar uma companhia de inspiração mercantilista, nos moldes europeus. Contudo, é possível identificar aqui uma espécie de "torção" do ideário mercantilista, pois oficialmente o Rio de Janeiro era uma colônia e o desfrute de um monopólio sobre outra colônia era ideia de se estranhar. É muito provável que Luiz de Vasconcelos estivesse consciente do pouco usual que era a sua proposta, já que não se adiantou a tomar nenhuma medida sem a anuência do secretário do Rei[331].

---

329 No manuscrito de Sebastião Bettamio consta que a notícia havia sido feita "(...) *por ordem do Ilmo. e Exmo. Snr. Luiz de Vasconcelos e Souza* (...)" (BETTAMIO, Sebastião Francisco. Notícia Particular do Continente do Rio Grande do Sul (1780). *In:* RIGHB, T-XXI. Rio de Janeiro, 1858, p. 239).

330 BN, (4,4,6), Luiz de Vasconcelos, 02/10/1784. Ver o capítulo 1.

331 Era comum os vice-reis tomarem iniciativas e depois pedirem a aprovação Real: foi o caso da organização da Real Feitoria do Linho Cânhamo, empresa escravista que deveria produzir cânhamo no Rio Grande, criada por Luiz de Vasconcelos em 1783 (sobre a feitoria, ver MENZ, Maximiliano M. Os escravos

A resposta de Martinho de Mello e Castro foi um significativo silêncio a respeito da companhia monopolista. Em 04/05/1786, o vice-rei voltava a lembrar da necessidade de pôr em prática o seu projeto[332], ao que foi respondido da seguinte maneira pelo secretário de Marinha e Ultramar:

> Alguns negociantes de Lisboa formaram o projeto de mandarem vir do Rio Grande de São Pedro trigo e farinha e presentemente vão duas embarcações destinadas a este novo ramo de comércio (...) ordena Sua Majestade que V. Exa. o promova e anime por todos os modos possíveis, procurando que estas primeiras tentativas sejam felizes a fim de que se não desanimem os que a empreendem (...)[333]

O vice-rei não poderia saber que entre a sua última carta e a resposta de Martinho de Mello e Castro havia se forjado um projeto alternativo na Corte. O Intendente Geral da Polícia e dos Contrabandos, Diogo Inácio Pina Manique, havia se queixado de que os espanhóis introduziam no Rio de Janeiro trigos e fazendas européias causando a "(...) ruína do nosso comércio, a exportação do precioso daquela capitania e acontecer-nos o mesmo que em outro tempo sofriam os espanhóis (...) pela Colônia de Sacramento quando era dos domínios deste Reino"[334].

Ao que tudo indica, alertado pelo vice-rei e pelo Intendente Geral quanto ao risco político dos descaminhos no extremo-sul e contrariado com a solução proposta pelo primeiro, Martinho de Mello e Castro convidou, possivelmente através do próprio Pina Manique, alguns homens de negócio de Lisboa a tentar negociar diretamente com o Rio Grande. Assim, em outubro de 1787, o Intendente escrevia novamente ao secretário,

---

da feitoria do linho cânhamo: trabalho, conflito e negociação. *In:* Afro-Ásia, 32, (139-158), Salvador, 2005).

332 BN (4,4,8), Luiz de Vasconcelos, 04/05/1786.

333 BN, (4,4,9), Martinho de Mello e Castro, 12/10/1787.

334 AHU, Avulsos, RJ, doc. 10275, Diogo Inácio da Pina Manique, 26/02/1787. Ver também doc. 10247, 05/01/1787.

avisando que estavam partindo duas embarcações para o Continente com o objetivo de negociar sal e mercadorias europeias em troca de farinha e outros gêneros. Ao concluir seu aviso, revelava a origem da iniciativa: "(...) V. Exa. resolverá visto o Aviso que me expediu ter S. Maj. acertado o favorecerem estas especulações"[335].

Pelos requerimentos de alguns homens de negócio portugueses ao secretário de Marinha e Ultramar, fica ainda mais clara a participação de Martinho de Mello e Castro e Pina Manique nas tentativas de estabelecer negócios entre o Reino e o Rio Grande. O argumento que justificava a importância da Capitania era a perda da Colônia de Sacramento e o confronto geográfico com as possessões espanholas, bem ao gosto dos raciocínios mercantilistas do Intendente Geral e de outros estadistas portugueses. Falavam ainda do "(...) trabalho e zelo com que V. Exa. deu princípio a criar um novo comércio em direitura daqui para o Rio Grande (...)"[336].

Esses requerimentos tomavam ares de projeto pelo que prometiam: mandar estabelecer um preço certo para o cânhamo cultivado no Rio Grande, pagando à vista aos lavradores; agir do mesmo modo com relação ao sebo; remeter ao Rio Grande escravos tirados da Costa da África até Moçambique e vendê-los fiado a pagamentos em duas prestações, recebendo o seu valor em cânhamo, couros, sebo, trigo e farinha; levar degredados para aquele porto, a 30 mil réis por pessoa; vender fiado aos degredados as ferramentas necessárias para os ofícios e a agricultura; remeter plantas de carvalho e pinho a serem cultivadas no Rio Grande; enviar sementes de linho galego, coimbrão, mourisco e outras que vinham da Rússia e da Suécia, acompanhadas de um mestre em botânica; fazer carnes de moura; fabricar solas de couro; mandar dois navios a cada monção, um grande para aportar em Santa Catarina e outro menor para se introduzir no Rio Grande suas fazendas e garantiam ainda fretar as mercadorias de terceiros; criar carneiros, introduzindo uma raça do Alentejo; manter porcos para fazer carnes de moura; enviar um homem de comércio

---

335 AHU, Avulsos, RJ, doc. 10379, Diogo Inácio Pina Manique, 10/10/1787.

336 AHU, Avulsos, RS, docs.237 e 238, Matheus Vaz Curvelo, Bento Jose Marques e Simão Lopes e irmão (final de 1789).

estabelecer uma casa de negócio a cuidar de suas correspondências e de outros negócios.

Em troca requeriam uma série de privilégios: comerciar sal livremente para o Rio Grande, independente do estanco Real; isenção de direitos de entrada e saída; a garantia da compra do cânhamo e da carne salgada pela Marinha Real e pela Real Fábrica de cordas, num valor mínimo de 100 mil cruzados anuais; o contrato do dízimo e do quinto dos couros por doze anos pelos mesmos preços das arrematações penúltimas e a segurança de não haver nenhuma mudança durante a vigência do contrato; dispensa da obrigação de vender a farinha e o trigo no terreiro de Lisboa; a remessa dos degredados com culpas menores para o Rio Grande, especialmente quando fossem artífices e trabalhadores[337].

Independente do despacho Real para este requerimento ou da capacidade dos requerentes em cumprir o que prometiam (discutiremos os resultados dessas políticas mais adiante), a sua proposta resultaria na monopolização do mercado rio-grandense. Na teoria não se distanciavam muito do projeto de Luiz de Vasconcelos, porém, estando situados na metrópole, poderiam ser patrocinados pelo secretário de Marinha e Ultramar.

O vice-rei não escondeu sua contrariedade com os planos de Martinho de Mello e Castro. Dizia temer que os negociantes portugueses que se aventuravam "(...) tenham motivos de se arrependerem de um negócio feito sem toda a ponderação (...)". Considerava que a produção de trigo do Rio Grande era muito diminuta para iniciar um comércio com o Reino:

> Igualmente considerei que não seria tempo de pôr em prática o mesmo projeto se não quando a abundância de trigos no Rio Grande fosse tanta [que] pudesse fornecer amplamente os portos brasileiros com que este tem frequente comunicação e que seria notável desordem se acontecesse o esquisito jogo e encontro de embarcações carregadas de

---

337 Idem. Se propunham também a arrematar o contrato do sal para o Rio Grande e Santa Catarina.

trigo do Rio de Janeiro ou do Rio Grande com outras carregadas de Lisboa para Bahia, Pernambuco ou Santos (...)[338]

Em outra correspondência Luiz de Vasconcelos queixou-se de forma ainda mais ríspida da atitude do comerciante que dirigia esta negociação, chamando-o sarcasticamente de "(...) descobridor de altos projectos (...)"[339]. Causa uma certa surpresa o tom dos ofícios de Luiz de Vasconcelos que, via de regra, deveria estar plenamente de acordo com a ortodoxia mercantilista do secretário de Marinha e Ultramar, obrigando a perguntar: o que estava por trás desses projetos concorrentes a respeito do destino de uma periferia colonial?

Em primeiro lugar, é preciso entender que o próprio processo de colonização ia provocando o desenvolvimento das colônias a tal ponto que alguns centros coloniais poderiam disputar a preeminência econômica sobre algumas regiões periféricas. Propostas similares à do vice-rei apareceram em décadas anteriores: em 1698 mercadores baianos pretendiam fundar uma companhia comercial para traficar escravos na costa da África; em 1757 fariam novo projeto com este objetivo; os homens de negócio pernambucanos também desejavam formar uma companhia para o comércio com a África e outra para o negócio de couros e carnes secas do sertão. Neste caso, a resposta metropolitana foi a fundação em 1759 da Companhia de Pernambuco e Paraíba, principalmente com capitais reinóis[340].

E o que a Coroa receava era exatamente o fortalecimento das colônias frente a Portugal, afinal "(...) posto em uma balança o Brasil e na outra o reino há de pesar com grande excesso mais aquela que esta; e assim a maior parte e mais rica não sofrerá ser dominada pela menor, mais pobre (...)"[341]. O medo do desequilíbrio entre os domínios coloniais e a metrópole se manifestava tanto no que diz respeito à população – a que se re-

---

338 BN, (4,4,11), Luiz de Vasconcelos e Souza, 12/05/1788.

339 BN, (4,4,11), Luiz de Vasconcelos e Souza, 15/07/1788.

340 RIBEIRO JR., *Colonização de Monopólio...*, op. cit., p. 74-81.

341Consulta do Conselho Ultramarino (1732) *apud:* NOVAIS, *Portugal e Brasil...*, op. cit., p. 143.

feria o fragmento supracitado – quanto a questões fiscais e econômicas, agravando-se ainda mais com a Independência das Treze Colônias. Como dizia uma contestação a um decreto Real: "Qual pode ser o fundamento de uma política que se dirige mais a engrossar o patrimônio das Colônias, sem que se lembrem logo as incuráveis, frescas chagas de Inglaterra com a sua América?"[342]

A questão foi mais bem desenvolvida pelo deputado da Junta de Comércio Francisco Soares de Araújo e Silva, em memória ao mordomo-mor da Casa Real, datada de 1799. No texto, o autor questionava a autorização para o funcionamento de uma companhia de seguros na Bahia, baseado no "(...) ciúme e desconfiança desgraçada que existe entre Metrópole e Colônias (...)". Assim, se a criação do novo estabelecimento era positiva do ponto de vista exclusivo dos negócios "(...) não sei porém se será o mesmo considerada politicamente e conforme todo o sistema de todas as nações que tendo colônias e ligada com elas a sua recíproca conservação, buscam quanto é possível mantê-las em dependência (...)".

Dizia ainda que nem sempre o Reino obtinha superávits comerciais sobre o Brasil, o que por si não chegava a ser um problema, mas a criação de uma companhia de seguros acabaria por agravar os termos do comércio entre a metrópole e a colônia e afetaria a superioridade econômica da primeira sobre a segunda:

> Parece, portanto, que excogitar o mesmo governo, ou os seus pensionários, meios de desviar remessas de cabedais que mui espontaneamente correm para o Reino e podem manter a sua superioridade sobre as conquistas é ir diametralmente contra as regras conhecidas[343].

---

342 ANÔNIMO, Reflexões sobre dois decretos de 8 e 29 de janeiro de 1789. (IHGB, Lat.-44, doc. 18). A forma, o tema e a data do texto sugerem que a autoria seja de Martinho de Mello e Castro.

343 SILVA, Francisco de Araujo e. *Cópia de uma memória apresentada em junho de noventa e nove ao Exmo. Marquês Mordomo mor* [marquês de Ponte de Lima] *que disse havê-la proposta ao Príncipe Nosso Senhor*. (IHGB, Lat.-l9, doc. 5).

No fundo, o tema do desequilíbrio entre a metrópole e a colônia advinha de uma idéia bastante usual no pensamento mercantilista segundo a qual a riqueza e o poder de um Estado só poderiam ser medidos em relação aos Estados rivais[344]. No caso, a precariedade portuguesa inseria um problema distinto: a riqueza e o poder de Portugal haviam de ser medidos pelos seus rivais e pelo Brasil.

Tendo em vista que Luiz de Vasconcelos era figura importante na hierarquia cortesã e certamente conhecia os fundamentos da política colonial portuguesa, fica ainda a dúvida das suas motivações para escrever tamanhos despropósitos ao seu superior direto. Talvez alguns homens de grossa aventura da praça do Rio, metidos nos negócios de couros, trigos e carnes do Rio Grande, tenham soprado a idéia de formar a companhia monopolista. No entanto, como se vê pela correspondência de 12/05/1788 (ver p. 196) sua preocupação era que houvesse *"abundância"* de trigo para o fornecimento da capital do Brasil; seu plano incluía, portanto, uma típica política protecionista de "fornecimento", que se caracterizava pela intervenção por sobre as fronteiras da cidade para *"(...) garantizar el abastecimiento de mercancías para el consumo interior en la mayor proporción posible"*[345].

Havia outro problema: já fazia alguns anos que a Fazenda Real do Rio de Janeiro se debatia com uma imensa dívida ativa e problemas financeiros que limitavam os recursos do vice-rei[346]. É seguro que Luiz de Vasconcelos

---

344 Cf. HECKSCHER, *La epoca mercantilista...*, op. cit., pp. 468-470.

345 HECKSCHER, *La epoca mercantilista...*, op. cit., p. 526. Pelos lados da Corte, Pina Manique se mostrava contrariado com o alto consumo de farinha de trigo no Rio que ele acreditava ser introduzido pelos espanhóis: "(...) se Sua Maj. não prevenir e der as suas Ordens para coibir aquela clandestina introdução (...) em breves anos verá destruídas as grandes e úteis lavouras da mandioca (...)" (AHU, Avulsos, RJ, doc. 10247, Diogo Inácio Pina Manique, 05/01/1787). Do ponto de vista da Coroa, portanto, não havia nada de *"desordem"* ou de *"esquisito"* na Metrópole intermediar os negócios de trigo entre o Rio Grande e o Rio de Janeiro.

346 Cf. LAVRADIO, Marquês. *Relatório...*, op. cit., p. 463-465 e VASCONCELOS, *Relatório...*, op. cit., p. 233-239, o último dizia que a despesa superava a receita em mais de 111 contos por ano (p. 235).

acreditava que a companhia monopolista poderia aumentar o comércio entre o Rio e o Rio Grande, crescendo o rendimento da alfândega da capital. A preocupação em proteger o comércio do Rio de Janeiro está muito clara na carta em que comunicou a partida das embarcações Reinóis ao governador do Rio Grande, ordenando ao seu correspondente "(...) me dará conta da utilidade ou prejuízos que podem resultar ao Comércio que se acha adiantado e estabelecido com os negociantes desta Capital (...)"[347].

O problema da relação entre os centros e as periferias coloniais retornaria durante o vice-reinado do conde de Rezende. Em 1791, recém-nomeado vice-rei – repercutindo as queixas do contratador do imposto de passagem para Minas – escrevia uma carta ao secretário de Marinha e Ultramar para protestar violentamente contra a intenção de Jacinto Fernandes Bandeira, grande homem de negócios da praça de Lisboa, de carregar escravos em Benguela e levá-los diretamente até Santos. Na visão do vice-rei, este projeto, urdido pelo governador de São Paulo, causaria "(...) prejuízos gravíssimos à Fazenda Real, a agricultura e comércio do Rio de Janeiro (...)", pois não apenas significaria uma perda estimada em mais de 6 contos anuais em impostos sobre escravos à fazenda do Rio de Janeiro, como também diminuiria os rendimentos da alfândega, casa de moeda e passagens para Minas; tudo num contexto em que as despesas continuavam superando a receita[348].

Alguns dias mais tarde tornava a clamar contra o governador paulista que estava obrigando os negociantes dos portos menores de São Paulo a enviar suas cargas ao porto de Santos e "(...) carregarem por sua conta para Lisboa (...)", deixando de vender suas cargas no porto do Rio de Janeiro como até então faziam. O problema é que os carregamentos trazidos pelos negociantes lisboetas chegavam muito baratos ao porto de Santos, assim os negociantes das praças menores da região "(...) achando ali as fazendas muito baratas, fazem o seu negócio e voltam julgando-se independentes do Rio de Janeiro e por esta causa deixando de satisfazer

---

347 AN, SEB, Cód. 104, vol. 10, Luiz de Vasconcelos, 22/01/1788.
348 AN, NP, Cód. 68, vol. 09, conde de Rezende, 20/07/1791.

o que lhes estão a dever (...)". Os resultados eram mais uma vez prejuízos à alfândega e casa da moeda[349].

As medidas do governador de São Paulo eram escandalosas para o conde de Rezende, porque havia uma diferença fundamental entre o Rio de Janeiro e as regiões periféricas da colônia:

> (...) [o] Rio de Janeiro é a Capital do Estado e pela sua situação a mais própria para nos casos ocorrentes acudir à pública e comum defesa (...) [/] que a mesma Senhora [a rainha] determine o que seja mais útil ao Seu Serviço e à opulência desta Capital, que pela sua situação requer forças bem superiores àquelas que possam pertender os Generais de outras Capitanias subalternas menos responsáveis e menos expostas[350].

Em outros termos, o vice-rei exigia privilégios à capital do Estado do Brasil pelas suas responsabilidades militares em defender não apenas o próprio território, mas acudir "à pública e comum defesa". Seu raciocínio remetia a um princípio mercantilista adaptado às condições de centro e periferia na colônia: o compromisso da "metrópole" – no caso o Rio de Janeiro – em defender suas colônias tinha como contrapartida a concessão por parte destas de uma série de vantagens comerciais[351].

Mais adiante, sucedendo as grandes secas no nordeste e a crescente competição pelo mercado de alimentos no sul (ver capítulo 2), o vice-rei comunicava ao governador do Rio Grande que, dada a importância das vendas de trigo à capital, tornava obrigatória a escala no porto do Rio de Janeiro das embarcações carregadas no sul, onde deveriam ser pagos os rendimentos da alfândega "(...) vindo desta forma a não ficar prejudicada [a alfândega], quando os fossem pagar a outra, ainda acrescendo o

---

349 AN, NP, Cód. 68, vol. 09, conde de Rezende, 24/07/1791.

350 AN, NP, Cód. 68, vol. 09, conde de Rezende, 20/07/1791.

351 Cf. HECKSCHER, *La epoca mercantilista...*, op. cit., p. 485.

direito que esta tem aos mesmos direitos por ser esse Continente [o Rio Grande] pertencente a esta Capital."[352].

A ordem do vice-rei que, na prática, resultaria no pagamento de direitos dobrados pelos negociantes que carregassem para os portos do Nordeste, visava a atingir dois objetivos: o aumento nos rendimentos do Rio de Janeiro e a quase monopolização por parte da capital do mercado de trigos e carnes rio-grandenses. Em suma, tanto os projetos de Luiz de Vasconcelos como as medidas do conde de Rezende caracterizavam-se pela tentativa de proteger o mercado do Rio. Essa proteção passava pela referida política de "fornecimento", e também pelo sistema de "depósitos" que tentava concentrar através de medidas políticas as mercadorias na cidade, convertendo-se a capital em um depósito (*entrepôt*) e os seus moradores em intermediários do comércio da região[353]. Se a primeira política ocupava-se do abastecimento de víveres, a segunda possuía objetivos nomeadamente fiscais.

Naturalmente essas ideias não eram aceitas no Reino. Tendo recebido uma representação dos homens de negócio da Bahia contra o pagamento dos direitos, Martinho de Mello e Castro determinou o fim da obrigatoriedade da escala no Rio de Janeiro. Seu sucessor, Luis Pinto de Souza, pôs fim ao pagamento de direitos na alfândega do Rio sobre as mercadorias enviadas pelo Rio Grande aos portos do nordeste[354].

Com a morte de Martinho de Mello e Castro, assumiu interinamente Luis Pinto de Souza, em março de 1795, o cargo de secretário de Marinha e Ultramar. Entre a ascenção do primeiro ao posto de secretário em 1770

---

352 AHRS, AG, B01.02, conde de Rezende, 28/07/1793.

353 HECKSCHER, *La epoca mercantilista...*, *op. cit.*, p. 507.

354 AHU, ROR, RJ, Cód. 573, Martinho de Mello e Castro, 01/06/1794 e AN, SEB, Cód. 67, Vol. 20, Luis Pinto de Souza, 10/02/1795. Não encontrei a resposta às queixas do conde de Rezende quanto ao procedimento do governador de São Paulo, entretanto, é provável que tenha logrado obter o fim da obrigatoriedade das embarcações paulistas descarregarem nos portos de Santos, ao menos este é o sentido geral do ofício de 01/06/1794 de Martinho de Mello e Castro: "(...) os gêneros e produções de qualquer das capitanias do Brasil possam ser transportados de uma para outras sem o menor obstáculo (...)".

e a sua morte em 1795, muito havia mudado na política europeia e americana. Em 1783, os Estados Unidos alcançaram sua Independência; em 1789, com a Inconfidência Mineira, os colonos brasileiros conspiraram pela primeira vez para lograr sua separação de Portugal, em 1792, era abolida a monarquia na França e, no mesmo ano, iniciava a Revolução de escravos em São Domingos seguida pela assim chamada "Revolução dos Alfaiates" na Bahia. Em Portugal, ocorria uma verdadeira efervescência cultural, com a Academia de Ciências de Lisboa (1779) e o movimento memorialista, traduzindo em termos ibéricos o melhor do pensamento Ilustrado europeu.

O fracasso da faceta revolucionária da Ilustração luso-brasileira e o problema da escravidão sugeriam aos colonos "(...) uma solução de compromisso com a Metrópole"[355]. Pelo Reino, o movimento memorialista e projetista inventariava e descrevia as condições econômicas portuguesas e sugeria reformas que, no conjunto, procuravam estabelecer uma nova relação entre o Estado e a sociedade na qual o indivíduo econômico fosse libertado de certos "arcaísmos" portugueses [356].

A morte de Martinho de Mello e Castro facilitou essa repactuação com as elites coloniais. Como bem notou Keneth Maxwell, já Luis Pinto de Souza abriu espaço para a reforma do sistema colonial, pois, numa talvez inédita autocrítica metropolitana, reconheceu "*Alguns defeitos políticos e res-*

---

355 MAXWELL, Keneth. A geração de 1790 e a ideia de império luso-brasileiro. *In*: Chocolate, Piratas e Outros Malandros. Ensaios Tropicais. (157-208), São Paulo: Paz e Terra, 1999, p. 178. Cf. também NOVAIS, *Portugal e Brasil..., op. cit.*, pp. 236-237. Como escrevia Donald Campbell: "*(...) o sistema moderno da França ainda que pode lisonjear às aspirantes vistas de alguns meio ensinados estudantes embriagados de amor próprio, nunca foi geralmente acolhido entre os homens de reflexão ou de fundo; e a emancipação da escravatura que os franceses no seu delírio estenderam às suas colônias, sempre tem imprimido um ódio geral no Brasil contra o seu sistema.*" (AHU, Avulsos, RJ, doc. 13889, Donald Campbell, 08/09/1801).

356 Cf. CARDOSO, José L. *O Pensamento Econômico em Portugal nos Finais do século XVIII*. (1780-1808). Lisboa: Estampa, 1989, p. 100 e 122. Ver também o estudo de Luis Agesta sobre os ilustrados espanhóis, AGESTA, Luis. *El Pensamiento Político del Despotismo Ilustrado*. Madrid: Instituto de Estudios Politicos, 1953.

trições fiscais se têm oposto até agora aos seus progressos [do Brasil]"[357]. Mas sem dúvida alguma foi D. Rodrigo de Souza Coutinho que logrou reorganizar a relação entre Portugal e Brasil.

No momento em que assumiu a pasta de marinha e ultramar, o futuro conde de Linhares enviou uma circular ao vice-rei e aos governadores de todas as capitanias determinando que lhe fossem remetidas: uma descrição geográfica e física de cada capitania; o estado da povoação; os produtos, as exportações e as importações das capitanias; a relação dos tributos pagos; mapas e relações das despesas; o estado das tropas; as propostas de promoções militares anualmente; a cada ano uma relação das culturas e melhoramentos que se podiam introduzir. Terminava a correspondência com um aviso: "*Estas relações (...) poderão fazer julgar do merecimento, zelo e luzes de V. Exa. que assim merecerá que S. Maj. considere e atenda seus serviços.*"[358].

De posse destas informações, D. Rodrigo passou a enviar às capitanias brasileiras centenas de impressos com informações agronômicas e técnicas para o melhoramento da agricultura e produção de novos gêneros. Para o Rio Grande foram enviados 50 volumes da *Memória da Cultura do Loureiro Cinamomo*, 50 da *Pipireira Negra*, 40 exemplares da *Memória sobre o método econômico de transportar para Portugal a aguardente*, 25 da *Memória sobre a caneleira*, 10 da *Memória sobre a plantação de algodão*, 100 do *Extrato sobre o método de se preparar a estopa*, 50 do *Extrato sobre o método de se fazer nitrato de potassa ou salitre de Chaptal*, 50 da *Instrução sobre a combustão dos vegetais*, 100 impressos da *Cultura do Cânhamo*, 20 exemplares do *Fazendeiro do Brasil* em dois tomos[359].

---

357 *Apud* MAXWELL, *A geração de 1790...*, *op. cit.*, p. 181.

358 AHU, ROR, Cód. 573, D. Rodrigo de Souza Coutinho, 14/09/1796. Retomava aqui uma ideia de Domingos Vandelli, expoente do movimento memorialista, que falava da necessidade de se reunir "mapas aritmético-políticos" para melhor administrar as províncias (ver a referência a Vandelli em CARDOSO, *O pensamento econômico...*, *op. cit.*, p. 61).

359 AHU, ROR, Cód. 574, D. Rodrigo de Souza, 07/02/1798. D. Rodrigo também enviara um folheto sobre o modo de faturar tabuletas de caldo de carne (AHRS, AG, B01.02, D. Rodrigo de Souza Coutinho, 07/01/1798).

Reunião de informações sobre as capitanias e envios de instruções agronômicas, assim como de sementes de plantas novas, não chegavam a ser inovações nas práticas administrativas coloniais. Mas, a intensidade destas experiências e o esforço em instruir um método unificado na administração devem ter chamado a atenção dos contemporâneos. Além disto, D. Rodrigo passou a incentivar que outros elementos, não necessariamente da estatura política de um governador, sugerissem melhoramentos e até mesmo formulassem projetos para o sistema colonial português[360]. Foi o caso de uma troca de correspondência com o desembargador da relação do Rio de Janeiro, que havia escrito diversas propostas para melhorar o combate aos descaminhos de escravos. O futuro conde Linhares lhe respondeu que estava tomando as medidas necessárias e avisando aos governadores da necessidade de combater este negócio. Alguns dias mais tarde escrevia ao vice-rei determinando o cumprimento de todas as sugestões do desembargador[361].

Com o chanceler Luiz Beltrão de Govea d'Almeida – de quem tornarei a falar – D. Rodrigo trocou diversas cartas em que comentava as memórias do primeiro; inclusive uma delas foi enviada ao vice-rei. Em um dos ofícios o secretário de marinha e ultramar concluía dizendo: "Desejarei que V. Mcê. prossiga com o mesmo desvelo em me comunicar todas aquelas notícias e especulações que possam (...) aumentar o nosso comércio (...)"[362].

Assim, ia incentivando a formação de um movimento memorialista e projetista no Brasil ao mesmo tempo em que compromissava alguns setores das elites locais com o projeto de reforma do sistema colonial. Inovação política que levava o já citado Francisco Soares de Araújo e Silva

---

360 Nas palavras de José Luís Cardoso a ação de D. Rodrigo revelava "(...) uma clara opção centralizadora que valoriza redes de influência e laços de amizade pessoal (...)" (CARDOSO, *Nas malhas do império, op. cit...*, p. 90).

361 AHU, ROR, Cód. 574, D. Rodrigo de Souza Coutinho, 27/09/1798 e 01/10/1798.

362 AHU, ROR, Cód. 574, D. Rodrigo de Souza Coutinho, 23/10/1799 as referências às outras memórias estão nas correspondências de 21, 22 e 23/10/1799. Ver ainda MAXWELL, *A geração de 1790..., op. cit.,* p. 184.

a questionar contrariado: "Se o sistema atual é facilitar tudo o que mais convém às colônias (...)"?³⁶³.

Mas afinal, qual era o sentido deste "sistema atual" que D. Rodrigo pretendia criar? Sinais de uma certa abertura na ortodoxia oficial já haviam aparecido na obra do bispo Jose da Cunha Azeredo Coutinho, impressa com a autorização Real. Enquanto que Martinho de Mello e Castro dizia ser necessário que a metrópole mantivesse uma balança comercial positiva sobre as suas colônias, "(...) que é a maior e pode se dizer a única vantagem que as capitais tiram de suas colônias"³⁶⁴, o bispo, em um trecho bastante conhecido de seu *Ensaio sobre o comércio de Portugal e suas colônias*, escrevia que a metrópole poderia ser devedora as suas colônias e saldar seus débitos em metálico, pois com os gêneros coloniais era possível "(...) ser em dobro credora aos estrangeiros (...)"³⁶⁵. Afirmava ainda que a dívida do Reino com o Brasil fortalecia os seus laços, concluindo que a pobreza era a origem da revolta enquanto que "(...) quem mais tem que perder, mais teme; quem mais teme, mais obedece (...)"³⁶⁶.

---

363 SILVA, Francisco de Araujo. *Cópia de uma memória..*, op. cit. Em 1801 D. Rodrigo viria a substituir o marquês de Ponte de Lima na presidência do Erário Régio. Talvez um sinal da vitória política da ala reformista na Corte.

364 AHU, ROR, Maranhão, Cód. 598, Martinho de Mello e Castro, 14/07/1792.

365 COUTINHO, Joaquim da Cunha Azeredo. Ensaio Econômico sobre o Comércio de Portugal e Suas Colônias (1794). *In: Obras Econômicas de J.J. da Cunha Azeredo Coutinho*. (55-172) São Paulo: Companhia Editora Nacional, 1966, p. 154. Noção muito parecida era defendida por D. Rodrigo: "Pode contudo a exportação parcial deste sinal [moeda] ser útil enquanto nos trouxer gêneros que manufacturados possam trazer depois uma mais forte importação [de moeda] (...)" (COUTINHO, D. Rodrigo de Souza. Discurso sobre o comércio de Itália relativamente ao de Portugal (1796). *In: Memórias Econômicas Inéditas (1780-1808)*. (301-318), Lisboa, 1988, p. 306).

366 Idem, p. 156. Por volta de 1791 Azeredo Coutinho já havia formulado estas ideias em uma representação à Rainha (AHU, Avulsos, doc. 11145, José Joaquim da Cunha de Azeredo Coutinho, 1791. Para os comentários sobre Azeredo Coutinho e a sua obra ver especialmente NOVAIS, *Portugal e Brasil na crise...*, pp. 231-237. Também HOLANDA, Sérgio B. Apresentação. *In:* COUTINHO, *Obras*

Seguramente a grande inovação teórica de Azeredo Coutinho não era afirmar que Portugal poderia enviar moeda para o Brasil – um mercantilista tão ortodoxo como Thomas Mun pensava nestes termos em 1664[367] – e sim o abandono completo da noção de desequilíbrio entre o Reino a as suas conquistas. Ao contrário do pensamento tradicional português, que temia o enriquecimento relativo da colônia, o bispo defendia que a felicidade da união entre Portugal e Brasil estava na riqueza dos vassalos do Ultramar.

E é no sentido de estimular o desenvolvimento da colônia que algumas medidas de D. Rodrigo de Souza Coutinho apontam: a tentativa de criar uma caixa para o financiamento da agricultura na colônia, a supressão do contrato do sal em 1801, o incentivo fiscal para alguns produtos, etc. Mas vejamos isto melhor enfocando os projetos e as políticas formuladas para o Rio Grande.

Uma memória especificamente parece ter repercutido bastante no pensamento da época. Trata-se das *Observações Relativas à Agricultura, Comércio e Navegação do Continente do Rio Grande de São Pedro no Brasil*, de autoria do militar Domingos Alvares Branco Munis Barreto[368]. Logo no

---

econômicas..., op. cit., p. 13-53, SODRÉ, Nelson W. Azeredo Coutinho. Um economista colonial. *In: A Ideologia do Colonialismo*. 2. ed. Rio de Janeiro: Civilização Brasileira, 1966, p.19-37.

367 "(...) *debemos agregar nuestro dinero para (...) aumentar nuestro comercio permitiendonos traer más artículos extranjeros, los cuales siendo exportados nuevamente traerán, a su tiempo, un gran aumento de nuestra riqueza.*" Em todo o caso, Thomas Mun dizia que sua idéia era "(...) *tan contraria a la opinión común (...)*" (MUN, Thomas. *La Riqueza de Inglaterra por el Comercio Exterior*. (1664 da ed. inglesa). Mexico: FCE, 1996, pp. 68-69). Ver também a análise de Pierre Vilar do pensamento mercantilista espanhol, VILAR, Pierre. Os primitivos espanhóis do pensamento econômico: 'quantitativismo' e 'bulionismo'. *In: Desenvolvimento Econômico e Análise Histórica*. (227-253), Lisboa: Presença, 1982, esp. p. 247-253.

368 BARRETO, Domingos Alves M. *Observações Relativas à Agricultura, Comércio e Navegação do Continete do Rio Grande de São Pedro no Brasil (aprox.* 1796). BN (29,13,28). O autor ocupava o cargo de comandante da fortaleza de São Paulo, na Bahia; mais tarde, de acordo com Gilhermino Cesar, participou do mo-

início do texto o autor sugere a sua filiação ao *sistema atual*, das reformas do secretário de Marinha e Ultramar D. Rodirgo de Souza Coutinho a quem dedicou suas *Observações*.

> Serve a esta frouxidão de desculpa ao carunchoso sistema de muitos arbitristas da Nação. Eles dizem = Que para segurar as mesmas conquistas convém ter bisonhos a maior parte ou quase todos os seus habitantes; que se lhes não deve abrir caminho algum a sua civilização; que se lhe devem ocultar as utilidades próprias do terreno; e finalmente que não devem ser ensinados a aperfeiçoar e dar a estima que merecem as artes[369].

Ao criticar os "arbitristas da Nação" que preferiam deixar "bisonhos" os habitantes das colônias para "segurar as mesmas conquistas", Domingos Alves Barreto atacava o pensamento tradicional e a já referida tese que temia o desequilíbrio entre o Reino e o Brasil. Ataque, aliás, que seria mais duro se o autor tivesse "(...) uma muito boa carta de seguro (...)"[370].

Seguindo uma estrutura bastante típica das obras do memorialismo, passava a uma descrição geográfica do Rio Grande, inventariando os recursos econômicos da Capitania para em seguida introduzir as sugestões de reformas, as Providências Políticas e Econômicas necessárias para retirar o Continente da decadência[371].

---

vimento independentista alinhando-se aos liberais de linha maçônica (CESAR, *Primeiros cronistas...*, op. cit., p. 167).

369 Idem. (grifo no original).

370 Idem, A opinião de Francisco de Araújo e Silva era naturalmente a oposta: "Debalde se pretenderiam persuadir estas verdades ao Povo, que não tem saber bastante para conhecer que o ofício do governo é manter o bem geral da Sociedade (...)" (SILVA. *Cópia de uma memória..*, op. cit.).

371 BARRETO, *Observações Relativas à Agricultura...*, op. cit.,. O termo decadência, como bem nota José Luis Cardoso, servia aos memorialistas como um instrumento ideológico contra um estado de coisas: "(...) a 'decadência' era o

A primeira medida preconizada era a separação do Rio Grande em relação ao governo do Rio de Janeiro, alcançando o *status* de Capitania geral. A separação era completada por uma série de medidas econômicas: a criação de uma moeda provincial, de uso exclusivo no Rio Grande e em Santa Catarina; o pagamento das folhas civil, eclesiástica e militar "(...) que nunca se fazem (...)"; o estabelecimento de navegação direta com o Reino; o estímulo à povoação; o cultivo e a divisão mais racional das terras existentes na Capitania; a construção de pontes e barcas; o cuidado na arrecadação dos impostos. Terminava a memória, como era a praxe, sugerindo uma série de cultivos para a Capitania.

Destaque-se no seu plano os três pontos mais relevantes. Em primeiro lugar, o propósito de iniciar a navegação direta entre o Rio Grande e a metrópole:

> Que se cultive a navegação em direitura aos portos deste Reino sem que se possa servir obstáculo o não poderem navegar pela sua barra mais que pequenas embarcações (...) Para isso deve-se estabelecer um depósito ou Armazém Geral na Ilha de Santa Catarina, transportando-se as produções da principal Vila de São Pedro e das suas vizinhanças em embarcações pequenas para aquele dito Armazém, e as produções que ficarem no centro do Continente (...) uma boa parte podem [ser] conduzidas em embarcações adequadas àquela barra e outra parte, principalmente couros, por terra (...) sendo dirigidas à Vila de Laguna, donde em pequenas sumacas e lanchas podem ser conduzidos (...) pela barra do sul da Ilha de Santa Catarina, havendo um grande cuidado no regresso que fizerem as embarcações do Reino à mesma Ilha, que façam o seu lastro de sal de Setubal que de modo algum deve ser estancado (...)[372]

ponto de partida para a apresentação de propostas de renovação do tecido econômico e social." (CARDOSO, *O pensamento econômico..., op. cit.*, p. 108). Aliás, seria difícil crer numa verdadeira decadência econômica no Rio Grande da década de 1790.

372 Idem.

O complemento para a separação política do Rio Grande do governo da capital do Brasil era a sua conexão econômica com Lisboa. O problema da falta de fundo para grandes barcos na barra do rio Grande (Lagoa dos Patos) seria contornado pelo estabelecimento de um armazém-geral na Ilha de Santa Catarina, para onde seriam remetidas as produções riograndenses. Parte das cargas seria enviada através da barra até Santa Catarina e outra seguiria por terra até Laguna donde partiriam *"pequenas sumacas e lanchas"* até a Ilha. No armazém-geral aguardariam as naus reinóis que estariam carregadas de sal, gênero de grande consumo na elaboração do charque, que não deveria sofrer com o estanco.

O incentivo à imigração para a Capitania também fazia parte de seu escopo. A este respeito propunha um plano bastante curioso: todos os habitantes que desejassem migrar para o Rio Grande receberiam o apoio da Fazenda Real para "(...) poderem fazer as suas primeiras habitações (...)", os recursos seriam obtidos com um imposto em gêneros aos oleiros e fabricantes de cal para depois serem distribuídos aos povoadores.

No que se refere aos impostos, era da opinião que a metrópole deveria agir com prudência. Os rendimentos não poderiam ser arrematados de pronto "(...) pois seria o meio de desanimar a agricultura vexada pelos arrematantes (...)", sugeria ainda a isenção de alguns direitos durante alguns anos para incentivar a produção.

As ideias formuladas por Domingos Barreto circularam muito entre os ilustrados portugueses[373]. Luis dos Santos Vilhena colou das *Observações* diversos parágrafos que foram utilizados em sua 17ª carta que tratava do Rio Grande e de Santa Catarina[374]. Em suma, repetia uma boa parte

---

[373] Existe uma cópia da memória na Biblioteca Nacional do Rio de Janeiro na coleção Linhares, que é parte do despojo da família de D. Rodrigo. Há também exemplares na Biblioteca Nacional de Lisboa, Torre do Tombo e na Biblioteca de Évora.

[374] Luis dos Santos Vilhena era professor de grego na Bahia, seguramente foi ele que "plagiou" as informações de Domingos Barreto, e não o contrário; o comandante da fortaleza de São Paulo dizia que as suas ideias eram baseadas em observações feitas *in loco* durante a campanha de 1774-1778; já Vilhena afirmava escrever notícias baseadas nas observações de outros. Segundo cons-

das ideias de Domingos Barreto, como a separação da Capitania do Rio Grande do governo do Rio, a cunhagem de uma moeda provincial, o estabelecimento da navegação direta com Portugal utilizando a ilha de Santa Catarina como entreposto, etc.

Sua inovação era a política de incentivo à população, pela qual o tesouro Real deveria bancar a transferência de famílias pobres para o extremo-sul, recebendo ainda a garantia de terras gratuitas, sementes, ferramentas e gado a serem pagos "(...) em tendo com quê (...)". A sugestão mais importante, porém, era a migração forçada dos "(...) milhares de indivíduos ociosos, e famílias (...) sem ocupação, nem ofício, e achando que unicamente servem de peso ao Estado (...) havendo contudo vigilância sobre eles, obrigando-os a trabalhar, visto que levam a preguiça inveterada" das grandes cidades brasileiras. Porém mais surpreendente ainda era sua opinião a respeito do tráfico de escravos:

> Não posso assentir ao parecer dos que aconselham se mandem para ali escravos vindo das costas da África, tendo por assentar que são, e podem vir a ser prejudicialíssimo a todo o Brasil, logo que o número dos brancos não for igual ao dos pretos, como por recear-lhe grande risco na passagem de uma região árida para um país muito frio, em comparação do que deixam, de forma que só poderão passar ali menos mal os pretos que se tiverem familiarizado já com outros climas temperados da África[375].

O projeto de enviar os "ociosos" para o Rio Grande se completava pela recusa em concordar com o comércio de escravos africanos para aquelas

---

ta, suas cartas teriam chegado a D. Rodrigo de Souza Coutinho, a quem as últimas eram dedicadas. Para uma análise dos textos de Vilhena, cf. Mota, *Idéia de Revolução...*, op. cit., p. 59-67.

375 Vilhena, Luis dos S. Carta décima-sete (aprox. 1799) *In:A Bahia no século XVIII*. Vol. 3, (593-614), Salvador: Itapuã, 1969, p. 605.

bandas[376]. Sua crítica era mais racial do que econômica, receava que os negros superassem numericamente a população branca no Brasil, o que seria "prejudicialíssimo"; o argumento climático, a "passagem de uma região árida para um país muito frio", é visivelmente secundário[377]. Há, portanto, uma espécie de "modernidade" no projeto de Vilhena para o incentivo ao crescimento populacional no Rio Grande, questão que será mais discutida logo adiante.

Separação do Rio de Janeiro, aumento da população, isenção de impostos e comércio com o Reino também eram as receitas de Domingos José Marques Fernandes, que ocupara, em 1798, o cargo de escrivão de sesmarias na Capitania do Rio Grande e em 1804, data da sua *Descrição Corográfica da Capitania do Rio Grande São Pedro do Sul*, encontrava-se na Corte para representar a favor da criação de novas vilas no Rio Grande. Mais tarde, reproduzindo os termos de sua *Descrição*, requeria ao Conselho Ultramarino a isenção de meios direitos para a navegação entre o Rio Grande e a metrópole, "(...) a instâncias do povo da capitania (...)"[378].

---

376 No terceiro quartel do século XVIII tanto o Conselho Ultramarino como o secretário de Marinha e Ultramar, Martinho de Mello e Castro, mostraram-se contrários à introdução de africanos no sul do Brasil. Em seus despachos criticavam a falta de amor ao trabalho dos habitantes do Brasil (cf. Silva, *A Ilha de Santa Catarina, op. cit.* p. 205-206.

377 O problema dos ociosos era constante no pensamento de Vilhena, em outro texto dizia ser necessário: "(...) fazer evacuar das cidades os preguiçosos vadios e povoar de agricultores as campanhas (...)" (VILHENA, Luis do Santos. *Pensamentos Políticos Sobre a Colônia.* (aprox. 1799) Rio de Janeiro: Arquivo Nacional, 1987, p. 59).

378 Cf. AHU, RS, Avulsos, doc. 689, (consulta ao Conselho Ultramarino), 18/02/1807. No parecer do procurador da fazenda, contrário ao privilégio de meios direitos, se observa a circulação das memórias sobre o Rio Grande entre os administradores Reais: "Como, porém, a opinião de pessoas versadas e muito instruídas em conhecimentos topográficos daquela Costa, os quais por não terem interesse, nem pedirem prêmios pelos seus planos se faziam críveis, seguravam que na extremidade da Ilha de Santa Catarina (...) havia uma baía com fundo capaz para (...) navios da maior grandeza (...) e a situa-

Como os autores já citados, Domingos Fernandes propunha o estímulo a novos cultivos, que deveriam estar relacionados com o estabelecimento de famílias, fornecidas pelo Estado de um casal de escravos e ferramentas. Estas famílias plantariam algodão, "Isto porém enquanto não tivesse forças para estabelecer engenho de açúcar, o que depende de maiores despesas"[379]. Algodão e açúcar, os dois principais produtos de exportação do Brasil colônia, seriam a chave para a riqueza da Capitania[380].

Da mesma forma, Manoel Antonio Magalhães, administrador em Porto Alegre do contrato do quinto do couro, do dízimo e municio das tropas, desejava que o governo bancasse a fixação de casais povoadores fornecendo-lhes escravos e ferramentas. O pagamento, no entanto, seria em uma quantidade anual de cânhamo que estas famílias seriam obrigadas a colher. Considerava-se acertado que os lavradores fossem obrigados a plantar o linho pelo qual se pagaria 1$000 pelo quintal "(...) como único meio de animar e estabelecer um ramo de comércio"[381].

A ideia de iniciar novos cultivos para exportação (cânhamo, algodão, anil, cochinilha, lã, etc.) no Rio Grande é outra constante no movimento memorialista. Como praticamente todos os autores apontavam para a im-

---

ção muito cômoda para se[povoar?] e conduzidos a este sítio os efeitos do Rio Grande em pequenas embarcações se podia estabelecer daí uma navegação direta para Lisboa (...)".

379 FERNANDES, Domingos J. M. Descrição Corográfica da Capitania do Rio Grande São Pedro do Sul (1804) *In:* Pesquisas, 15, ano 5 (17-88), 1961, p. 84

380 "Em toda a América não há sítios mais próprios para fábricas de açúcar como nas mencionadas terras incultas daquela Capitania (...) porque quase todas têm águas altas, que podem fazer trabalhar os engenhos, o que lhes dá valor de mais uma quarta parte. Todos os alimentos e bestas necessárias se acham mais baratos na Capitania de que falamos, do que em qualquer outra; e o gasto de um engenho nela, ainda de menor labutação, será menor que em outras três ou quatro mil cruzados, pelas comodidades ponderadas" (Idem, p. 85).

381 MAGALHÃES, Manoel A. *Memória s/título..., op. cit..* A memória também está na coleção Linhares. Existe outra versão deste texto a que já fizemos menção na tese, datada de 1808, que foi publicada por Décio Freitas (MAGALHÃES, *Almanack...*, op. cit..

portância de se produzir o linho cânhamo na Capitania, as tentativas de estabelecer esta cultura dariam um capítulo a parte: houve distribuição de sementes entre particulares, tentou-se garantir a compra do produto pela Fazenda Real e até uma empresa escravista foi criada (a Real Feitoria do Linho Cânhamo). A respeito deste produto, o já referido Luiz Beltrão de Govea d'Almeida fez considerações muito interessantes:

> A cultura pela Fazenda Real é muito ruinosa, calcule-se a receita com a despesa conhecer-se-á que fica mais barato em Lisboa o mesmo linho [cânhamo] de Riga do que o do Rio Grande: pede a economia que finalize a tal administração; pede a política que se animem os plantadores do linho com algum privilégio e com a liberdade de fazerem a seu arbítrio cordoarias, serem de piassaba ou de linho, não lhe muda a condição de fábrica, com as desta natureza podem ficar no Reino e colônias mais de dois milhões que por este artigo correm para o Norte e é mais útil esta riqueza em nossos nacionais do que nos estrangeiros: absoluta proibição das fábricas nas colônias deve unicamente restringir-se aos gêneros de luxo e jamais aos de necessidade absoluta, como se entende da licença que S.A.R. foi servido conceder às fábricas grosseiras de tecido de algodão: esta inteligência deve-se extensiva às cordoarias em que é certamente maior o interesse público[382].

A cultura do linho cânhamo no Rio Grande objetivava a produção de uma mercadoria estratégica, as cordas para os velames da Marinha Real. Pedia a "política" que se continuasse a incentivar sua produção entre os particulares, cessando as experiências da Real Fazenda que era "ruinosa". Só assim se evitariam a compra no estrangeiro e os gastos de mais de 2 milhões que se fazia com o produto. Chame-se a atenção, entretanto, que há

---

382. ALMEIDA, Luiz Beltrão de Govea. *Memoria sobre a Capitania...*, op. cit..

também uma certa "modernidade" na defesa da manufatura das cordas na própria colônia (voltarei a discutir isto)[383].

A influência dessas memórias sobre a administração portuguesa e os projetos oficiais, forjados para integrar o Rio Grande no sistema colonial, é muito clara: a Coroa incentivava novos ramos de comércio – tabaco, caldo de carnes, cânhamo – e propunha reformar o fisco para estimular a produção, caso do fim do contrato do sal[384]. Já em dezembro de 1796, D. Rodrigo de Souza Coutinho determinava que o conde de Rezende e o governador do Rio Grande, Sebastião Xavier da Veiga Cabral Camara, informassem "(...) os meios que são necessários empregar para estabelecer uma capitania no Rio Grande de São Pedro e Santa Catarina que seja separada dos outros (...) e que sistema se poderia seguir para segurar daquele lado com povoações os nossos limites da parte dos espanhóis". Ao formular a questão nestes termos, D. Rodrigo não apenas repetia o velho problema da competição intermetropolitana, como também "comprava"

---

[383] Luiz de Vasconcelos, no momento em que criou a Real Feitoria de Linho Cânhamo, deixou muito claro que não se deveriam fazer fábricas de cordoaria (cf. AHRS, RFC, *Cópias de ofícios do vice-rei,* Luiz de Vasconcelos e Souza, 27/07/1783).

[384] Para os incentivos a produção do linho cânhamo (cf. AHU, ROR, cód. 574, D. Rodrigo de Souza Coutinho, 16/02/1798, 23/04/1798). Sobre a produção de caldos de carnes e outros derivados bovinos (AHU, ROR, cód. 574, D. Rodrigo de Souza Coutinho, 23/04/1798, 10/05/1799). A respeito do tabaco (AHRS, AG, B-1.03, D. Rodrigo de Souza Coutinho, 25/10/1800). A extinção do estanco do sal era uma das demandas de Azeredo Coutinho, que acreditava que o sal era a chave para o estabelecimento do comércio entre a metrópole e a colônia (cf. COUTINHO, *Ensaio econômico sobre o comércio de Portugal..., op. cit.* pp. 78-79). No início de 1798, o provedor Simeão Estelita da Fonseca escrevia a D. Rodrigo que o Rio Grande era "(...) digno do vigilante cuidado de V. Exa. e das necessárias providências contra o vexame que lhe fazem os contratadores do sal, monopolistas deste gênero (...)". (AHU, Avulsos, RJ, doc. 12218, Simeão Estelita da Fonseca, 22/01/1798).

a ideia de Domingos Barreto de separar o governo do Rio Grande do Rio de Janeiro e de submeter a Ilha de Santa Catarina ao primeiro[385].

A resposta do vice-rei retomava em grande parte os planos anteriores e acrescentava novas ideias. O conde de Rezende começava sua carta afirmando que separar a Capitania era um "(...) acertado pensamento (...)", o que causa surpresa dadas suas atitudes anteriores e a opinião que seu sucessor teria a este respeito (ver pp. 218-219). Previa ainda que a exportação "(...) das superabundantes produções daquela capitania (...) por ora não avançará mais que dos portos do Brasil até aos d'África (...)", no entanto, "(...) a facilidade e segurança do porto de Santa Catarina (...)" naturalmente fariam que o tráfico "(...) estender-se-á a Metrópole (...)". Portanto, a receita para o desenvolvimento deste comércio era o crescimento da população e da lavoura na região, a ponto de que "(...) se achem consumo as fazendas de importação dos navios e que estes façam uma carga sortida de gêneros do mesmo país (...)". Contudo, os gêneros do país não bastariam para atrair os navios europeus:

> (...) enquanto (...) se não for propagado uma lavoura mais ampla em diversas produções com estabelecimento de fábrica de açúcar ao menos no norte da Ilha pelo muito que este gênero concorre para o equilíbrio do comércio e sortimento da carga dos navios que navegam o Brasil[386].

O conde de Rezende aceitava a ideia de usar Santa Catarina como praça intermediária no tráfico entre o Rio Grande e a metrópole. Só que na sua avaliação a produção "superabundante" dos gêneros do país limi-

---

385 AHU, Cód. 573, ROR, D. Rodrigo de Souza Coutinho, 09/12/1796.

386 AN, SEB, Cód. 69, Vol. 8, conde de Rezende, 23/01/1798. Um pouco antes de escrever para D. Rodrigo, o conde de Rezende propunha ao governador do Rio Grande estabelecer fábricas Reais de carne na Ilha de Santa Catarina que seriam fornecidas pelo gado do Rio Grande. Seu objetivo era abastecer a esquadra e também facilitar sua exportação a Lisboa; o projeto não prosperou porque o gado chegaria muito magro em Santa Catarina (AHRS, AG, B 01.02, conde de Rezende, 12/12/1797 e 16/12/1797).

tar-se-ia ao comércio com os portos do Brasil e da África e, no máximo, serviriam como uma espécie de "acumulação prévia". Faltava uma lavoura de natureza diversa: uma lavoura de exportação, no caso o açúcar, que faria atrair as embarcações reinóis. Havia um precedente nos planos de Domingos José Fernandes.

Mas o projeto do vice-rei era ainda mais audacioso:

> (...) e já no mesmo porto [de Santa Catarina] se poderá esperar a escala dos navios d'Ásia, os quais mais comodamente acharão ali a provisão dos refrescos que por ora não será bastante enquanto este artigo estiver separado de uma praça sobre a qual se possam sacar letras para dinheiros que fazem o principal fundo das negociações d'Ásia e receber fazendas de importação ao dito fim; e por ser necessária a combinação destes três artigos se não faz esta escala, por ora, se não no Rio de Janeiro e Bahia (...)[387]

Santa Catarina tomaria o lugar do Rio de Janeiro na triangulação do comércio asiático português, porque ali as Naus da Índia conseguiriam mais facilmente os alimentos para seguir a monção. Contudo, necessitava de ter uma "praça" que trocasse as letras de Lisboa e Porto por prata e ouro, "principal fundo das negociações d'Ásia", só que antes de mais nada era preciso receber as fazendas europeias para que a praça ficasse em débito com a metrópole e, portanto, sempre trocasse as letras emitidas pelos seus credores europeus.

O projeto previa ainda as fontes de renda para que a nova Capitania pudesse sustentar as "(...) forças de segurança (...)" necessárias para se defender dos vizinhos.

> Se esta cidade do Rio havia de concorrer com algum contingente em dinheiro para a nova capitania, ceda já os direitos que por entrada cobra das carnes, sebo e couros vindos do

---

387 Idem.

Rio Grande e paguem-se estes mesmos direitos ali por saída nas alfândegas (...) e porque os direitos da saída vão recair sobre aquele povo para onde se exportam os gêneros, fica o povo da nova capitania sem aquele imposto e mais hábil a engrossar as produções do seu país, de maneira que em pouco tempo se habilite por este lado, e os mais que vem em consequência a receber imediatamente a importação da metrópole e concorrerá já com os direitos da entrada nas suas alfândegas sem que as fazendas importadas tenham entrado em outra alfândega da América (...)[388]

Novamente é de se estranhar que o conde de Rezende, tão cioso de sua arrecadação, estivesse agora sugerindo abrir mão dos direitos de entrada dos gêneros exportados do Rio Grande. Além disto, previa que o comércio direto com a metrópole seria outra fonte de arrecadação para uma alfândega a ser formada no Rio Grande. Com essa arrecadação a Capitania estava pronta a "(...) habilitar-se para repelir qualquer repentina invasão do Império vizinho (...)"[389].

Finalizava o seu projeto com os planos previsíveis para o aumento de população. Aqui não apenas repetia o tradicional apelo aos casais das ilhas, mas, ecoando as ideias de Vilhena, acreditava que seria de interesse enviar os ociosos que "(...) superabundam (...)" nas capitanias marítimas. Incluía ainda, talvez num resquício pombalino, a organização de aldeias de índios[390].

Decididamente, os planos do vice-rei resumiam as principais linhas das memórias e projetos anteriores e ainda avançavam bastante nas questões práticas do problema. D. Rodrigo, bem impressionado,

---

388 Idem.

389 Idem. Antes da fundação da alfândega no Rio Grande o consumidor da região só pagava impostos indiretamente atráves do direito de entrada que os produtos europeus pagavam nas alfândegas do Rio de Janeiro, Bahia e Pernambuco (ver ainda o 2º capítulo).

390 ID.

respondeu que "Pareceu muito bem a Sua Maj. a excelente informação que V. Exa.principiou a dar no ofício 97 sobre a utilidade de fazer independente o Rio Grande (...)"[391].

Prosseguindo no projeto para formar uma Capitania geral, independente do Rio de Janeiro, em julho de 1800 D. Rodrigo, por meio de Carta Régia, ordenou que se informasse sobre o melhor modo de se criar uma alfândega no Rio Grande e em Santa Catarina[392]. Entre a emissão da Carta Régia e os informes do vice-rei, do chanceler da relação do Rio de Janeiro e do governador do Rio Grande houve mudanças profundas na administração das colônias: D. Rodrigo de Souza Coutinho foi para o Erário Régio, sendo substituído pelo visconde de Anadia (16/06/1801); pela mesma época D. Fernando José de Portugal tomou o lugar do conde de Rezende no governo do Brasil e o então governador do Rio Grande, Sebastão Xavier da Veiga Cabral Câmara faleceu deixando vago o seu posto.

Sendo assim, a informação do recém nomeado vice-rei desanimava a constituição de uma alfândega no Continente. Seu parecer iniciava pela constatação de que praticamente não havia tráfico direto entre o Reino e o Rio Grande, apenas comércio de carnes e trigo com o Rio de Janeiro, Bahia e Pernambuco "(...) sendo o das carnes bastantemente preciso para o sustento dos povos (...)". Além disto, com gêneros perecíveis e embarcações de pequeno lote, era impossível se prever um comércio vantajoso para a metrópole. Na ausência de tráfico direto, carecia de sentido criar uma alfândega na região, já que a maior parte das importações rio-grandenses era de produtos europeus reexportados pelas praças centrais da colônia, que pagavam os direitos de entrada nas respectivas alfândegas. Também não considerava que os gêneros da terra que o Rio Grande importava deveriam ser carregados de impostos "(...) animando assim melhor o comércio interno das capitanias entre si (...)", ainda que o próprio

---

391 AHU, ROR, Cód. 574, D. Rodrigo de Souza Coutinho, 24/09/1798.
392 AHU, ROR, Cód. 575, Carta Régia, 15/07/1800.

reconhecesse a existência da cobrança de direitos de entrada sobre as mercadorias rio-grandenses na alfândega do Rio[393].

O parecer de D. Fernando sugere um passo atrás em relação ao plano do conde de Rezende de 1798. Uma vez mais os interesses fiscalistas e protecionistas da capital se sobrepunham, pois estava contra a cobrança de impostos sobre os produtos da terra que o Rio de Janeiro enviava ao Rio Grande, sob a justificativa de animar o comércio, mesmo que os produtos rio-grandenses pagassem direitos quando entravam no Rio de Janeiro. E tampouco repetia o seu antecessor na oferta destes direitos à alfândega a ser criada no Rio Grande.

Opinião contrária tinha o chanceler Luiz Beltrão de Govea d'Almeida, de quem já citei uma memória de toda favorável à independência do Rio Grande. Concentrava o seu parecer em mostrar que em todas as capitanias se cobravam impostos sobre as mercadorias da terra, o direito de guarda costas, e que a sobrecobrança também era praticada. Via o comércio do Rio Grande de maneira otimista que, na sua opinião, era sempre superavitário, também acreditava que o tráfico com Portugal só fazia aumentar, e, o mais importante, concluía seu parecer criticando os interesses dos vice-reis na questão da separação do Rio Grande:

> (...) não pode ser já da aprovação dos vice-reis que propõem oficiais para os postos [1] tropas do Continente; que nomeiam os da fazenda, que dão grandes e ricas sesmarias, além de diversos objetos de importância, que tenta ainda aqueles que são excelentes governadores como foi o mesmo Luiz de Vasconcelos e o presente vice-rei; mas esses mesmos não podem se livrar da tentação inerente à natureza humana de governarem uma grande extensão de terreno (...)[394]

---

393 D. Fernando Jose de Portugal, 27/04/1802, inclusa em AHRS, AG, B 1.03, 26/07/1802.

394 Luiz Beltrão do Govea d'Almeida, 16/04/1802 inclusa em AHRS, AG, B 1.03, 26/07/1802.

Em todo o caso, as alterações nas pessoas que cuidavam da administração das colônias, a resistência do novo vice-rei e as tradicionais delongas de uma burocracia colonial, atrasavam a criação da nova Capitania geral. Tomando posse o novo governador, Paulo José da Silva Gama (30/01/1803), estabeleceu-se uma Junta de Fazenda no lugar da antiga provedoria passando a diligenciar na criação da alfândega, mesmo provocando conflitos de jurisdição com o vice-rei, o qual protestava sempre que sentia seus poderes ameaçados pelos atos do novo governador, essas medidas foram indispensáveis para a elevação do Rio Grande à Capitania Geral[395].

Em março de 1805, Paulo José da Silva Gama escrevia para o visconde de Anadia formulando um interessante projeto pelo qual se deveriam resolver os problemas fiscais da Capitania e fomentar a cultura, o comércio e a população:

> (...) seria ainda muito mais vantajoso se Sua Alteza Real, a semelhança do que acaba de conceder à capitania do Ceará (...) outorga-se uma igual graça para que os ditos gêneros que se importassem em direitura do Reino ou da Costa da África, por espaço de dez ou doze anos, só estivessem sujeitos à metade dos direitos que costumam pagar-se nas mais alfândegas do Brasil. Desta sorte, se fomentaria a navegação direta e consequentemente floresceria o comércio com maior vantagem e se proveria a cultura, objeto mais interessante a esta colônia[396].

Retomava aqui os planos de Domingos José Marques Fernandes de estimular o comércio com a metrópole através da isenção dos "*meios*

---

395 Cf. AAHRS, vol 12 (pp. 117-122). Paulo José da Silva Gama, 26/12/1802 e 18/02/1803. AN, SEB, Cód. 69, Vol. 12, D. Fernando José de Portugal, 17/02/1803 e 29/02/1804.

396 AAHR, vol. 12 (p. 180-185). Paulo José da Silva Gama, 30/03/1805.

direitos"[397], incluindo ainda a Costa da África. Também era do arbítrio que fosse criada uma moeda provincial:

> Seria muito providente conceder-se uma moeda provincial que girasse unicamente dentro dos limites desta capitania (...) fica evidente que com o numerário privativo se fomentava a indústria e até principalmente a população (...) com numerário próprio, chamaria não só os casais agricultores mas artífices, de que tanto precisa esta capitania. E tanto mais se deve julgar necessária esta providência neste país, quanto ele se vê falto de dinheiro não só pelo motivo da falta geral, mas pela inferioridade do preço a que estão reduzidos os gêneros que exporta, que não compensam a importação. Com a providência da moeda privativa, ainda que o comércio externo fosse de pouco momento e que o contrabando de Montevidéu [com as praças do Rio e da Bahia] não cessasse, nunca as forças da capitania diminuíram de um modo tão rápido, porque não só restariam lavradores e criadores de gados, mas todas as classes de ocupações subsistiriam sempre[398].

---

397 "Instam finalmente todas as razões (...) A animar o comércio com a isenção de meios direitos por dez anos, como se concedeu ao Ceará Grande (...) em todos os efeitos que se exportam e importam deste Reino em direitura àquela Capitania." (FERNANDES, *Descrição corográfica...*, *op. cit.*, p. 87). É bem provável que Domingos Fernandes estivesse em conluio com o governador Paulo José da Silva Gama, já que o seu requerimento pela isenção de meios direitos é da mesma época que a correspondência supra citada. Antes disso, requereu a criação de seis vilas no Rio Grande, em sintonia com um ofício do governador sobre a mesma matéria (cf. AHU, Avulsos, Domingos José Marques Fernandes, RS, doc. 509, 1804 e AAHRS, vol. 12, (pp. 148-150). Paulo José da Silva Gama, 04/12/1803).

398 AAHR, vol. 12 (p. 180-185). Paulo José da Silva Gama, 30/03/1805.

Paulo José da Silva Gama recuperava uma sugestão de Domingos Barreto, criar uma moeda provincial que só deveria girar no Rio Grande. A ideia voltava num momento extremamente delicado na economia rio-grandense: a retomada do comércio legal castelhano (1802-1805) impusera um ajuste nas contas externas rio-grandenses (ver capítulo 3, p. 137), provocando uma "falta geral" de moeda e diminuição "de um modo tão rápido" das forças da Capitania. Na análise do governador, a moeda privativa chamaria agricultores e artífices para a região, incentivando a divisão do trabalho e segurando a riqueza no país "porque não só restariam lavradores e criadores de gados".

Para a cunhagem da moeda provincial, a ser feita na fundição do Rio de Janeiro no valor de 150 ou 200 mil cruzados, se utilizariam algumas barras de ouro vindas de São Paulo e os pesos castelhanos que entrassem na tesouraria da Capitania do Rio Grande pela cobrança de impostos. As moedas teriam "(...) cunho diverso do que gira nesta América e aumentar-se a cada moeda algum valor mais, ainda que pequeno (...)". Talvez pensasse o governador que moedas de valor intrínseco inferior ao seu cunho teriam mais dificuldade para girar fora do Continente[399], mas o mais provável era que desejasse obter alguma renda com esta desvalorização. O direito de senhoriagem ficaria em proveito dos cofres do Rio Grande e "(...) na tesouraria do Rio de Janeiro se cobrassem as despesas de fundição"[400].

***

Já observamos as diferenças que a administração de D. Rodrigo de Souza Coutinho estabeleceu no relacionamento entre a metrópole e os colonos, assim como as formas as quais o "sistema atual" propunha para integrar o Rio Grande no Império colonial português. No entan-

---

[399] O que é difícil acreditar, já que os homens de negócio simplesmente descontariam a moeda pelo seu valor intrínseco. Aliás, sabe-se que a moeda provincial do Maranhão corria no Rio de Janeiro, e a moeda do Brasil acabava em Lisboa.

[400] AAHR, vol. 12 (p. 180-185). Paulo José da Silva Gama, 30/03/1805.

to, fica a ser respondida a questão mais importante, qual é o sentido desse "sistema atual"?

Se excluirmos algumas ideias secundárias, como a crítica de Vilhena ao tráfico de escravos e a proposta de Govea d'Almeida de estabelecer fábricas de cordas na própria colônia, o que resta são os planos de estabelecer o comércio direto da Capitania do Rio Grande com a metrópole e com a costa da África, de aumentar a povoação e de se iniciarem novos cultivos, incluindo o açúcar e o algodão produtos de exportação por excelência.

Mais que integrar o Rio Grande no Império "em geral", *o que se buscava era a conexão ao sistema colonial*. Em outras palavras, a ideia era fundar o pacto colonial na região pelo estabelecimento da divisão colonial do trabalho. Até mesmo as isenções tributárias e os incentivos para a produção da carne salgada e cânhamo visavam a atingir os objetivos metropolitanos: não esperar grandes rendimentos de uma colônia no imediato de sua fundação era um axioma do mercantilismo; já a carne e o cânhamo deveriam preferencialmente servir à marinha Real, nervo do Império.

É que nem mesmo na geração reformista havia abertura no que diz respeito aos fundamentos econômicos do sistema colonial. Azeredo Coutinho continuava a defender a ortodoxia de que as colônias "(...) só possam comerciar diretamente com a Metrópole (...)" e que "(...) não possam as colônias ter fábricas (...)"[401], enquanto que D. Rodrigo de Souza Coutinho, em seu já citado *Discurso sobre o Melhoramento das Colônias*, argumentava que a vocação natural das colônias para a produção de produtos primários se completava pelo princípio de que "(...) as relações de cada domínio ultramarino devem em recíproca vantagem ser mais ativas e mais animadas com a metrópole do que entre si, pois só assim a união e a prosperidade poderão elevar-se ao maior auge"[402]. Por último, Luís dos Santos Vilhena era explícito no sentido: "Há precisão de animar a cultura

---

401 COUTINHO, *Ensaio Econômico...*, op. cit., p. 155.
402 COUTINHO, *Discurso sobre o melhoramento...*, op. cit., p. 279. Ver ainda a Introdução da obra.

e comércio, vigorizar os colonos, protegê-los e dirigi-los para aquela cultura que mais vantajosa for à Metrópole (...)"[403].

Tampouco os memorialistas que poderiam representar a elite rio-grandense, como foi o caso de Domingos José Marques Fernandes e Manoel Antonio de Magalhães, chegaram a propor um projeto alternativo. Aliás, era de se esperar que pensassem em sintonia com a metrópole, pois o comércio direto com o Reino poderia fazer chegar mercadorias europeias mais baratas, base de todas as importações rio-grandenses (ver capítulo 2, p. 111-113), romper com a dependência em relação à comunidade mercantil do Rio de Janeiro e assim alcançar um contrabando ainda mais vantajoso com os domínios espanhóis.

E o contrabando com os castelhanos era a questão mais sensível à comunidade mercantil do Rio Grande. No 3º capítulo mostrei que grande parte das queixas-contra os negócios que Rio, Bahia e Pernambuco faziam com Montevidéu e Buenos Aires ocorriam em razão da concorrência pelo fornecimento de mercadorias aos espanhóis (p. 149-150). E, em última análise, o comércio ilegal era a "agenda oculta" da elite rio-grandense, pois Domingos José Marques Fernandes e Manoel Antonio Magalhães, assim como o governador Paulo José da Silva Gama, também reclamavam da concorrência das praças do norte do Brasil. É verdade que tentavam esconder o interesse da Capitania no contrabando argumentando que o problema era o comércio de escravos por carne platina feito nas praças do Rio e da Bahia [404]. Centravam suas queixas nos descaminhos de escravos por "(...) danificarem os direitos da Coroa (...,) diminuir as forças dos nacionais e aumentar a dos inimigos (...)". Entretanto, como já visto no capítulo 3, o vice-rei D. Fernando José de Portugal teve a oportunidade de revelar a origem das queixas dos homens de negócio e do governo do Rio

---

403 VILHENA, *Pensamentos políticos...*, op. cit., p. 74.

404 "(...) a providência que mais que tôdas é necessária, é proibir a entrada da carne salgada dos Espanhóis nos nossos portos de América, e a exportação dos escravos para as terras de Espanha." (FERNANDES, *Descrição corográfica...*, p. 88). "Todos os anos perde esta capitania de 200 a 300$ [mil] cruzados em carnes, o que era impossível acontecer se de uma vez se proíba aos espanhóis a venda deste gênero nos nossos portos" (MAGALHÃES, *Memória s/título..., op. cit.*).

Grande. Neste caso, só restou à Junta de Fazenda local perder o escrúpulo e enunciar sua "agenda oculta" ao concluir um longo arrazoado a respeito dos inconvenientes do negócio ilícito de suas rivais:

> E quando por motivos que não cheguem à compreensão desta Junta pareça a Vossa Alteza Real que se não deve vedar absolutamente aquele comércio, ao menos parece justo que este seja feito pelas Fronteiras desta capitania e nunca por nenhuma das capitanias ao norte do Brasil [405]

Pedia a Junta de Fazenda o privilégio de comerciar com os espanhóis e que fossem completamente vedadas as negociações das capitanias do norte do Brasil. Ressaltava que, assim, só entrariam no Brasil as moedas de prata e alguns couros por ser "(...) os transportes por terra mais custosos que os que fazem por água (...)". Os benefícios para o Rio Grande seriam muitos: aumento das importações e exportações; crescimento da população; maior quantidade de moeda a girar na Capitania, favorecendo também as suas credoras ao norte; mais rendas na alfândega local; maior arrecadação no quinto do couro; fortalecimento da navegação entre o Rio Grande e o Reino, já que o couro seria exportado para Lisboa. O privilégio se justificava, pois os negócios entre o Rio da Prata e as praças do Rio, Bahia e Pernambuco sacrificavam uma "(...) colônia que é e será sempre de Vossa Alteza (...)" para enriquecer uma colônia estrangeira "(...) *limítrofe e rival (...)*", chegando ao ponto de haver "(...) falta de meios para a sua defesa (...)"[406].

Em suma, o que desejava a Junta de Fazenda do Rio Grande era um monopólio em termos que remetem às tentativas dos vice-reis para enquadrar suas periferias. O privilégio mercantil se justificava pela responsabilidade de defesa do patrimônio Real. Tal raciocínio, ainda que

---

[405] AHU, Avulsos, RS, doc. 578, Junta de Fazenda do Rio Grande, 22/02/1805, anexa na de 28/05/1805. Ver também, AHTC, Cód., 4082, Contadoria geral do Rio de Janeiro 13/04/1806.

[406] Idem

muito distante da dissidência, denota a já referida "torção" colonial do ideário mercantilista.

Uma perspectiva americana

Ainda que o pensamento "eurocêntrico" e de inspiração mercantilista continuasse hegemônico até 1808, houve ao menos uma voz dissonante. Trata-se do já bastante citado Donald Campbell, comandante da esquadra portuguesa na América que propôs em cartas ao secretário de Marinha e Ultramar um projeto alternativo para integrar o Rio Grande ao Império.

Suas considerações a respeito do Rio Grande se desenvolviam em torno de um debate mais amplo, o já referido problema do contrabando de escravos para as colônias espanholas, daí o título de sua memória: *Reflexões imparciais sobre o tráfico de Escravatura entre as Colônias de Portugal e Hespanha*. Suas *Reflexões* começavam por recuperar velhos argumentos a respeito da inconveniência deste tráfico: aumento do preço dos cativos nas colônias portuguesas, maior lucratividade no negócio do "(...) produto do trabalho de escravos (...)" do que na venda da mão-de-obra e, por último, o temor do fortalecimento da posição espanhola no Rio da Prata. Aliás, este último argumento era o mais importante no discurso de Donald Campbell, já que previa consideráveis embaraços para os espanhóis: "(...) elevar as suas colônias no Rio da Prata a um adequado grau de população e segurança sem ter meios de vender as produções naturais daquele País (...)", por causa dos bloqueios ingleses. A única saída para o impasse era venderem suas produções nos portos do Brasil, comércio que deveria ser impedido pelo governo português. Neste contexto político se inseria o Rio Grande, Capitania produtora de alimentos similares aos platinos que os inimigos teriam todo o interesse em conquistar para pôr as outras capitanias "(...) em uma quase total dependência deles para o mais essencial artigo da vida, comer"[407]. Assim:

---

407 AHU, Avulsos, RJ, doc. 14142, Donald Campbell, 30/04/1802.

> Eu tenho encontrado uma inexpressiva atração à capitania do Rio Grande todas às vezes que me ocupa a contemplação do atual Estado do Brasil, de a considerar como a mais importante capitania que nós temos. Esta capitania pode existir independentemente das outras quando as outras dependem dela como é já demonstrado: porém, para elevar esta Capitania ao ponto de melhoramento e de utilidade nacional de que é bem suscetível, ela depende de outras Capitanias para o consumo de seus gêneros e conseqüentemente para o valor de sua indústria. É então visível a íntima conexão e inseparável influência que a felicidade desta Capitania tem sobre as outras (...)[408].

Ao comandante da esquadra parecia que o Rio Grande era "a mais importante capitania que nós temos" por causa da "dependência" em que as outras capitanias estavam dos alimentos produzidos ali. Em todo o caso, as regiões ao norte eram o mercado por excelência destas produções, portanto, também o Rio Grande dependia das outras capitanias "para o valor da sua indústria". Daí a "íntima conexão e inseparável influência" que se formava entre o extremo-sul e o resto do Brasil.

Sua ideia de *conexão* entre uma região produtora de alimentos e o resto do Brasil, produtor de mercadorias de exportações, ficava reforçada pelo seu plano de incentivar a imigração de europeus para o Rio Grande, "(...) os quais progressivamente aumentarão em um relativo grau de extensão de agricultura e o consequente aumento da negraria indispensável à mesma cultura das capitanias do norte." O crescimento da "negraria" para a agricultura de exportação provocaria maior demanda de alimentos, que, por consequência, estimularia os cultivos para abastecimento. Mas a importação de mão-de-obra branca transcendia os aspectos econômicos, pois estes habitantes eram "(...) mui próprios para recrutar às Armadas e Exércitos de Sua Alteza Real (...)" e com estes regimentos "(...) conter nos limites da subordinação (...)" os escravos das outras capitanias.

---

408 Idem

Sugeria que os emigrados fossem buscados em outras nações, fossem eles holandeses, escoceses ou irlandeses[409].

Suas reflexões repetiam ainda algumas sugestões típicas dos memorialistas supracitados, como, por exemplo, o plantio do linho-cânhamo, o fabrico do queijo, melhoramentos técnicos dos mais variados e a ligação entre o Rio Grande e a Ilha de Santa Catarina. No entanto, o comércio com o Reino ocupava aqui um lugar secundário; desejava antes o patrocínio para um plano mais mirabolante, construir um canal entre a Lagoa dos Patos e Laguna. Por este canal navegaria o comércio rio-grandense "(...) livre de todo o risco do inimigo (...)", carregando trigo até a Ilha onde então seria transformado em farinha para ser vendida no norte do Brasil[410].

Ainda que a memória de Donald Campbell contenha algumas proposições tradicionais – assim como a repetição dos alertas sobre o "perigo castelhano" – trazia algumas questões novas. A mais importante era a ideia de uma interdependência entre o extremo-sul e o resto do Brasil. Enquanto que o pensamento oficial reiterava a importância do comércio direto com a Europa, reforçando a divisão colonial do trabalho, o comandante da esquadra ressaltava a existência de uma "*íntima conexão*" entre duas regiões coloniais[411], no que poderíamos chamar, seguindo José da Silva Lisboa, de "divisão imperial do trabalho".

---

409 ID.

410 Idem. Ver também AHU, Avulsos, RJ, doc. 13757, Donald Campbell, 01/04/1801 e doc. 14018, Donald Campbell, 25/12/1801.

411 Azeredo Coutinho começava um de seus parágrafos formulando um raciocínio parecido: "Nenhuma nação tem um terreno tão criador como a América portuguesa; ela compreende nos dois melhores climas das zonas tórridas e temperada; e o que falta num, sobeja noutro (...)" Em seguida, porém, a "ideologia do colonialismo" intervém: "O Rio Grande, principalmente, produz todos os frutos da Europa (...) só ele é capaz de dar trigos a todo Portugal e a muita parte da Europa; da mesma sorte, o linho-cânhamo para a sua marinha e outros gêneros de primeira necessidade". Ao invés de realçar a interdependência entre as duas zonas climáticas, acaba propondo que se exporte trigo para a Metrópole (COUTINHO, *Ensaio econômico...*, op. cit., p. 140-141).

Uma primeira explicação para esta diferença quanto ao discurso oficial seria a própria nacionalidade de Donald Campbell, oficial inglês, talvez com formação "smithiana", não possuía maiores compromissos políticos e ideológicos com o mercantilismo português. Em todo o caso, é insuficiente reforçar a diferença de nacionalidade, já que não apenas ele se mostrava conhecedor dos projetos anteriores e era adepto de algumas opiniões de inspiração mercantilista, como no que diz respeito à questão da venda de escravos para as colônias espanholas.

Ao que tudo indica, a origem de sua ideia estava na crônica dificuldade que a capital do Brasil encontrava para se abastecer na passagem de século, muito em consequência das crises alimentares nordestinas (ver capítulo 3, p. 143-144). Estava, portanto, chamando a atenção para uma situação nova: no final do século XVIII e início do século XIX se articulava no Brasil uma economia marcada por essa "divisão imperial do trabalho", em que as *plantations* e os centros urbanos do norte da colônia cada vez mais se abasteciam de alimentos no extremo-sul. Acrescentava-se ainda um fenômeno novo: o crescimento dos centros urbanos fazia surgir uma inédita massa plebeia, fermento das inovações políticas, eram os ociosos de quem se queixava Vilhena.

E Donald Campbell constatou os inconvenientes da "dependência" no momento da guerra de 1801, quando os corsários espanhóis fizeram diversas apreensões de barcos rio-grandenses que iam carregados para o Rio de Janeiro, dificultando o abastecimento da capital. Uma vez que era o responsável pela segurança das costas do Brasil, o oficial inglês procurou organizar um comboio para acompanhar as embarcações que deveriam carregar no Rio Grande. É justamente na correspondência em que trocou a este respeito com o vice-rei que cunhou o termo "dependência"[412]. Por isto teceu no já citado plano importantes considerações a respeito do comércio de gêneros alimentícios que os espanhóis faziam nas capitanias do norte, sublinhando que o "(...) o verdadeiro e substancial socorro com que devem contar [as capitanias do Norte] é o do Rio Grande (...)" pois "(...) o fornecimento de víveres é inseparavelmente influído tanto pela circunstância de

---

412 Corresp. ao vice-rei de 12/08/1801 e 14/08/1801, anexa em AHU, Avulsos, RJ, doc. 13889, Donald Campbell, 08/09/1801.

guerra, como de paz e em tempo de guerra não só perderão as colônias o socorro extraído do Rio da Prata, mas até o do Rio Grande (...)"[413]

Donald Campbell também inovava quando discutia a necessidade de povoar a Capitania. Afinal, não apenas sugeria a criação de colônias com populações europeias das mais variadas, como também considerava que esta população branca deveria produzir alimentos para as *plantations* contrabalançando as grandes importações de escravos feitas pelas capitanias do Norte. Sublinhe-se que, ao justificar a colonização do sul com população branca produtora de alimentos em contraposição ao norte escravista e exportador, seu raciocínio se diferenciava da política que incentivava a produção de alimentos para sustentar o esforço militar no sul. Ademais, como Vilhena, suas considerações não faziam nenhum tipo de crítica ao sistema escravista e apenas manifestavam o receio das autoridades coloniais com o crescimento da população cativa no Brasil; reflexos de São Domingos[414].

O seu projeto antecipava ideias que se tornariam lugares-comuns na política imperial traçada a partir de 1808. Já se nota o deslocamento de perspectiva com as primeiras notícias da chegada da família Real ao Brasil, como se vê pela mudança de atitude do governador do Rio Grande, Paulo José da Silva Gama, com relação aos campos ao sul do rio Ibicuí (ver capítulo 1, p. 61):

---

[413] AHU, Avulsos, RJ, doc. 14142, Donald Campbell, 30/04/1802. Donald Campbell temia o desabastecimento da Capital num momento político extremamente delicado. Não parece casual que as duas maiores preocupações do comandante da esquadra, no início das escaramuças de 1801, fosse o abastecimento da capital e a murmuração provocada entre os homens de negócio do Rio por causa da captura do navio *Espick* (ver 1º capítulo).

[414] Donald Campbell afirmava que os princípios franceses chegavam até os escravos "(...) a sua mutilada inteligência destas matérias foi-lhes comunicada pelos corruptos canais de criados belicosos e outros indivíduos que tiveram a oportunidades de extrair algumas idéias de conversações dos seus meio-ensinados amos, cujas mentes eram já envenenadas lendo as obras de Voltaire, Montesquieu, Rousseau, Abé Raynal e ultimamente Thomas Pene [sic]" (ID.).

O Exmo. Snr. Gov. julgando muito interessante ao Real Serviço tolerar o desfrute dos Campos avançados entre o rio Santa Maria e a nossa guarda da Conceição nos quais até aqui proibiu toda a qualidade de introdução por circunstâncias particulares tendentes ao mesmo Real Serviço e atendendo a que a conjuntura presente é a mais favorável para o dito fim, por haver passado a América S.A.R. com inumeráveis vassalos, cuja subsistência dependerá em grande parte desta Capitania donde se não deve deixar inculto ou despovoado um só palmo de terra com prejuízo e atraso da agricultura e da produção de gados em que consiste a principal riqueza da mesma e o único meio de fertilizar as capitanias do norte, tem resolvido fazer assentir na mencionada tolerância, isto é, em que a título de invernadas se povoem os citados campos até para fazer prevalecer o direito de conquista (...)[415]

O governador, que havia se esforçado para desenvolver o comércio direto entre o Rio Grande e a metrópole, agora dizia que a agricultura e a produção de gado eram "a principal riqueza" da Capitania e o "único meio de fertilizar as capitanias do norte". No fundo, era o reconhecimento oficial da integração dos mercados do litoral. Também é de notar que, se antes, ele tentava evitar a ocupação daqueles campos para não embaraçar a diplomacia portuguesa na Europa, com a chegada da Corte queria fazer "prevalecer o direito de conquista", numa alusão muito clara aos planos imperiais de D. Rodrigo para a Banda Oriental.

É que a ocupação napoleônica da Península Ibérica prometia um longo exílio no Brasil aos Bragança, restando à Corte rearticular seu Império, cada vez mais americano, em torno do Rio de Janeiro. Assim, o mesmo D. Rodrigo, que também fizera tanto para desenvolver um tráfico entre o extremo-sul e Portugal, agora determinava aos "(...) negociantes que se abstenham de correspondências com Portugal sem que participem

---

[415] AHRS, CG, A 1.07, Paulo José da Silva Gama, 20/03/1808.

a V. Exa. e que de modo algum remetam cousa alguma para Portugal, enquanto estiver ocupado por Franceses (...)"[416].

José da Silva Lisboa, o futuro visconde do Cairu, talvez tenha sido um dos autores da época que mais bem soube expressar o deslocamento de perspectiva que a transferência da Corte provocou. No século anterior, a relação entre Portugal e Brasil era regulada pelo "sistema mercantil", consagrado entre as potências europeias, e pelo qual "(...) mantinham [nas colônias] uma forçada divisão do trabalho, obrigando o principal corpo do povo a ser lavrador, ou mineiro". O estabelecimento de D. João VI no Brasil e a posterior elevação deste a Reino Unido com Portugal "(...) deu o padrão de uma economia Imperial, não menos política, que filantrópica"[417].

Também soube expressar uma das principais preocupações que ocupavam as mentes das elites dirigentes luso-brasileiras, como formar um Império em que a base da população era escrava? Ou, nos termos do autor, "*Convém, ou não, que a melhor da região da América se converta em Negrícia, e que a* Terra de Santa Cruz *passe à metamorfose de Guiné Ocidental (...)?*"[418]. Na sua memória o Rio Grande, numa expressão que vai ganhar história, era o "*(...) baluarte e celeiro do Brasil (...)*", exemplo bem sucedido da colonização com europeus, onde prevalecia "*(...) a raça portuguesa (...)*"[419].

Seguramente apreensivo com este problema, D. Rodrigo de Souza Coutinho, elevado neste momento ao título de conde de Linhares, resolveu-se por acatar as sugestões de Donald Campbell e criar uma colônia de irlandeses no Rio Grande. O estabelecimento, patrocinado pelo irlandês Thomas Quan, deveria se organizar em torno de uma fazenda e curtume que só poderiam contratar mão-de-obra livre. Junto com o administrador da fazenda, João Henn, vinham inicialmente um salgador, dois refinado-

---

416 AHRS, AG, B-1.05, D. Rodrigo de Souza Coutinho, 27/06/1808.

417 LISBOA, José da S. *Memória dos Benefícios Políticos do Governo de El-Rey Nosso Senhor D. João VI*. Rio de Janeiro: Impressão Régia, 1818, pp. 104 e 121-122. Para um estudo mais amplo da obra de José da Silva Lisboa ver: ROCHA, Antonio Penalves da. *A Economia Política na Sociedades Escravista*. São Paulo: Hucitec, 1996.

418 Idem, p. 161 (grifo no original).

419 Idem, p. 170-171.

res de sebo, três tanoeiros, quatro curtidores de couro, cinco marceneiros, seis agricultores e dez ou doze mancebos[420].

Vale ressaltar, porém, que as críticas à importação de escravos de Vilhena e Donald Campbell eram restritas ao Rio Grande, refletindo pois o receio do crescimento desmedido da população cativa no Brasil. Ao cabo, o extremo-sul deveria funcionar como uma retaguarda política e econômica da *plantation* do norte do Brasil. As tentativas de D. Rodrigo de criar colônias de mão-de-obra livre na região devem ser entendidas com este sentido. Afinal, o tráfico negreiro ainda ocupava um importante papel na economia brasileira e a Corte resistiria muito aos planos ingleses de acabar com o comércio humano[421].

Foi no rescaldo do tratado de 1817, por onde se acertou o fim deste tráfico ao norte do Equador, que José da Silva Lisboa formulou seus ataques que atingiam a escravidão enquanto instituição[422]. Também foi neste contexto que José Gonçalves Chaves, homem de negócios e charqueador rio-grandense, redigiu sua *Memória sobre a escravatura* que, entre 1821 e 1823 foi impressa junto com outros textos que compunham suas *Memórias Ecônomo-Políticas Sobre a Administração Pública do Brasil*.

Os argumentos de José Gonçalves Chaves seguiam a crítica que a economia política clássica fazia ao trabalho cativo. O escravo rendia menos que o trabalhador livre e a presença da instituição desvalorizava simbolicamente a mão-de-obra assalariada. Acrescenta-se o fato de que o país possuía expressiva população no cativeiro. Diante disso, qual poderia ser o futuro de um Estado onde grande parte de seus habitantes eram seus inimigos?[423] Para resolver a questão, propunha não apenas o fim do tráfi-

---

420 AHRS, AG, B-1.06, conde de Linhares, 15/03/1809.

421 Para a posição diplomática da Corte em relação às gestões inglesas, cf. ALEXANDRE, *Os sentidos do Império...*, op. cit., p. 269-285. Ver ainda BLACKBURN, Robin. *A Queda do Escravismo Colonial*. Rio de Janeiro: Record, 2002, p. 338-344.

422 Considerava o futuro visconde de Cairu que o tratado de 1817 era um dos benefícios políticos do reinado de D. João VI.

423 Previa quatro futuros possíveis para o Brasil escravista: "(...) [se] escaparemos ao iminente risco da desastrosa e tremenda catástrofe dos franceses

co de escravos com um prazo de carência de 18 meses para os interessados liquidarem seus negócios, mas a libertação de todos os filhos de cativos no momento em que chegassem aos 25 anos.

Para os propósitos deste livro, o debate sobre o futuro da escravidão no Brasil é secundário. O que se pretende realçar aqui é que José Gonçalves Chaves, ao contrário de seus predecessores, não se limitava a propor melhoramentos para o Rio Grande, apesar de uma de suas memórias tratar desta província *em particular*. Seu projeto era sobre a administração do Brasil como um todo e incluía, além da extinção gradual do sistema escravista, a abolição dos capitães generais governadores, a reforma nas municipalidades e a consolidação da propriedade privada por um novo sistema na distribuição de terras. Abandonando o viés "paroquial" que se observava nos memorialistas coloniais, acabava por pensar praticamente em termos nacionais.

A visão imperial do Brasil se manifestava por uma crítica da divisão colonial do trabalho em termos muito similares aos do futuro visconde de Cairu:

> Quando estas colônias eram situadas em países semelhantes e produziam frutos idênticos aos dessa mãe pátria, foi regulada a agricultura em maneira que, ainda com todo o desfavor do solo, se operassem produtos dessemelhantes, para sempre aumentar a dependência; e quando a indústria do colono encaminhava a produções semelhantes às da querida mãe-pátria, se lhe destruíam suas máquinas e mesmo as mãos industriosas, se tanto fosse preciso[424].

---

na Ilha de São Domingos, [se] as nossas estreitas ligações com Portugal, interesses das diversas grande nações da Europa e finalmente as dissenções de nosso vizinho espanhol nos continuarem a permissão de nossa existência política, não seremos mais civilizados que esses bárbaros monstruosos da Barbaria e duros maometanos: os negros serão nossos escravos, nós escravos de qualquer governo." (CHAVES, *Memórias econômo-políticas...*, op. cit., p. 66).

424 Idem, p. 85.

A crítica se completava pelo ataque ao sistema político colonial, ao qual "(...) *pouco importava que suas capitanias fossem isoladas entre si, para a conservação do todo* (...)", pois fazia "(...) *apoucar o povo e mantê-lo sujeito* (...)". Desta forma, o "(...) *objeto primário* (...)" da política da época da Independência era a "(...) união do Brasil entre si (...)"[425]. Tendo a unificação do Brasil como centro do discurso, era natural que Gonçalves Chaves considerasse o comércio interior, praticado pela praça de Porto Alegre, como "(...) o mais útil ao país"[426].

Sobre a então província do Rio Grande de São Pedro, repetia algumas sentenças do movimento memorialista, como a necessidade de uma distribuição mais equitativa das terras, a promoção do povoamento e do plantio de diferentes cultivos, cochonilha, gado lanar e o cânhamo. No entanto, não acreditava muito nas iniciativas do Estado para incentivar a agricultura. Sua sugestão era que fosse formada uma Sociedade de Animação da Agricultura, que articulasse a correspondência de diversos sócios por toda a província, para organizar a cultura das terras e estimular as artes e os ofícios. O plano remetia às sociedades espanholas do final do século XVIII e a outras congêneres, como as sociedades econômicas que antecederam a formação da Real Academia de Ciências de Lisboa, o que denota uma vez mais a sua ligação com o movimento memorialista colonial.[427]

Também atualizava algumas demandas dos seus predecessores rio-grandenses, Manoel Magalhães e Domingos Fernandes, em favor dos interesses dos produtores de charque. No seu caso, reclamava das restrições à compra de gado na recém anexada Província Cisplatina e da cobrança de impostos em relação à concorrência de Buenos Aires, sugerindo que "(...) não [se] pague mais impostos nas saídas dos gêneros semelhantes

---

425 Idem, p. 33.

426 Idem, p. 114.

427 "Há entre os povos cultos tão belos modelos que temos por desnecessário dar aqui plano para essas sociedades." (Idem, p. 94, ver também p. 112 e *passim*). Sobre as sociedades em Portugal, Cf. CARDOSO, *O pensamento econômico..., op. cit.*, p. 49.

aos daquele Estado dos que ali se pagarem."[428] Por último, se manifestava radicalmente contrário à sobretaxa da carne salgada comprada por estrangeiros. Dessa forma, antecipava alguns dos debates que marcariam a História do Rio Grande no Império do Brasil.

Mas sua visão da economia rio-grandense fica mais explícita num fragmento sobre as minas de ouro que supostamente existiam na província, aludindo a um projeto de José Bonifácio de franquear a exploração das minas de Caçapava no Rio Grande[429].

> (...) tal projeto [é] por inteiramente ruinoso à nossa economia política no Brasil e particularmente nesta província, aonde só a criação dos gados e agricultura (...) é que são nossas minas, sobre que devemos basear nossa prosperidade pública: reservemo-nos à exploração das minas de ouro para quando nosso comércio interior e indústria nos ofereçam um sustentáculo e emprego ao nosso numerário[430].

O que deve ser destacado aqui não é o antimetalismo manifestado em sua oposição à exploração de ouro. Os autores do fim do século XVIII, como por exemplo Azeredo Coutinho, já mostravam um certo preconceito com relação às minas de preciosos. O mais importante era a sua declaração que a agricultura e a criação de gados eram as *"nossas minas"*. É verdade que a lamentação tradicional sobre os efeitos deletérios da produção aurífera geralmente vinham acompanhadas de elogios sobre a agricultura. No texto de Gonçalves Chaves, porém, a apologia da produção agrícola é relacionada com o *"comércio interior e indústria"*[431]. Fica muito cla-

---

428 CHAVES, *Memórias Ecônomo-políticas...*, op. cit., p. 211.

429 Talvez José Gonçalves Chaves estivesse confudindo o objeto do plano de José Bonifácio: de Caçapava em São Paulo, com Caçapava, distrito de Rio Pardo, atualmente Caçapava do Sul.

430 CHAVES, *Memórias Ecônomo-políticas...*, op. cit., p. 123.

431 Por sua vez Azeredo Coutinho relacionava a crítica à mineração ao desenvolvimento da agricultura de exportação. O *sentido* de sua defesa da agricultura

ro, portanto, que no Império de José Gonçalves Chaves, uma constituição política liberal, teria seu eixo econômico no comércio interno, onde o Rio Grande já ocupava um importante papel.

Em suma, a visão de Império na perspectiva "americanista" era totalmente oposta ao mercantilismo e esboçava uma crítica à escravidão. O Rio Grande já não era mais pensado em sua potencial relação com a metrópole, mas no profícuo comércio estabelecido com as outras partes do Brasil. Idéias geradas pela crise do sistema colonial e por um mercado nacional em formação.

O comércio direto com o Reino: resultados práticos

Até aqui procurou-se demonstrar como, ao menos até 1808, a ideia de desenvolver um comércio direto entre o Rio Grande e a metrópole era ponto comum entre a maior parte dos memorialistas e das autoridades coloniais. No entanto, com exceção de algumas indicações no capítulo 2, pouco foi dito sobre os resultados práticos da política de incentivo ao tráfico direto, de sorte que será este o último objeto do livro.

Como já é sabido, a primeira tentativa de iniciar este comércio direto ocorreu sob o patrocínio de Martinho de Mello e Castro, que prometeu o envio de duas embarcações para o Rio Grande no final de 1787. No entanto, apenas uma partiu de Lisboa, o bergantim "Nossa Senhora Mãe dos Homens", que no caminho tocou na Ilha de Tenerife, arribou na Bahia para se abastecer de água e de outros gêneros e parou em Santa Catarina onde fez algumas vendas, para enfim dar entrada na barra de Rio Grande em 27 de abril de 1788. Uma vez no local, Joaquim Manoel da Costa Lobo, representante do negociante lisboeta Manoel Pinto da Silva, procurou os

---

fica muito claro quando argumenta que "(...) é necessário promover-se um gênero de comércio e de agricultura [na região mineira] que seja de pouco pêso e de muito valor, de sorte que este possa bem compensar as grandes despesas dos transportes daqueles sertões para os portos de mar" (COUTINHO, Joaquim da Cunha Azeredo. Discurso sobre o estado atual das Minas do Brasil (1804). In: Obras Econômicas de J.J. da Cunha Azeredo Coutinho. São Paulo: Companhia Editora Nacional, 1966, p. 223-224).

principais comerciantes, primeiramente Manoel Bento da Rocha e depois Francisco Correa Pinto, propondo-lhes uma sociedade em igual parte para fazer a carreira Lisboa – Rio Grande, na qual o representante local deveria entrar com outra embarcação "(...) e assim ficarem navegando duas embarcações (...)"[432].

Na Vila de Rio Grande apenas vendeu parte do sal de sua carga, não logrando fechar a sociedade e a compra de trigo e farinha por preços razoáveis. O ano fora de má colheita e os comerciantes locais e do Rio de Janeiro compravam o trigo com "(...) impaciência (...)"[433]. Resolveu-se, então, ir a Porto Alegre para negociar o resto de sua carga e tentar carregar alguns produtos para o Reino. Uma vez na capital do Rio Grande, pôde vender todo o sal que trazia a preços avultados, aproveitando-se que os estancieiros e negociantes "(...) tendo a notícia de que vinham de Lisboa duas embarcações em direitura a este porto com carga de sal, se esperançavam de o comprar por um preço muito módico [sic]". Com alguma carga que conseguiu em Porto Alegre (618 alqueires de trigo, 878 arrobas de charque e 724 couros) e mais alguns gêneros fretados por terceiros, partiu para o Rio de Janeiro, donde pretendia retornar ao Rio Grande em janeiro para completar a sua carga e depois seguir a Lisboa [434].

Junto com o contrato de sociedade o comerciante lisboeta Manoel Pinto da Silva enviava um papel para Manoel Bento da Rocha em que lhe sugeria "(...) como um dos principais Senhores do Rio Grande (...)" escrever a Martinho de Mello e Castro e a Diogo Ignacio da Pina Manique uma informação para incentivar a povoação e o comércio do Continente. No escrito, além de diversas sugestões de retórica, Manoel Pinto da Silva dizia que "(...) teve do Rio de Janeiro muita correspondência para esse Continente, sabe por experiência de 35 anos para cá, como tem sido os aumentos e atrasos dessa terra (...)." Terminava dizendo:

---

432 AN, SEB, Cód. 104, vol. 10, Joaquim José Ribeiro da Costa, 20/05/1788.

433 Idem.

434 AN, SEB, Cód. 104, vol. 10, Joaquim José Ribeiro da Costa, 08/11/1788.

Eu desejarei muito que V.M. me queira mandar dizer o que é preciso tocar aos ditos Snrs. Ministros, para ir de conformidade com V.M., porque assim como eles agora me perguntam muita coisa, a que eu não sei responder com acerto, por menos inteirado, depois será na volta muito provável que me chamem, e eu desejo de uma vez responder-lhes informado também por V.M[435].

Em todo o caso, o governador interino do Rio Grande, Joaquim José Ribeiro da Costa, não estava muito otimista: "Por agora, Exmo. Snr., parece que esta negociação não promete vantagens a este Continente (...)", já que o sal trazido de Lisboa havia sido vendido a preços exorbitantes e o resto da carga "(...) não foi objecto interessante (...)" por sua pequena quantidade e qualidade inferior[436].

Também para o proprietário do bergantim a negociação foi cheia de contratempos. No Rio de Janeiro, o vice-rei, que sempre se mostrou contrário ao projeto de Martinho de Mello e Castro, impôs o pagamento dos direitos e o administrador do contrato do sal embargou a carga, sob a acusação de contrabandista e desencaminhador[437]. Obtendo do secretá-

---

435 Anexo na corresp. de Joaquim Ribeiro da Costa, AN, SEB, Cód. 104, vol. 10, Joaquim José Ribeiro da Costa, 20/05/1788. Por esta carta é visível o papel de Pina Manique no acerto entre o secretário de marinha e ultramar e o comerciante Manoel Pinto da Silva. Como escrevia o último: "Os casais [de povoadores] são um dos principais objectos, eu tenho dito ao Snr. Intendente [Pina Manique] quanto eles se precisam, ele me perguntou depois algumas circunstâncias, pelas quais infiro que [é] uma das cousas em que mais se interessam (...)".

436 AN, SEB, Cód. 104, vol. 10, Joaquim José Ribeiro da Costa, 08/11/1788. A carga do bergantim era de 2.800 alqueires de sal, 2 barricas de vinagre, 1 caixão com chapéus finos, 3 balas de papel, alguns pacotes com tecidos, 2 barris com facas, algumas miudezas e 14 jogos de pedras para moinhos.

437 AHU, Avulsos, RS, doc. 240, Manoel Pinto da Silva, (final de 1789).

rio de Marinha e Ultramar a confirmação de suas isenções, pôde enfim completar o seu giro, aportando em Lisboa em 30/10/1790[438].

No entanto, se do ponto de vista da economia rio-grandense esta primeira aventura não foi muito interessante – toda a carga enviada para o Rio pelo bergantim equivalia a menos de 3% do volume do charque exportado pelo Rio Grande em 1787 – para Manoel Pinto da Silva o negócio pareceu promissor. E, mesmo com todos estes percalços de uma jornada que durou aproximadamente 2 anos e meio, o bergantim Nossa Senhora Mãe dos Homens voltou para o Rio Grande pelos idos de 1791. Todo o sucesso da negociação deveu-se aos altos preços do sal que obteve na região. Afinal, não apenas o estanco já mantinha o Brasil todo em uma situação crônica de desabastecimento e de valores exagerados, como a própria expectativa da carga do Reino havia elevado ainda mais os preços no extremo-sul[439]. E foi com a perspectiva de lucrar muito com o sal que Manoel Pinto da Silva e alguns concorrentes seus, Matheus Vaz Curvelo, Bento José Marques, Simões Lopes e Irmão, requereram arrematar o contrato do sal para o Rio Grande e Santa Catarina[440]. Também é possível que a passagem no Rio de Janeiro tenha servido para fazer algumas negociações triangulares: o charque comprado no Rio Grande pela primeira viagem pode ter sido vendido na capital do Brasil. Desta forma a carga seria completada com produtos mais rendosos, como o açúcar.

O problema da escassez de sal continuava, até que, no início de 1798, os próprios moradores do Rio Grande requereram à Rainha a faculdade de poder importar anualmente de Portugal 600 moios de sal, livres de

---

438 BN, 4,4,12, Martinho de Mello e Castro, 14/04/1789. O registro da entrada no porto de Lisboa está em FRUTUOSO, E., GUINOTE, P., LOPES, A. O Movimento do Porto de Lisboa e o Comércio Luso-Brasileiro (1769-1836). Lisboa: CNCDP, 2001, p. 402.

439 A carga de sal do bergantim equivaleu a 17,9% de todo o sal importado pelo Rio Grande em 1787 (AHU, Avulsos, RS, doc. 282).

440 AHU, Avulsos, RS, doc. 240, Manoel Pinto da Silva, (final de 1789) e doc. 238, Matheus Vaz Curvelo, Bento Jose Marques e Simão Lopes e irmão (final de 1789).

estanco[441]. Alguns meses mais tarde foi a vez de Diogo Ignacio da Pina Manique escrever para o secretário de Marinha e Ultramar comentando que o mestre de uma embarcação recém chegada do Rio Grande não havia encontrado lá o salitre para beneficiar as carnes, e completava "Deixo a penetração de V. Exa. (...) o quanto seria útil se aproveitasse e lhe beneficiasse [a carne] para vir para Europa"[442].

Por essas é que, vagarosamente, o tráfico direto entre o Rio Grande e Portugal ia aumentando, como mostra a tabela I, baseada principalmente nas listas de entradas do porto de Lisboa:

---

441 AHU, Avulsos, RS, doc. 334, 1798.

442 AHU, Avulsos, RS, doc. 336, Diogo Ignacio da Pina Manique, 13/09/1798.

Tabela I: Entrada de embarcações vindas do Rio Grande no porto de Lisboa[443]:

Data	classe	nome	Senhorio	ton.
30/10/1790	bergantim	Nsa. Sra. Mãe dos Homens	Manoel Pinto da Silva	541
15/06/1792	?	Nsa. Sra. Livramento	?	175
28/07/1792	bergantim	Nsa. Sra. Mãe dos Homens	Manoel Pinto da Silva	85
08/06/1794	?	Nsa. Sra. Conceição e Sta. Ana	?	195
10/09/1798	bergantim	Nsa. Sra. da Conceição	Thomas Ribeiro de Faria	101
27/09/1799	bergantim	Nsa. Sra. Conceição	Thomas Ribeiro de Faria	94
26/05/1804	galera	Providência	Joaquim Pereira de Almeida, cia.	252
29/12/1804	bergantim	Ânimo grande	José Rodrigues Pereira de Almeida	183
06/02/1805	pataxo/bergantim	Rio Mondêgo	Manoel João da Silva e cia.	104
13/02/1806	bergantim	Aurora	Antonio Esteves Costa e cia.	100
28/06/1806	bergantim	Triunfo	Francisco Martins Pessoa e cia.	139
30/07/1806	pataxo/bergantim	Rio Mondêgo	Manoel João da Silva e cia.	127
24/09/1806	galera	Providência	Joaquim Pereira de Almeida e cia.	193
14/03/1807	?	Vencedor	?	-

---

443 Fonte: FRUTUOSO, GUINOTE, LOPES, *O movimento do porto de Lisboa...*, op. cit. As classes e os senhorios das embarcações foram retirados de outros documentos coevos.

O número de viagens entre o Rio Grande e a metrópole foi certamente maior do que apresenta a tabela, porém, a grande distância obrigava a escala em outros postos do Brasil antes de atracarem em Lisboa, o que pode gerar alguma imprecisão do levantamento. Esta imprecisão na fonte pode ter se agravado com a obrigatoriedade dos comboios (ver 1º capítulo, p. 56)[444]. Haveria de se contar ainda os navios vinculados à praça da cidade do Porto e que não foram considerados aqui[445]. De sorte que, segundo um observador da época, em 1799, seis embarcações teriam feito o tráfico direto e, em 1800, quatro já haviam partido de Lisboa para o Rio Grande[446]. É muito provável, portanto, que cargas metropolitanas tenham chegado à região numa média ligeiramente superior a uma por ano entre 1789 e 1807; e tudo indica que, no início do século XIX, o tráfico tenha aumentado um pouco, para aproximadamente duas embarcações por ano.

A tabela registra ainda uma certa transitoriedade entre os interessados nesse tráfico. Pelos dados reunidos observa-se que quatro homens de negócio patrocinaram duas viagens e três investiram em uma. É provável que cada embarcação tivesse um proprietário diferente, inclusive aquelas sobre as quais não foram encontradas mais informações ("Nsa. Sra. Livramento, "Nsa. Sra. Conceição e Santa Ana", "Vencedor" e as que não foram registradas na entrada do porto de Lisboa, "Flor da Una", "Santo André Diligente" e "Expedição"). Por este modo, pode-se caracterizar o comércio direto como uma atividade extremamente especulativa e pulverizada, o que nos leva a acreditar que não existia correspondência direta entre os comerciantes locais e os homens de negócio de Lisboa e, por conseguinte, a maior parte dos negócios seria feita à vista.

---

444 As embarcações "Flor de Una" e "Santo André Diligente" tiraram passaporte em Lisboa para ir ao Rio Grande, entretanto não existe um registro exato do seu retorno (AHU, Avulsos, RS, doc. 549, 29/11/1804 e doc. 596, 04/10/1805).

445 AHU, ROR, Cód. 575, R – 75, D. Rodrigo de Souza Coutinho, 16/07/1800. Avisa que está partindo da barra do Douro para o Rio Grande o bergantim "Expedição" "(...) armado em guerra (...)". Em 1803 a balança de comércio do Rio Grande registra uma importação de mais de 16 contos da cidade do Porto.

446 Luiz Beltrão de Govea de Almeida, 16/04/1802, anexo em AHRS, AG, B 1.03, D. Rodrigo de Souza Coutinho, 26/07/1802.

É possível ainda reconstituir a derrota do bergantim "Rio Mondêgo" sobre a qual existem mais documentos. A data de seu primeiro passaporte em Lisboa é 07/05/1803, o que indica ter partido mais ou menos até junho de 1803; em dezembro do mesmo ano era anunciada sua entrada pela barra do Rio Grande, chegando do Rio de Janeiro e Santa Catarina onde fez escala; em fevereiro de 1805, foi registrada sua chegada em Lisboa, com uma passagem pela Bahia. Mal havia descarregado, partiu outra vez para o Rio Grande – seu passaporte é datado de 22/03/1805; quase um ano depois foi notado na região fazendo vela para Lisboa, onde enfim chegou em julho de 1806. A primeira viagem levou mais ou menos um ano e oito meses e a segunda foi um pouco mais curta, um ano e três meses[447]. O tempo de rotação do capital, necessário para o giro completo do negócio, era ordinariamente alto, induzindo a pensar que os lucros eram pingues. Além disto, como já foi dito quando se tratou do bergantim "Nossa Senhora Mãe dos Homens", os períodos relativamente longos em outras praças do Brasil indicam que os navios engajados nesse tráfico mascateavam as carregações de porto a porto.

Nesse sentido, as balanças de comércio de 1802, 1803 e 1805, já analisadas exaustivamente nos capítulos 2 e 3, podem ser ilustrativas:

Tabela II: balança de comércio do Rio Grande com Portugal (réis)

Lisboa	exportações	importações	saldo
1802	0	19.642.560	-19.642.560
1803	12.002.000	5.778.990	6.223.010
1805	7.034.000	16.161.430	-9.127.430
Total	**19.036.000**	**41.582.980**	**-22.546.980**
Porto			
1803	3.356.400	16.200.990	-12.844.590
total	22.392.400	57.783.970	-35.391.570

Pela tabela II chega-se à conclusão que os comerciantes reinóis estavam mais interessados no Rio Grande como mercado consumidor. É que,

---

447 FRUTUOSO, GUINOTE, LOPES *O movimento do porto de Lisboa...*, op. cit. AHU, Avulsos, RS docs. 453 e 562, AHRS, Marinha, Praticagem da Barra, M-22.

mesmo com o fim do contrato do sal, as embarcações portuguesas alcançavam grandes interesses com a venda de produtos europeus por conta dos altos preços que atingiam as reexportações do Rio de Janeiro[448]. Não obstante, fica a dúvida: se os negócios eram à vista e o Rio Grande comprava muito mais do que vendia para as embarcações portuguesas, como eram saldadas estas contas?

Certamente não era com moeda. Como demonstram as balanças de 1802 e 1803 – onde consta o movimento do metálico – o ouro e a prata eram destinados ao comércio mais estabelecido da capital do Brasil. Ocorre que nas balanças não estão declaradas as cargas por embarcação, mas por destino. Assim, é fácil imaginar que os comerciantes reinóis carregavam, além do couro que seria levado para o Reino, trigo e charque para serem vendidos nas praças brasileiras a caminho para Lisboa. Ao declarar a sua carregação diziam também onde pretendiam vender cada produto, que era então registrado como importação dessa ou daquela praça. Outra forma de saldar as importações seria por meio de letras a serem sacadas em Pernambuco e Bahia, que normalmente estavam em débito com o extremo-sul. Nos registros de entrada de Lisboa, consta que no mínimo três embarcações fizeram escala em Pernambuco ou na Bahia antes de retornarem a Lisboa.

Sendo assim, os planos para integrar o Rio Grande ao comércio colonial português não foram um sucesso. Como os grandes homens de negócio da praça de Lisboa preferiam guardar seus capitais para os lucros certos do comércio colonial tradicional, restou aos pequenos capitais reinóis se aventurarem neste tráfico, não chegando a formar circuitos de correspondência e dívidas que, enfim, estruturavam as ligações entre metrópole e colônia. Há que se levar em conta também o peso dos circuitos imperiais: os aventureiros que conseguiam atravessá-los alcançavam grandes taxas de lucros, mas a massa do lucro era muito pequena, porque a parcela do mercado que conseguiam abocanhar sempre era restrita. Como já havia escrito o conde de Rezende (ver supra), era necessária uma

---

448 Na carga do bergantim "Nossa Senhora Mãe dos Homens" em 1789 o sal era a mercadoria mais importante; nos anos de 1802 e 1803, porém, as carregações de sal lisboetas foram secundárias frente ao valor de tecidos e outras fazendas.

carregação para levar de retorno a Lisboa, do contrário só restava mendigar cargas de porto em porto. Por outro lado, é visível que o tráfico direto estava em crescimento nos anos imediatamente precedentes à fuga da família Real, o que permite questionar se a conexão do extremo-sul à metrópole poderia estar entre as possibilidades conjunturais da crise do sistema colonial português.

A análise dos diferentes projetos para integrar o Rio Grande no Império colonial português mostrou que, até o início do século XIX, quem pensava em Império estava pensando em sistema colonial. A vertente colonial do movimento memorialista, ao menos no que se refere aos planos para o Rio Grande, por defender a divisão colonial do trabalho, acabava por desenvolver formas de pensamento ajustadas ao sistema[449], e assim se entendem as ideias para estabelecer o comércio direto entre o extremo-sul e o Reino e, por extensão, a África. É correto que existiram algumas "aberturas" neste modelo, como no caso da crítica de Vilhena à exportação de africanos para o Rio Grande e na sugestão de Govea de Almeida de se fazer cordoarias de cânhamo no Rio Grande. Foram, contudo, muito isoladas e não chegaram a se transmitir entre um e outro memorialista. Há que se destacar ainda as "torções" no pensamento mercantilista dos vice-reis e da Junta de Fazenda do Rio Grande, originados de interesses particulares de uma ou outra região colonial sobre certos ramos de comércio e que, por isto, não chegaram a se firmar como uma alternativa à ortodoxia oficial. Aliás, na cultura política do Império português, a doutrina mercantilista era o pensamento "natural", e as "torções" apenas repercurtiam a competição entre as diferentes capitanias para obter privilégios, para ascender na "hierarquia territorial" do Império.

Com Donald Campbell surge, pela primeira vez, um modelo alternativo pelo qual o comércio exportador e escravista das capitanias do norte seria sustentado por uma divisão imperial do trabalho, em que a economia do Rio Grande, organizada sobre um regime de mão-de-obra livre, funcionaria como abastecedora de gêneros alimentícios. O projeto alternativo só se consolidou com a vinda da família Real e o fim do sistema co-

---

449 Cf. MOTA, *Idéia de Revolução...*, *op. cit.*, p. 68-69.

lonial. A partir daí, a divisão imperial do trabalho será vista como oposta à divisão colonial do trabalho.

A consolidação da perspectiva "americanista" denota já o aparecimento de uma tomada de consciência da questão nacional no Brasil. A unificação dos mercados coloniais e a divisão imperial do trabalho eram a face brasileira da crise do sistema colonial português.

Mas, por ironia, as duas perspectivas, a mercantilista "eurocêntrica" e a Imperial "americanista", enfermavam de visões excessivamente otimistas em relação aos aspectos práticos de seus projetos. Já se observou como o tráfico entre o Rio Grande e Portugal teve alcances limitados, especialmente se comparado com o comércio interior que ia se desenvolvendo no mesmo período. Por outro lado, os sonhos de estabelecer um Rio Grande, e por extensão um Brasil, de mão-de-obra livre, manifestavam-se num momento em que a manufatura do charque tornava o extremo-sul cada vez mais escravista. Mesmo assim, observando a história à "contra-encosta", os projetos de integração estudados neste capítulo não deixam de representar algumas das possibilidades conjunturais que se abriam com a crise do sistema colonial português[450].

---

450 "(...) aos historiadores é necessário ir pela contra-encosta, reagir contra as facilidades de seu mister, não estudar apenas o progresso, o movimento vencedor, mas também o seu oposto (...)" (BRAUDEL, Fernand. Para uma economia histórica. *In:* Escritos Sobre a História. São Paulo: Perspectiva, 1978, p. 117).

CONCLUSÃO

No desenrolar do livro, a formação do Rio Grande na crise do sistema colonial português foi abordada através de seus aspectos políticos e econômicos. Todavia, o modo analítico e diacrônico de encarar os problemas tem o inconveniente de partilhar um processo histórico demasiado complexo. Esta conclusão objetiva a reconstituir minhas principais conclusões de maneira sincrônica, estabelecendo cronologicamente a escala dos eventos. Além disto, o fecho do trabalho servirá para sugerir novos problemas de pesquisa e também para um "acerto de contas" com as tradições historiográficas.

A delimitação de um espaço político no extremo-sul da América confunde-se com a própria história da concorrência entre as metrópoles Ibéricas após 1640. Foi pela sucessão de conflitos e acertos diplomáticos entre Portugal e Espanha, especialmente depois de 1763, que se inventou um *corpus* político no atual território do Rio Grande do Sul. E foi somente depois de 1777 que a conquista do Rio Grande se consolidou politicamente.

A conquista, no entanto, só poderia ser definitiva com a integração do território ao sistema colonial português. Pelo desenvolvimento do comércio direto entre o Rio Grande e Portugal se viabilizaria a exploração colonial, mas também a vinculação política da conquista com o seu monarca. Afinal, o comércio em direitura conectava as elites periféricas às elites econômicas centrais, assim como permitia a correspondência direta entre o governo local e os secretários do Rei, estruturando o Estado colonial na periferia do Império. O Império – a dominação política – se estruturava pelo sistema, a exploração colonial.

Daí os projetos – que começaram a aparecer na década de 1780 – para integrar economicamente o recém conquistado território ao sistema colonial. Foram concebidos numa perspectiva mercantilista que ordinariamente propunham desenvolver no Rio Grande a produção de mercadorias demandadas na Europa e, por extensão, o comércio direto com a metrópole. Antes do século XIX surgiram apenas "torções" deste ideário, planos de estabelecer relações de privilégios, quase "coloniais", entre uma e outra região da colônia.

Em paralelo, a expansão econômica do final do século XVIII, aliada ao secular desenvolvimento das colônias do Brasil, acabaram por atrair o Rio Grande à órbita econômica de "centros alternativos", Rio de Janeiro, em primeiro lugar, e o nordeste do Brasil secundariamente. Assim se entende a proposta de Luiz de Vasconcelos para, desde o Rio de Janeiro, monopolizar o mercado rio-grandense. Ao modo como o extremo-sul tradicionalmente se vinculava ao Império – pelo comércio de prata e de couros – sucedeu-se uma economia especializada na produção de alimentos para as regiões coloniais, marcando a integração dos mercados do litoral em torno dos gêneros alimentícios. Assim, é correto afirmar que a formação econômica do Rio Grande e este processo de integração não foram apenas processos simultâneos, mas também convergentes.

Tudo isso ocorria num contexto extremamente complexo, em que a Era das Revoluções aumentava consideravelmente os conflitos entre as Metrópoles. Pelos lados do Rio da Prata, as seguidas rupturas no tráfico legal espanhol aumentavam as oportunidades de negociações rendosas para o Império português. No entanto, contraditoriamente, a crise do sistema colonial espanhol contagiava o sistema colonial português, seja pela influência das ideias de inovação política, seja pelo crescimento do contrabando.

Sendo assim, na primeira década do século XIX a unificação dos mercados coloniais, o colapso do sistema colonial espanhol e o crescimento do contrabando tensionavam cada vez mais os laços que prendiam a colônia à metrópole. Paradoxalmente, o Rio Grande estava se formando num momento em que o Império era cada vez menos português. De certo modo, o projeto de Donald Campbell para o Rio Grande, que pretendia reforçar a interdependência entre os domínios portugueses na América, através do incentivo à produção de alimentos, e do uso de mão-de-obra branca e livre na Capitania, reflete o paradoxo. Afinal, na sua visão, uma "divisão imperial do trabalho", para usar a expressão de Cairu, deveria reforçar os laços coloniais.

A vinda da família Real para o Brasil solucionou provisoriamente as tensões. A unificação dos mercados coloniais americanos ganhou *status* político e um Império brasileiro, de inspiração napoleônica, passou a ser pensado na Corte. A perspectiva mercantilista desapareceu completamente e a "divisão imperial do trabalho" começou a ser interpretada como totalmente oposta ao sistema colonial. Desde então, a produção de alimentos para outras regiões do Brasil foi considerada como a "vocação natural" do Rio Grande e a colonização do extremo-sul com homens brancos se tornou uma ideia comum entre os memorialistas da época.

À ideia de Império agregava-se o sentimento expansionista frente à região do Prata. A política joanina no Brasil, ainda que com algumas hesitações, perseguiu a conquista da Banda Oriental, atual República do Uruguai, chamando o Brasil a ocupar suas "fronteiras naturais". O interesse com relação à margem norte do rio da Prata não estava mais voltado apenas à prata ou às riquezas naturais da região, mas a formar, junto com o Rio Grande, uma "barreira política" às inovações que se irradiavam desde os antigos domínios castelhanos e, por conseguinte, estabelecer um Império que não deveria temer em nada os seus vizinhos.

As aventuras portuguesas no Prata permitiram que o mercado riograndense capturasse parte do espaço econômico Oriental, reforçando as exportações de alimentos – especialmente de carne salgada – e invertendo, desde 1816, a tendência negativa da balança comercial marítima do Rio Grande. Em contrapartida, é muito provável que o comércio de argênteo tenha se afastado das convulsões platinas. A febre saladeiril foi parte de uma euforia econômica que atingiu especialmente as atividades de abastecimento e que logrou ultrapassar a crise econômica que afetou Portugal desde 1815. Aliás, o próprio processo de descolonização, iniciado em 1808, explica em parte a descolagem da conjuntura brasileira em relação à europeia.

No que diz respeito ao processo de descolonização – e aqui já estou apontando para questões a serem exploradas em outras pesquisas – é preciso chamar a atenção para dois momentos chaves: 1802-1803, quando houve uma sensível redução nos preços das mercadorias coloniais, um crescimento formidável do contrabando de mercadorias europeias e um novo colapso do comércio hispano-americano. E 1817, momento em que os produtos de abastecimento (farinha de mandioca e carne) alcançaram preços altíssimos, afetando a lucratividade do setor exportador que enfrentava a recessão na Europa. O modo contraditório pelo qual estas crises comerciais afetaram a economia colonial em seus diferentes setores, atingindo de modo distinto as diversas frações de classe, pode iluminar certos projetos políticos que surgiram na época: os planos imperiais de Donald Campbell são datados justamente de 1802. Já em 1817 teve-se o levante pernambucano, que propunha a saída revolucionária à crise.

Estas ideias remetem, portanto, a uma outra questão: dos projetos de integração do Rio Grande nas suas duas perspectivas hegemônicas, a mercantilista/eurocêntrica e a imperial/americanista, desdobra-se uma perspectiva revolucionária, a ser estudada em outro lugar. Seguramente, a influência das Revoluções platinas e das conspirações e levantes em outras capitanias se fizeram sentir no Rio Grande. Como já foi dito, em 1817 surgiram panfletos na vila de Rio Grande, simultâneos à revolta pernambucana; em 1820 houve a tentativa de levantar a vila de Cachoeira, em nome de Artigas, dos negros e dos índios. Certamente no interior destas "ideias de Revolução" haviam também projetos e planos que pensavam a relação entre o Rio Grande e o Império.

Além disso, relacionar a conjuntura e as flutuações econômicas com os projetos políticos mostrou ser uma via de análise fecunda. A expansão do final do século XVIII iluminou o processo de integração dos mercados do litoral e a opção pela "divisão imperial do trabalho" depois de 1808. A conjuntura recessiva, que iniciou depois de 1822 e se projetou até a década de 1840, talvez ilumine a tendência centrífuga que se observa na política regencial. Também uma inversão estrutural no comércio do Rio Grande com o Prata possivelmente esclarecerá o afastamento político da província mais meridional do Império na década de 1830.

Afinal, as Independências do Uruguai e da Argentina puseram fim às dificuldades de abastecimento de mercadorias europeias na região, existindo indícios que o Rio Grande passou a depender dos mercados platinos para obter os manufaturados.

A maneira pela qual se abordou a formação do Rio Grande já sugere qual a nossa posição no debate historiográfico gaúcho: se estou correto em dizer que o Rio Grande só pode ser considerado uma entidade política e econômica no final do século XVIII, a interpretação que mais se aproximou da "verdade do período" foi a matriz lusa. Finalmente, pode-se dizer que, na época estudada, o Rio Grande foi a "mais brasileira" de todas as capitanias, já que a sua formação econômica coincidiu com a formação de uma economia imperial "brasileira".

Isto não quer dizer, naturalmente, que esta ideia possa ser remetida aos tempos de Tordesilhas ou atualizada para os períodos mais recentes. A situação de fronteira e o jogo das "fidelidades alternativas" foram por muitas vezes mobilizados pelas frações de classes dominantes locais em conjunturas políticas e/ou econômicas adversas. Mesmo no período estudado existe um conjunto de tensões que sugere alternativas políticas e econômicas, pois através do comércio de alimentos, do contrabando e das políticas mercantilistas surgiam outros caminhos políticos. Ainda que a integração com os mercados brasileiros fosse cada vez mais forte e que, depois de 1808, a perspectiva "americanista" aponte para uma "alternativa brasileira", no imenso campo de possibilidades políticas aberto pela Era das Revoluções e pela crise do sistema colonial, as alternativas platina e portuguesa estavam na ordem do dia.

Outrossim, depois de 1808 parece ser cada vez mais correto raciocinar em termos de "opções" políticas. Curiosamente, o tema tradicional da historiografia gaúcha – a relação entre o Rio Grande do Sul e o Brasil – ganha validade a partir desta data. É que com a vinda da família Real se tratará de consolidar politicamente o Império do Brasil, e não o Rio Grande, capitania já consolidada. Desse modo, a integração aos mercados do litoral em grande parte explica o projeto hegemônico, mas seguramente não esgota as realidades políticas da época.

Quanto às tradições historiográficas dos atuais centros culturais do país, criticou-se principalmente a postura teórica que procura demonstrar o caráter estrutural do "mercado interno colonial". Na minha análise, a unificação dos mercados do litoral ocorreu numa conjuntura positiva determinada – a passagem do final do século XVIII para o XIX – quando, pelas crises de abastecimento e decorrente processo de descolonização, integraram-se os mercados do litoral em torno dos alimentos bases de uma economia nacional. Da mesma forma foi esta "novidade econômica" da década de 1810, que permitiu a descolagem momentânea da economia colonial frente ao *"Kondratieff"* europeu. Isso não quer dizer que, em conjunturas anteriores, processos similares e uma certa solidificação dos circuitos mercantis intercoloniais não tenham ocorrido. Contudo, dado o caráter *colonial* da economia e das instituições em análise – e nunca é exagerado realçar este aspecto – parece-me que estes fenômenos foram mais ou menos passageiros, relacionados a fases positivas na economia mundial. Isto ficou muito claro no capítulo 2, quando se mostrou que originariamente o extremo-sul se integrou aos circuitos mercantis coloniais pelo comércio de prata, couros e animais em pé e que, só na conjuntura do final do século XVIII, houve uma especialização em alimentos.

Entre as razões podem ser elencadas para explicar a fragilidade do comércio interior está a dependência do tráfico de mercadorias europeias para o fechamento dos circuitos. Assim, era a maior ou menor capacidade de importar este tipo de produto da Metrópole que habilitava as regiões centrais da colônia a comprar alimentos nas regiões periféricas. Desta forma, estou convicto em dizer que a capacidade dos mercados coloniais de abastecimento, para manter uma tendência positiva frente às conjunturas externas negativas, era pequena. Espero ter demonstrado isso nos capítulos 2 e 3. Apenas nas flutuações de curto prazo havia uma certa resistência no comércio de gêneros em acompanhar de modo imediato o desempenho da atividade exportadora, esta situação explica-se pela própria dinâmica da *plantation* e pelas condições (naturais e econômicas) distintas dos mercados coloniais.

Outro aspecto que ajuda a explicar a relativa dispersão do comércio interior é o próprio compromisso que as elites políticas e financeiras da colônia tinham com o mercantilismo. No capítulo 4 ficou muito claro que, mesmo para uma região totalmente voltada para o abastecimento, como era o Rio Grande na década de 1790, procurava-se estabelecer ligações mercantis com a metrópole havendo, inclusive, uma solidariedade entre as elites metropolitanas e regionais em relação ao projeto. É muito provável que a normalidade no sistema colonial português, antes de 1808, fosse a rivalidade entre as diversas elites coloniais em torno de privilégios, e a solidariedade de cada uma delas com o centro. Trata-se, portanto, do entorno institucional que caracterizava o sistema colonial português.

Não é demasido repetir, portanto, que somente com a crise do sistema colonial e a decorrente transformação das instituições após 1808 consolidou-se a integração dos mercados do litoral. E a "novidade econômica" acabou por ser oficializada politicamente com o surgimento de uma perspectiva "americanista", que iria criticar violentamente o estatuto econômico da colônia como visto no capítulo 4.

Na mesma linha foi o meu uso da ideia de Império que se tem popularizado na historiografia mais recente, normalmente em oposição ao conceito de sistema colonial. Como mostrou minha análise da geopolítica colonial e dos projetos de integração do Rio Grande, antes do início do século XIX as noções de domínio político e de totalidade das possessões coloniais devem ser pensadas em sua relação com o sistema colonial, e seguramente era assim que pensavam as personagens políticas da época. Por outro lado, o Império que se forjou depois de 1808 foi de natureza muito distinta: este um dos sentidos do título da tese, pois o Rio Grande se formou na passagem de um Império a outro.

Ao final das contas, se o "sentido da colonização" não chega para explicar a totalidade dos fenômenos da colônia, a supressão pura e simples desta ideia coloca a historiografia brasileira diante da incapacidade de esclarecer a especificidade histórica da questão colonial e, por consequência, torna-se ininteligível o processo de descolonização.

São Paulo, 21 de Julho de 2008

APÊNDICE

Balança de comércio.

Exportações, Importações e Saldos em réis (por praça)

Ano	Exportações	Importações	Saldo
1802			
Rio	477.071.380	666.566.370	-189.494.990
Bahia	208.294.000	172.216.530	36.077.470
Pernambucco	112.672.960	22.591.650	90.081.310
Portugal	0	19.642.560	-19.642.560
estrangeiros	0	0	0
outros	2.250.000	8.557.800	-6.307.800
	800.288.340	889.574.910	-89.286.570
1803			
Rio	592.275.370	536.577.085	55.698.285
Bahia	244.147.610	123.403.500	120.744.110
Pernambuco	103.363.340	35.063.305	68.300.035
Portugal	15.358.400	21.979.980	-6.621.580
estrangeiros	0	0	0
outros	9.871.900	13.380.295	-3.508.395
	965.016.620	730.404.165	234.612.455
1805			
Rio	683.156.020	754.711.650	-71.555.630
Bahia	226.244.260	187.567.110	38.677.150
Pernambuco	100.922.000	36.177.120	64.744.880
Portugal	7.034.000	16.161.430	-9.127.430
estrangeiros	0	0	0
outros	44.829.800	63.987.860	-19.158.060
	1.062.186.080	1.058.605.170	3.580.910
1808			
Rio	550.288.920	790.931.415	-240.642.495
Bahia	235.672.750	244.581.195	-8.908.445
Pernambuco	111.957.064	20.709.300	91.247.764
Portugal	0	0	0
estrangeiros	0	0	0
outros	71.020.900	60.717.630	10.303.270
	968.939.634	1.116.939.540	-147.999.906

1809			
Rio	355.219.280	761.989.560	-406.770.280
Bahia	234.532.720	266.734.900	-32.202.180
Pernambuco	83.081.960	19.031.870	64.050.090
Portugal	0	850.000	-850.000
estrangeiros	5.166.400	10.947.000	-5.780.600
outros	38.772.720	64.446.610	-25.673.890
	716.773.080	1.123.999.940	-407.226.860
1810			
Rio	520.619.140	686.355.440	-165.736.300
Bahia	309.622.720	217.570.590	92.052.130
Pernambuco	66.375.800	33.022.200	33.353.600
Portugal	0	0	0
estrangeiros	8.087.500	16.013.620	-7.926.120
outros	66.190.400	60.510.920	5.679.480
	970.895.560	1.013.472.770	-42.577.210
1811			
Rio	724.455.580	887.866.140	-163.410.560
Bahia	319.350.480	242.970.200	76.380.280
Pernambucco	130.263.650	37.729.700	92.533.950
Portugal	0	5.461.600	-5.461.600
estrangeiros	42.059.760	19.593.400	22.466.360
outros	35.856.760	65.720.110	-29.863.350
	1.251.986.230	1.259.341.150	-7.354.920
1812			
Rio	786.983.970	1.204.899.360	-417.915.390
Bahia	341.863.450	235.456.770	106.406.680
Pernambuco	122.902.600	43.763.200	79.139.400
Portugal	0	1.520.000	-1.520.000
estrangeiros	18.545.000	3.924.740	14.620.260
outros	60.576.770	85.479.320	-24.902.550
	1.330.871.790	1.575.043.390	-244.171.600
1813*			
Rio	1.023.410.520	1.324.645.732	-301.235.212
Bahia	-	-	-
Pernambuco	-	-	-
Portugal	-	-	-
estrangeiros	17.580.500	84.348.780	-66.768.280
outros	492.715.060	434.546.780	58.168.280
	1.533.706.080	1.843.541.292	-309.835.212

1814			
Rio	1.055.608.320	1.232.347.240	-176.738.920
Bahia	467.020.530	338.295.260	128.725.270
Pernambuco	109.560.840	53.139.500	56.421.340
Portugal	0	0	0
estrangeiros	119.277.640	6.596.000	112.681.640
outros	24.146.360	147.834.500	-123.688.140
	1.775.613.690	1.778.212.500	-2.598.810
1815			
Rio	993.801.400	1.343.847.720	-350.046.320
Bahia	452.681.430	195.740.720	256.940.710
Pernambuco	95.943.560	49.204.400	46.739.160
Portugal	0	0	0
Estrangeiros	18.860.800	1.762.500	17.098.300
outros	18.017.280	139.798.700	-121.781.420
	1.579.304.470	1.730.354.040	-151.049.570
1818			
Rio	1.252.673.746	1.690.312.300	-437.638.554
Bahia	653.724.800	374.540.300	279.184.500
Pernambuco	148.733.040	17.909.800	130.823.240
Portugal	0	0	0
estrangeiros	224.588.640	36.008.200	188.580.440
outros	18.330.400	36.055.570	-17.725.170
	2.298.050.626	2.154.826.170	143.224.456
1819			
Rio	909.946.564	1.462.658.760	-552.712.196
Bahia	519.046.760	267.556.540	251.490.220
Pernambuco	282.895.320	20.956.900	261.938.420
Portugal	0	1.943.600	-1.943.600
estrangeiros	87.263.140	29.996.860	57.266.280
outros	32.224.920	122.076.160	-89.851.240
	1.831.376.704	1.905.188.820	-73.812.116
1820			
Rio	1.172.369.476	1.409.759.780	-237.390.304
Bahia	571.173.160	425.614.940	145.558.220
Pernambuco	157.915.940	11.824.400	146.091.540
Portugal	0	11.200.000	-11.200.000
estrangeiros	94.503.200	21.496.630	73.006.570
outros	22.889.800	53.158.530	-30.268.730
	2.018.851.576	1.933.054.280	85.797.296

1821			
Rio	1.180.844.130	1.212.376.030	-31.531.900
Bahia	492.245.200	415.641.940	76.603.260
Pernambuco	179.810.400	23.081	179.787.319
Portugal	0	0	0
estrangeiros	137.884.760	44.329.900	93.554.860
outros	58.467.200	108.861.780	-50.394.580
	2.049.251.690	1.781.232.731	268.018.959

* *Em 1813 só consta o movimento mais geral, Bahia e Pernambucos estão classificados como "outros".*

Secretários de marinha e ultramar, vice-reis e governadores.
Secretários de marinha e ultramar (1770 – 1808).
Janeiro de 1770 – Martinho de Mello e Castro.
Março de 1795 – Luis Pinto de Souza.
Setembro de 1796 – D. Rodrigo de Souza Coutinho.
Junho de 1801 – visconde de Anadia (João Rodrigues de Sá e Melo Meneses e Souto Maior).
Vice-reis do Brasil (1769-1808)[451]:
1769 – marquês do Lavradio (D. Luis de Almeida Portugal Soares de Alarcão Eça e Melo Silva).
1779 – Luis de Vasconcelos e Souza.
1790 – conde de Rezende (D. José Luiz de Castro).
1801 – D. Fernando José de Portugal e Castro.
1806 – conde de Arcos (D. Marcos de Noronha e Brito).
Governadores do Rio Grande[452]:
1769 – José Marcelino Figueiredo (Manoel Jorge Gomes Sepúlveda).
1780 – Sebastião Xavier da Veiga Cabral Câmara.
1784 – Rafael Pinto Bandeira (interino).

---

451 Retirado de MACHADO, Lourival. Política e Administração sob os últimos vice-reis. *In:* HOLANDA, Sérgio B. *História Geral da Civilização Brasileira.* São Paulo: Difel, 1960, p. 367-376, T.I, Vol. 2..

452 Retirado de OSÓRIO, BERWANGER, SOUZA, *Catálogo de documentos..., op. cit.*, p. 235-236.

1786 – Joaquim José Ribeiro da Costa (interino).
1790 – Rafael Pinto Bandeira (interino).
1793 – Sebastião Xavier da Veiga Cabral Câmara.
1801 – Francisco João Roscio (interino).
1803 – Paulo José da Silva Gama.
1809 – Diogo de Souza.
1814 – marquês de Alegrete (Luis Teles da Silva Caminha e Meneses).
1818 – conde da Figueira (José Maria Rita de Castelo Branco Correia da Cunha Vasconcelos e Souza.
1820 – Governo Interino do Triunvirato.
1821 – João Carlos Saldanha Oliveira Daun.

REFERÊNCIAS BIBLIOGRÁFICAS

ACIOLI, GUSTAVO. *NEGÓCIO DA COSTA DA MINA*: OURO E AÇÚCAR, TABACO E TRÁFICO DE ESCRAVOS: CAPITANIA DE PERNAMBUCO (1654-1760), SÃO PAULO: FFLCH/USP, TESE DE DOUTORADO INÉDITA, 2008.

ACIOLI, Gustavo E MENZ, Maximilliano M. Resgate e Mercadorias: Uma análise comparada do tráfico luso-brasileiro em Angola e na Costa da Mina (século XVIII). *Afro-Ásia*, nº 37, 2008.

AGESTA, Luis. *El Pensamiento Politico del Despotismo Ilustrado*. Madrid: Instituto de Estudios Politicos, 1953.

ALDEN, Dauril. O período final do Brasil colônia, 1750-1808. *In:* BETHELL, Leslie. *História da América Latina*. São Paulo: Edusp, 1999, Vol. 2, p. 527-592.

ALENCASTRO, Luiz F. A Economia Política dos Descobrimentos. *In:* NOVAES, Adauto (org.). *A Descoberta do Homem e do Mundo*. São Paulo: Cia. das Letras, 1998, p. 193-207.

_____. Luiz Felipe. A Pena e o Pincel. *In*: STRAUMANN, Patrick (org.). *Rio de Janeiro, Cidade Mestiça*. São Paulo: Cia. das Letras, 2001, p. 133-162.

_____. Luiz Felipe de. *O Trato dos Viventes*: formação do Brasil no Atlântico Sul. São Paulo: Companhia das Letras, 2000.

ALEXANDRE, Valentim. Resposta à segunda nota crítica: Lains no País das Adivinhas. *In: Penélope*, nº 5, Lisboa, 1991. p. 165-178.

_____. Valentim. *Os Sentidos do Império:* Questão nacional e questão colonial na crise do Antigo Regime português. Porto: Edições Afrontamento, 1993.

_____. Valentim. Um momento crucial do subdesenvolvimento português: efeitos económicos da perda do Império Brasileiro. *In: Ler História,* n. 7, 1986. p. 3-45.

_____. Valentim. Um passo a frente, vários à retaguarda – resposta à nota crítica de Pedro Lains. *In: Penélope,* n° 3, Lisboa, 1991. p. 103-110.

ANDERSON, Perry. *Linhagens do Estado Absolutista.* 3ª ed. São Paulo: Brasiliense, 1995.

ARRUDA José Jobson de. *O Brasil no Comércio Colonial.* São Paulo: Ática, 1980.

_____. José J. A circulação, as finanças e as flutuações económicas. *In:* SERRÃO, J. e MARQUES, A (orgs.). *Nova História da Expansão Portuguesa.* [O império luso-brasileiro] Lisboa: Estampa, 1986, Vol. 8, p. 155-214.

_____. José J. Decadence or crisis in the Luso-brazilian Empire: A new model of colonization in the eighteenth Century. *In:* HAHR, (80:4), (865-878), November, 2000.

_____. José J. O sentido da colônia. Revisitando a crise do Antigo Sistema Colonial no Brasil (1780-1830). *In:* TENGARRINHA, José (org.). *História de Portugal.* São Paulo: UNESP/EDUSC, 2000, p.176-185.

ASDRÚBAL SILVA, Hernan. *El Comercio entre España y el Río de la Plata* (1778-1810). s/l: Banco de España, 1993.

AZCUY AMEGHINO, Eduardo. Agricultura, ganadería y diezmos en el obispado de Buenos Aires, 1782-1802: una comparación infructuosa. *In: La Otra Historia.* Economía, Estado y sociedad en Río de la Plata Colonial (253-292), Buenos Aires: Imago Mundi, 2002.

_____.Eduardo. Comercio exterior y comercio de cueros en el virreinato del Río de la Plata. *in: La Otra Historia:* economía, Estado y sociedad en el Río de la Plata colonial. (17-81), Buenos Aires: Imago Mundia, 2002.

BARAN, Paul. O conceito de excedente econômico. *In: A Economia Política do Desenvolvimento*. 3ª ed. Rio de Janeiro: Jorge Zahar, 1972, p. 79-99.

BARICKMAN, Bert J. *Um Contraponto Baiano. Açúcar, fumo, mandioca e escravidão no Recôncavo, 1780-1860*. Rio de Janeiro, Civilização Brasileira, 2003.

BEAUD, Michel. *História do Capitalismo. De 1500 aos nossos dias*. 3. ed. São Paulo: Brasiliense, 1991.

BEER, G. L. *The Old Colonial System*. Vol. 1, New York: Macmillan, 1908.

BENTO, Cláudio Moreira. 190° aniversário da campanha do Exército de D. Diogo de Souza pacificador da Banda Oriental 1811/1812. *In: O Guararapes*, 32, jan.-mar. 2002, p. 5-7.

BICALHO, Maria F. *A Cidade e o Império:* O Rio de Janeiro no século XVIII. Rio de Janeiro: Civilização Brasileira, 2003.

BLACKBURN, Robin. *The Making of New World Slavery*. London/New York: Verso, 1997.

_____. Robin. *A Queda do Escravismo Colonial*. Rio de Janeiro: Record, 2002.

BLOCH Marc. *Introducción a la Historia*. 2. ed. México: FCE, 1957.

BOXER, Charles. *O Império Marítimo Português* (1415-1825). São Paulo: Cia. das Letras, 2002.

_____. Charles. *Salvador de Sá e a Luta pelo Brasil e Angola*. 1602-1686. São Paulo: Ed. Nacional, 1973.

BRAUDEL, Fernand. *Civilização Material Economia e Capitalismo:* (3 vols.). São Paulo: Martins Fontes, 1997-1998.

_____. Fernand. História e Sociologia. *In: Escritos Sobre a História*. São Paulo: Perspectiva, 1978.

_____. Fernand. *O Mediterráneo y el Mundo Mediterráneo en la Época de Felipe II*. (2 vols.) 4ª reimpr. Mexico: FCE, 1997.

_____. Fernand. Para uma economia histórica. *In: Escritos Sobre a História*. São Paulo: Perspectiva, 1978, p.115-124.

BROWN, Jonathan. Dynamics and autonomy of a traditional marketing system: Buenos Aires, 1810-1860. *HAHR*, vol. 56, n. 4, 1976, p.605-629.

_____. *Historia Socioeconómica de la Argentina. 1776-1860*. Buenos Aires: Siglo XXI, 2002.

BUSHNELL, David. A Independência da América do Sul Espanhola. *In*: BETHELL, Leslie (org.). *História da América Latina. Da Independência até 1870*. São Paulo: Edusp, 2001, vol. 3, p. 119-186.

CANABRAVA, Alice. *O Comércio Português no Rio da Prata (1580-1640)*. 2. ed. São Paulo/Belo Horizonte: Ed. da USP/Itatiaia, 1984.

CARDOSO, Ciro F. *Economia e Sociedade em Áreas Coloniais Periféricas:* Guiana Francesa e Pará (1750-1817), Rio de Janeiro: Graal, 1984.

CARDOSO, Fernando H. *Capitalismo e Escravidão no Brasil Meridional*. O Negro na Sociedade Escravocrata do Rio Grande do Sul. 2ª ed. Rio de Janeiro: Paz e Terra, 1977.

CARDOSO, José Luís. *Nas malhas do Império*: A economia política e a política colonial de D. Rodrigo de Souza Coutinho. In: A Economia Política e os dilemas do Império luso-brasileiro. Lisboa: CNCDP, 2001.

_____. *O Pensamento Económico em Portugal nos Finais do século XVIII. (1780-1808)*. Lisboa: Estampa, 1988.

CARVALHO, Delgado de. *História Diplomática do Brasil*. São Paulo: Cia. Editora Nacional, 1959.

CARRARA, Angelo Alves. *Minas e Currais. Produção Rural e Mercado Interno de Minas Gerais*, 1674-1807. Juiz de Fora: Editora da UFJF, 2007.

CESAR, Guilhermino. *História do Rio Grande do Sul*. Período Colonial. São Paulo: Editora do Brasil, 1980.

CHRISTELOW, Allan. Great Britain and the Trades from Cadiz and Lisbon to Spanish America and Brazil, 1759-1783. *In:* HARH, p.2-29. n. 27, 1947.

COATSWORTH, John. American trade with European Colonies in the Caribbean and South America, 1790-1812. *In: The Wiliam and Mary Quaterly*, 3ª. serie, vol. 24, n. 2, p. 243-266, 1967.

COSTA, Leonor Freire. *O transporte no Atlântico e a Companhia Geral do Comércio do Brasil* (1580-1663). Lisboa: CNCDP, 2002, Vol. 1.

CUENCA ESTEBAN, Javier. Comercio y hacienda en la caida del Imperio Español, 1778-1826. *In:* FONTANA, Josep (org.). *La Economía Española al Final del Antiguo Régimen*. II Comercio y Colonias. Madrid: Alianza Editorial, 1982, p. 389-453.

_____. Javier. The markets of Latin American exports, 1790-1820. A comparative analysis of international prices. *In:* JOHNSON, Lyman L. e TANDERTER, Enrique. *Essays on the Price History of Eighteenth-Century Latin-America*. Albuquerque: University of New Mexico Press, 1990, p. 373-399.

_____. Javier. Statistics of Spain's Colonial Trade 1792-1820: Consular duties, cargo inventories, and balances of trade. *In: HAHR* 61(3) (381-428), 1981.

_____. Javier. The United States balance of payments with Spanish America and the Philippine Islands, 1790-1819: estimates and analysis of principal components. *In:* BARBIER, Jacques and KUETHE, Allan. (ed.) *The North American Role in the Spanish Imperial Economy*. Manchester: Manchester University Press, 1984, p. 28-70.

DAVIS, Mike. *Holocaustos Coloniais:* Clima, fome e imperialismo na formação do Terceiro Mundo. Rio de Janeiro: Record, 2002.

_____. Ralph. *The Rise of the Atlantic Economies*. New York: Cornell University Press, 1973.

DEYON, Pierre. *O Mercantilismo*. São Paulo: Perspectiva, 1973.

DIAS, Maria O. S. A interiorização da Metrópole. *In:* MOTA, Carlos. G. (org.) *1822 Dimensões*. São Paulo: Perspectiva, 1972, p. 160-186.

Diniz, Adalton. *Centralização Política e Apropriação de Riqueza*. Análise das finanças do Império Brasileiro (1821-1889). São Paulo: FFLCH/USP [tese de doutorado], 2002.

Farinatti, Luis A. *Trajetórias Familiares, Estratégias Sociais e Produção Agrária na Campanha Rio-Grandense*. (1830-1870). Relatório de qualificação de doutorado, inédito, UFRJ, 2005.

Ferlini, Vera L. A. *Terra, Trabalho e Poder*. O mundo dos engenhos no Nordeste colonial. São Paulo: Brasiliense, 1988.

Finley, Moses I., *A Economia Antiga*. 2. ed., Porto: Ed. Afrontamento, 1986.

Fischer, *The Great Wave:* Price revolutions and the rythm of History. New York: Oxford University Press, 1996.

Fisher, H. E. S. *De Methuen a Pombal*. O comércio anglo-português de 1700 a 1770. Lisboa: Gradiva, 1984.

_____. John. *Commercial Relations Between Spain and Spanish America in the Era of the Free Trade, 1778-1796*. London: Centre of Latin American Studies, University of Liverpool, 1985.

_____. John. Commerce and Imperial Decline: Spanish trade with Spanish America, 1797-1820. *in: Journal of Latin American Studies*, vol. 30, n. 3, 1998, p. 459-479.

Florentino, Manolo. *Em Costas Negas:* Uma história do tráfico de escravos entre a África e o Rio de Janeiro. São Paulo: Cia. das Letras, 1997.

Fragoso, João L. R. *Homens de Grossa Aventura:* acumulação e hierarquia na praça mercantil do Rio de Janeiro (1790-1830). 2. ed. rev., Rio de Janeiro: Civilização Brasileira, 1998.

_____. João, Gouvêa, Maria de F., Bicalho, Maria F. Introdução. *In: O Antigo Regime nos Trópicos*. A dinâmica imperial portuguesa (séculos XVI-XVIII). Rio de Janeiro: Civilização Brasileira, 2001, p. 21-25.

_____. João e Florentino, Manolo. *O Arcaísmo como Projeto*. Mercado atlântico, sociedade agrária e elite mercantil em uma economia colonial tardia Rio de Janeiro, c. 1790 – c. 1840. 4. ed. rev. Rio de Janeiro: Civilização Brasileira, 2001.

FRANÇA, José A. Burguesia pombalina, nobreza mariana, fidalguia liberal. *In:* SANTOS, Maria H. C. *Pombal Revisitado.* Lisboa: Estampa, 1984, vol. 1, p.19-33

FRUTUOSO, E., GUINOTE, P., LOPES, A. *O Movimento do Porto de Lisboa e o Comércio Luso-Brasileiro (1769-1836).* Lisboa: CNCDP, 2001.

FURTADO, Celso. *Formação Econômica do Brasil.* 14. ed. São Paulo: Companhia Editora Nacional, 1976.

GELMAN, Jorge. *Campesinos y Estancieros.* Una región del Rio de la Plata Colonial. Buenos Aires: Editorial de los libros de Riel, 1998.

GENOVESE, Eugene e Fox-Genovese, Elizabeth. *Fruits of Merchant Capital.* Slavery and bourgeois property in the rise and expansion of capitalism. New York: Oxford University Press, 1983.

GIL, Tiago. *Infiéis Transgressores:* Os contrabandistas da fronteira (1760-1810). [Dissertação de mestrado]. Rio de Janeiro: UFRJ, 2002.

GODECHOT, Jacques. *Europa e América no Tempo de Napoleão.* (1800-1815). São Paulo: Livraria Pioneira/Edusp, 1984.

_____. Jacques. *As Revoluções.* (1770-1799). São Paulo: Livraria Pioneira, 1976.

GODINHO, Vitorino Magalhães. Finanças pública e estrutura de Estado. *in: Estudos.* Sobre a História de Portugal II, Lisboa: Livraria Sá da Costa, 1968, p. 25-63.

GOLIN, Tau. *A Guerra Guaranítica.* Como os exércitos de Portugal e Espanha destruíram os Sete Povos dos jesuítas e índios guaranis no Rio Grande do Sul. 2. ed. Passo Fundo/Porto Alegre: Ediupf/Editora da UFRGS, 1999.

GORENDER, Jacob. *O Escravismo Colonial.* 3. ed., São Paulo: Ática, 1980.

Grespan, Jorge. O estruturalismo da Cepal na obra de Raúl Prebisch. *In: História UNISINOS,* 3(5) (105-125). São Leopoldo, 2001.

_____. Jorge. **O Negativo do Capital.** São Paulo: Hucitec, 1999.

_____. Jorge. Urbanização e economia mineradora na América: O caso de Potosí. *In:* AZEVEDO, Francisca L. N. e Monteiro, John. (orgs.). *Raízes da América Latina.* São Paulo: Edusp, 1996, p. 303-316.

GUTFREIND, Ieda. *A Historiografia Rio-grandense.* Porto Alegre: Ed. da UFRGS, 1992.

_____. Ieda. *A Construção de uma Identidade:* A historiografia sul-rio-grandense de 1925-1975. São Paulo: FFLCH/USP, [tese de doutorado], 1989.

HAMILTON, Earl J. Guerra e Inflacion en España (1700-1800). *In: El Florecimiento del Capitalismo:* y Otros Ensayos de Historia Económica. Madrid: Revista de Occidente, 1948, p. 137-184.

_____. Earl. *El Tesoro Americano y La Revolución de los Precios en España.* Barcelona: Ariel, (1. ed. inglesa de 1934), 2000.

_____. Earl. La inflación de beneficios y la Revolución Industrial. *In: El Florecimiento del Capitalismo:* Y otros ensayos de Historia Económica. Madrid: Revista de Occidente, 1948, p. 27-48.

HECKSCHER, Eli F. *La Epoca Mercantilista.* Historia de la organizacion y las ideas economicas desde el final de edad media hasta la sociedad liberal. Mexico: FCE, 1983.

HERRERO, Pedro P. *Comercio y Mercados en América Latina Colonial.* Madrid: Mapfre, 1992.

HOBSBAWM, Eric. Da história social à história da sociedade. *In: Sobre a História.* (83-105), São Paulo: Cia. das Letras, 1998.

_____. Eric. *A Era das Revoluções.* 16. ed. São Paulo: Paz e Terra, 2002.

HOLANDA, Sérgio B. A Colônia de Sacramento e a expansão no extremo sul. *In: História da Civilização Brasileira.* Do descobrimento à expansão territorial. 5. ed. Rio de Janeiro / São Paulo: Difel, 1976, T.I, vol. 1, p. 322-363.

IZARD, Miguel. Comercio líbre, guerras coloniales y mercado americano. *In*: NADAL, Jordi e TORTELLA, Gabriel. *Agricultura, Comercio Colonial y Crecimiento Económico en la España Contemporánea.* Barcelona: Ariel, 1974, p. 322-321.

JANCSÓ, István. *Na Bahia Contra o Império.* História do ensaio de sedição de 1798. São Paulo/Salvador: Hucitec/Edufba, 1995.

JOHNSON JR., Harold B. A preliminary Inquiry into money, prices, and wages in Rio de Janeiro, 1763-1823. *In:* DAURIL, Alden. *Colonial Roots of Modern Brazil.* Berkeley: University of California Press, 1973, p. 231-283.

KONDRATIEFF, Nikolai. Las ondas largas de la conyuntura. *In:* KONDRATIEFF, N. D. e GARVI, G. *Las Ondas Largas de la Economia.* (1-61). Madrid: Revista de Occidente, 1946.

KUETHE, Allan e BLAISDELL, Lowell. French influence and the origins of the Bourbon Colonial Reorganization. *In: HAHR* 71(30), (579-607), 1991.

KULA, Witold. Las investigaciones históricas sobre los precios. *In: Problemas y Métodos de la Historia Económica.* 3. ed. (403-480). Barcelona: Ediciones Peninsula, 1977.

LABROUSSE, Ernest. La crisis de la economía francesa al final del antiguo regimen y al principio de la revolución. In: *Fluctuaciones económicas e historia social.* Buenos Aires: Editorial Tecnos, 1973.

LAINS, Pedro. Foi a perda do Império Brasileiro um momento crucial do subdesenvolvimento português. *In: Penélope,* n. 3, Lisboa, 1989, p. 92-102.

_____. Pedro. Foi a perda do Império Brasileiro um momento crucial do subdesenvolvimento português - II. *In: Penélope,* n. 5, (151-163), Lisboa, 1991, p. 151-163.

Liss, Peggy K. *Los Imperios Trasatlánticos:* Las redes del comercio y de las Revolucinoes de Independência. 2. ed. México: FCE, 1995.

Lynch, John. As origens da Independência da América espanhola. *In*: Bethell, Leslie (org.). *História da América Latina.* Da Independência até 1870. São Paulo: Edusp, 2001, vol. 3, p. 19-72.

Macedo, Jorge B. Mercantilismo. In: SERRÃO, Joel. *Dicionário de História de Portugal.* Porto: Livraria Figueirinhas, 2002.

Machado, Lourival. Política e Administração sob os últimos vice-reis. *in:* Holanda, Sérgio B. *História Geral da Civilização Brasileira.* São Paulo: Difel, 1960, T – I, Vol. 2.

Madureira, Nuno L. *Mercados e Privilégios.* A indústria portuguesa entre 1750-1834. Lisboa: Estampa, 1997.

Manchester, Alan K. *Preeminência Inglesa no Brasil.* São Paulo: Brasiliense, 1973.

Marcílio, Maria L. A população do Brasil Colonial. *In:* Bethell, Leslie. *História da América Latina.* São Paulo: Edusp, 1999, vol. 2, p. 311-338.

Mariutti, Eduardo B. *Colonialismo, Imperialismo e o Desenvolvimento Econômico Europeu.* Campinas: IE/Unicamp, [tese de doutorado], 2003.

Mauro, Frédéric. A conjuntura atlântica e a Independência do Brasil. *In:* Motta, Carlos G. *1822: Dimensões.* São Paulo: Perspectiva, 1972, p. 38-47.

_____. Frédéric. *Portugal. o Brasil e o Atlântico 1570-1670.* (2 Vols.). Lisboa: Estampa, 1997.

Mattoso, Kátia. *Da Revolução dos Alfaiates à Riqueza dos Baianos no século XIX.* Itinerário de uma historiadora. Salvador: Corrupio, 2004.

MAXWELL, Keneth. *A Devassa da Devassa*. A Inconfidência Mineira: Brasil e Portugal, 1750-1808. Rio de Janeiro: Paz e Terra, 1977.

_____. Keneth. A geração de 1790 e a idéia de império luso-brasileiro. In: *Chocolate, Piratas e Outros Malandros*. Ensaios Tropicais. São Paulo: Paz e Terra, 1999, p. 157-208.

_____. Keneth. Pombal e a nacionalização da economia luso-brasileira. In: *Chocolate, Piratas e Outros Malandros*. Ensaios Tropicais. São Paulo: Paz e Terra, 1999, p. 125-156.

_____. Keneth. *Marquês de Pombal Paradoxo do Iluminismo*. São Paulo: Paz e Terra, 1997.

MELO, Evaldo C. *O Nome e o Sangue*. Uma fraude genealógica no Pernambuco Colonial. São Paulo: Cia. das Letras, 1989.

MENZ, Maximiliano M. Os escravos da feitoria do linho cânhamo: trabalho, conflito e negociação. In: *Afro-Ásia*, n. 32, Salvador, 2005, p. 139-158.

_____. Maximiliano M. Producción ganadera y formas de propriedad: Río Grande do Sul a comienzos del siglo XIX. In: *Razón y Revolución*. (93-106). n. 12, Verão de 2004.

_____. Maximiliano M.. A Revolta dos Dragões em Rio Grande: uma nova abordagem sobre um velho tema. In: *História UNISINOS*. 3(5), (217-244). São Leopoldo, 2001.

MONTEIRO, Jonathas da C. R. *A Campanha de 1801*. Tomada dos Sete Povos Missioneiros. Separata dos "Anais" do Terceiro Congresso de História Nacional (IV Volume). Rio de Janeiro: Imprensa Nacional, 1942.

_____. Jônathas da C. R. A Dominação Espanhola no Rio Grande do Sul. In: *Anais do Simpósio Comemorativo do Bicentenário da Restauração do Rio Grande (1763-1777)*. Rio de Janeiro: IHGB/IGHMB, 1979, vol. 4.

MORAES, José G. V. e REGO, José M. *Conversa com Historiadores Brasileiros*. São Paulo: Editora 34, 2002, p. 119-144.

MORENO FRAGINALS, Manuel. *O Engenho*. Complexo sócio-econômico açucareiro cubano. São Paulo: Hucitec, 1988, vols. 1, 2 e 3.

MOTA, Carlos Guilherme. *Idéia de Revolução no Brasil*. Petrópolis: Vozes, 1979.

_____. Carlos G. *Nordeste 1817*. São Paulo: Perspectiva, 1972.

NEUMANN, Eduardo. *O Trabalho Guarani Missioneiro no Rio da Prata Colonial 1640-1750*. Porto Alegre: 1996.

NOVAIS, Fernando. Condições da privacidade na colônia. *In*: História da Vida Privada no Brasil. Cotidiano e privacidade na América Portuguesa. São Paulo: Cia. das Letras, 1998.

_____. Fernando. A Descolonização da História. Entrevista com Fernando Novais por Sylvia Colombo. *In:* Mais!. *Folha de São Paulo*. 20/11/2005.

_____. Fernando. *Portugal e o Brasil na Crise do Antigo Sistema Colonial*. 6. ed. São Paulo: Hucitec, 1995.

OSÓRIO, Helen. *Estancieiros, Lavradores e Comerciantes na Constituição da Extremadura Portuguesa na América:* Rio Grande de São Pedro, 1737-1822. Niterói: Tese de doutorado, UFF, 1999.

_____. Helen. BERWANGER, Ana R. SOUZA, Susana B. *Catálogo de Documentos Manuscritos Avulsos Referentes à Capitania do Rio Grande do Sul existentes no Arquivo Histórico Ultramarino, Lisboa*. Porto Alegre: Corag, 2001.

PALACIOS, Guillermo. *Cultivadores Libres, Estado y Crisis de la Esclavitud en Brasil en la Época de la Revolución Industrial*. Ciudad de Mexico: FCE, 1998.

PEDREIRA, Jorge. *Estrutura Industrial e Mercado Colonial Portugal e Brasil (1780-1830)*. Lisboa: Difel, 1994.

_____. Jorge. From Growth to Collapse: Portugal, Brazil, and the Breakdown of the Old Colonial System (1760-1830). *In:* HAHR, 80:4, (839-864), 2000.

_____. Jorge. *Os Homens de Negócio da Praça de Lisboa de Pombal ao Vintismo (1755-1822)*. Diferenciação, reprodução e identificação de um grupo social. Lisboa: Universidade Nova de Lisboa, 1995.

PEREZ, Osvaldo. Tipos de produccion ganadera en el Rio de la Plata Colonial. La estancia de alzados. *in:*AZCUY AMEGHINO, Eduardo (org.). *Poder Terrateniente, relaciones de producción y orden colonial.* Buenos Aires: García Gambeiro, 1992, p. 151-184.

PICCOLO, Helga. O processo de Independência no Rio Grande do Sul. *In:* MOTA, Carlos G (org.). *1822: Dimensões.* São Paulo: Perspectiva, 1972, p. 355-376.

PIMENTA, João Paulo. *Estado e Nação no Fim dos Impérios Ibéricos no Prata.* São Paulo: Hucitec, 2002.

PINTO, Virgílio Noya. *O Ouro Brasileiro e o Comércio Anglo-português.* São Paulo: Cia. Ed. Nacional, 1979.

PRADO JR., Caio. *Evolução Política do Brasil.* 6. ed., São Paulo: Brasiliense, 1969.

PRADO JR. Caio. *Formação do Brasil Contemporâneo.* 20. ed. São Paulo: Brasiliense, 1986.

_____. Caio Prado. *História Econômica do Brasil.* 34. ed. São Paulo: Brasiliense, 1986.

POLANYI, Karl. La economía como actividad institucionalizada. *In:* POLANYI, Karl. *Comercio y Mercado en Los Imperios Antiguos.* Barcelona: Labor Universitaria, 1974.

_____. *A Grande Transformação.* As origens de nossa época. Rio de Janeiro: Campus, 1980.

PORTO, Aurélio. *História das Missões Orientais.* 2. ed., Porto Alegre: Livraria Selbach, 1954, vol. 2.

QUINN, Wiliam H. A study of Southern Oscillation – related climatic activity for A.D. 622-1900 incorporating Nile River Flood data. *In:* DIAZ, Henry F. MARKGRAF, Vera. *El Niño Historical and Paleoclimatic Aspects of the Southern Oscillation.* Londres: Cambridge University Press, 1993, p. 119-149.

REICHEL, Heloísa. *Os Caminhos do contrabando entre a Província de Rio Grande de São Pedro e o Vice-reinado do Prata no tardio colonial (1776-1801).* [artigo inédito], 2001.

_____. Heloísa, GUTFREIND, Ieda. *As Raízes Históricas do Mercosul.* A Região Platina Colonial. São Leopoldo: Ed. Unisinos, 1996.

_____. Heloisa J. e SILVA, Julio C.D. O Cabildo de Buenos Aires e as Práticas de Cidadania. *In: Estudos Leopoldenses,* Série História (5-23), 1(2), 1997.

RIBEIRO JR., José. *Colonização e Monopólio no Nordeste Brasileiro.* São Paulo: Hucitec, 1976.

ROBERTO SCHMIT, Miguel. Del reformismo colonial borbónico al librecomercio: las exportaciones pecuarias del Río de la Plata (1768-1854). *In: Boletín del Instituto de Historia Argentina y Americana* n. 20, 1999, p. 69-103.

ROCHA, Antonio Penalves da. *A Economia Política na Sociedades Escravista.* São Paulo: Hucitec, 1996.

_____. Maria M. e SOUSA, Rita M. Moeda e Crédito. *In:* LAINS, Pedro e SILVA, Álvaro F. (org.). *História Económica de Portugal.* [o século XVIII]. Lisboa: ICS, 2005, vol. 1.

ROMANO, Ruggiero. *Conyunturas Opuestas:* La crisis del siglo XVII en Europa e Hispanoamérica. Mexico: FCE, 1993.

_____. Ruggiero. *Mecanismo y Elementos del Sistema Económico Colonial Americano.* Siglos XVI-XVIII. México: FCE, 2004.

SAMPAIO, Antonio C. *Na Encruzilhada do Império.* Hierarquias sociais e conjunturas econômicas no Rio de Janeiro. Rio de Janeiro: Arquivo Nacional, 2001.

_____. Antonio C. O mercado carioca de crédito: da acumulação senhorial à acumulação mercantil. *In:Estudos Históricos.* 29, (29-49), Rio de Janeiro, 2002.

SANTO, Miguel F. do Espírito. *O Rio Grande de São Pedro Entre a Fé e a Razão.* Introdução à História do Rio Grande do Sul. Porto Alegre: Martins Livreiro, 1999.

SANTOS, Corcino Medeiros dos. *Economia e sociedade do Rio Grande do Sul:* século XVIII. São Paulo: Ed. Nacional, Brasília: INL, 1984.

_____. Corcino. O comércio hispano-lusitano do Rio da Prata, na crise do sistema colonial. *In: Estudos Ibero-Americanos.* Porto Alegre, XV(2), 1989, p. 327-346.

_____. *O Rio de Janeiro e a Conjuntura Atlântica.* Rio de Janeiro: Expressão e Cultura, 1993.

SANTOS, Eugénio. A administração portuguesa no sul do Brasil durante o período pombalino: denúncias ao abuso do poder. A questão indígena. *In:Revista da Faculdade de Letras.* Historia II série, vol. XIII, p. 387-402, Porto, 1996.

SCHWARTZ, Stuart. Roceiros e escravidão: alimentando o Brasil nos fins do período colonial. *In: Escravos Roceiros e Rebeldes.* Bauru: EDUSC, 2001, p. 123-170.

_____. Stuart. *Segredos Internos:* Engenhos e escravos na sociedade colonial. 2ª reimpr., São Paulo: Cia. das Letras, 1999.

SIDERI, Sandro. *Comércio e Poder:* Colonialismo informal nas relações anglo-portuguesas. Lisboa/Santos: Edições Cosmos/Martins Fontes, 1978.

SILVA, Andrée M.D. Portugal e o Brasil: a reorganização do Império, 1750-1808. *In:*BethELL, Leslie. *História da América Latina.* América Latina Colonial. São Paulo: Edusp, 1998, vol. 1, p. 477-518.

SILVA, Augusto da. *A Ilha de Santa Catarina e sua Terra Firme. Estudo sobre o governo de uma capitania subalterna.* [tese de doutorado] São Paulo, FFLCH/USP, 2007.

SILVA, Francisco C. T. As crises de subsistência no Brasil colônia. *In: Morfologia da Escassez:* Crises de subsistência e política econômica no Brasil

_____. Pierre Reflexiones sobre la "crisis de tipo antiguo", "desigualdad de las cosechas" y subdesarrollo. *In: Economía, Derecho, Historia.* Barcelona: Ariel, 1983, p. 13-42.

VILLALOBOS, Sergio R. *Comercio y Coontrabando en el Rio de la Plata y Chile.* Buenos Aires: EUDEBA, 1965.

VIVES, Vicens. La industrialización y el desarrollo ecnómico de españa de 1800 a 1936. *In:Conyuntura Económica y Reformismo Burgués:* Y otros estudios de Historia de España. Barcelona: Ariel, 1969, p. 145-156.

WADDEL, D.A.G. A política internacional e a Independência da América Latina. *In*: BETHELL, Leslie (org.). *História da América Latina.* Da Independência até 1870. São Paulo: Edusp, 2001, vol. 3, p. 231-265.

WRIGHT, Charles M. "Review". In: *The Journal of Political Economy*, vol. 17, n. 5 , maio 1909.

FONTES DOCUMENTAIS

Textos de época

Almanach da Cidade do Rio de Janeiro. 1792, 1794. (BNL, Códs. 1691 e 1692).

ALMEIDA, Gouveia de. *Memória Sobre a Capitania do Rio Grande. Ou influência da conquista de Buenos Aires pelos Ingleses em toda a América e meios de promover seus efeitos*. RACL, Ms. 648, 1806.

ANÔNIMO. *Notícia Geral do Comércio*. (prov. 1793). Lição 9 (BNL, Cód. 11.260).

_____. *Reflexões sobre dois decretos de 8 e 29 de janeiro de 1789*. (IHGB, Lat.-44, doc. 18).

AZARA, Felix. Memoria rural del Río de la Plata (1801). *In:* CORTESÃO, Jaime. *Do Tratado de Madri à Conquista dos Sete Povos* (1750-1822). Manuscritos da Coleção de Angelis. Rio de Janeiro: Biblioteca Nacional, 1969, p. 445-457.

BACON, Francis. *Ensaios sobre Moral e Política*. (3. ed. no original de 1623). Bauru: Edipro, 2001.

BARRETO, Domingos Alves M. *Observações Relativas à Agricultura, Comércio e Navegação do Continete do Rio Grande de São Pedro no Brasil* (1796?). BN (29,13,28).

BETTAMIO, Sebastião Francisco. Notícia Particular do Continente do Rio Grande do Sul (1780). *In:* RIGHB, Rio de Janeiro, 1858, t. 21, p. 239-299.

BRITO, J. Rodrigues *Resposta aos oficiais da câmara* (1807). *In:* CALMON, F. M. *A Economia Brasileira no Alvorecer do Século XIX.* Salvador: Livraria Progresso, s/d, p. 51-146.

CHAVES, Antonio José Gonçalves. *Memórias Ecônomo Políticas Sobre a Administração Pública do Brasil.* [1822] Porto Alegre: Erus, 1978.

COUTINHO, Rodrigo de Souza. Discurso sobre o comércio de Itália relativamente ao de Portugal (1796). *In:*RACL. *Memórias Econômicas Inéditas (1780-1808).* Lisboa, 1988, p. 301-318.

_____. Rodrigo de Souza. Memória sobre o melhoramento dos domínios da América. (1798) *In*: MENDONÇA, Marcos C. *O Intendente Câmara.* Manuel Ferreira da Câmara Bethencurt e Sá, intendente geral das Minas e dos diamantes (277-299). São Paulo: Cia. Ed. Nacional, 1958.

COUTINHO, Joaquim da Cunha Azeredo. Discurso sobre o estado atual das Minas do Brasil (1804). *In: Obras Econômicas de J.J. da Cunha Azeredo Coutinho.* São Paulo: Cia. Editora Nacional, 1966, p. 187-229.

_____. Joaquim da Cunha Azeredo. Ensaio Econômico sobre o Comércio de Portugal e Suas Colônias (1794). *In: Obras Econômicas de J.J. da Cunha Azeredo Coutinho.* São Paulo: Cia. Editora Nacional, 1966, p. 55-172.

FERNANDES, Domingos J. M. Descrição Corográfica da Capitania do Rio Grande São Pedro do Sul (1804) *In:. Pesquisas,* 15, ano 5, 1961, p. 17-88.

ISABELLE, Arsène. *Viagem ao Rio Grande do Sul* (1833-1834). Porto Alegre: Martins Livreiro, 1983.

LAVRADIO, Marquês. Relatório do Márquez de Lavradio vice-rei do Rio de Janeiro, entregando o governo a Luiz de Vasconcelos e Souza que o sucedeu no vice-reinado (1779). RIHGB, p. 409-486, t.4, 1842.

_____. Marquês do. *Cartas do Rio de Janeiro*. Rio de Janeiro: Instituto Estadual do Livro, 1978.

LINIERS, Conde de. *Memoria sobre o Porto do Rio Grande do Sul*. AN, Cód. 807, vol. 10.

LISBOA, José da S. *Memória dos Benefícios Políticos do Governo de El-Rey Nosso Senhor D. João VI*. Rio de Janeiro: Impressão Régia, 1818.

MAGALHÃES, Manoel Antonio de. Almanack da Vila de Porto Alegre (1808). *In*: FREITAS, Décio. *O Capitalismo Pastoril*. Porto Alegre: Escola Superior de Teologia São Lourenço de Brindes, 1980, p. 76-102.

_____. Manoel Antonio de. Memória S/Título. (1805) BN, Col. Linhares, 29, 15, 41.

MUN, Thomas. *La Riqueza de Inglaterra por el Comercio Exterior*. (1664 da ed. inglesa). Mexico: FCE, 1996.

ROSCIO Francisco João. Compêndio Noticioso (1781). *In:* FREITAS, Décio, *O Capitalismo Pastoril*. (105-140) Porto Alegre: Escola Superior de Teologia São Lourenço de Brindes, 1980.

SILVA, Francisco de Araujo e. *Cópia de uma memória apresentada em junho de noventa e nove ao Exmo. Marquês Mordomo mor* [Marquês de Ponte de Lima] *que disse havê-la proposta ao Príncipe Nosso Senhor*. (IHGB, Lat.-l9, doc. 5).

SOUZA Luiz de Vasconcelos. Relatório do vice-rei do Estado do Brasil Luiz de Vasconcelos ao entregar o governo ao seu sucessor o Conde de Resende (1789). *In:* RIHGB, T-23, 1860, p. 143-239, t. 23.

VASCONCELOS, Antonio L. de Brito. *Memórias sobre o estabelecimento do Império do Brasil ou novo Império Lusitano.* (1811?) *In: Anais da Biblioteca Nacional*. Rio de Janeiro, 1920-1921, p. 3-48, vols. 43-44.

colônia (Salvador e Rio de Janeiro, 1680-1790). Niterói, UFF [tese de doutorado], 1990, p. 178-276.

SIMONSEN, Roberto. *História Econômica do Brasil*. 3. ed., São Paulo: Cia. Editora Nacional, 1957.

SOBOUL, Albert. *História da Revolução Francesa*. 3. ed., Rio de Janeiro: Jorge Zahar, 1981.

SODRÉ, Nelson W. *Formação Histórica do Brasil*. 2. ed. São Paulo: Brasiliense, 1963.

_____. Nelson W. Azeredo Coutinho. Um economista colonial. *in: A Ideologia do Colonialismo*. 2. ed., Rio de Janeiro: Civilização Brasileira, 1966, p. 19-37.

TEJERINA, Marcela. La lucha entre España y Portugal por la ocupación del espacio: una valoracion alternativa del Tratado de San Ildefonso de 1777. *In: Revista de História*, 136 (31-40), São Paulo, 1996.

_____. Marcela. Perspectivas de frontera: los lusitanos en el espacio portuario rioplatense a fines del Antiguo Régimen. *In: História Unisinos*. São Leopoldo, 2001, vol. 3, p. 11-42.

TOMAZ, Fernando. As Finanças do Estado Pombalino 1762 – 1776. *In*: VVAA. *Estudos e Ensaios em Homenagem a Vitorino Magalhães Godinho*. Lisboa: Livraria Sá e Costa, 1988, p. 351-388.

TOURON, Lucía Sala de, TORRE, Nelson de la, RODRÌGUEZ, Julio C. *Artigas y Su Revolución Agrária 1811-1820*. 2. ed., México: Siglo XXI, 1987.

VELLINHO, Moyses. *Capitania d'El-Rei:* Aspectos polêmicos da formação Rio-grandense. 2. ed. Porto Alegre: Ed. Globo, 1970.

VILAR, Pierre. Conyunturas. Motín de Esquilache y crisis de antiguo régimen. *In: Hidalgos, Amotinados y Guerrilleros:* Pueblo y poderes en la historia de España, Barcelona: Grijalbo, 1982, p. 63-92.

_____. Pierre. Os primitivos espanhóis do pensamento econômico: 'quantitativismo' e 'bulionismo'. *In: Desenvolvimento Econômico e Análise Histórica*. Lisboa: Presença, 1982, p. 227-253.

VILHENA, Luis dos S. Carta décima-sete (aprox. 1799) *In:A Bahia no século XVIII.* Salvador: Itapuã, 1969, vol. 3, p. 593-614.

_____. Luis do Santos. *Pensamentos Políticos Sobre a Colônia.* (aprox. 1799) Rio de Janeiro: Arquivo Nacional, 1987.

Coleções de documentos e cartografia.

AHRS. Correspondência do Governador Paulo José da Silva Gama com o Ministério (1802-1809). *In: Anais do Arquivo Histórico do Rio Grande do Sul*, 1998, p. 114-347, vol. 12.

Arquivo Histórico Ultramarino.Documentos Manuscritos Avulsos Referentes à Capitania do Rio Grande do Sul. *CDS do Projeto "Resgate Barão do Rio Branco.*

CESAR, Guilhermino. *Primeiros Cronistas do Rio Grande do Sul.* 2. ed. Porto Alegre: Ed. da UFRGS, 1981.

FURLONG, Guillermo. *Cartografia Jesuitica del Rio de la Plata.* Buenos Aires, 1936.

HESPANHA, Antonio M. (int.). *Cartografia e Diplomacia no Brasil do século XVIII.* Lisboa: CNCDP, 1997.

INEL, *Balanças Gerais do Comércio do Reino de Portugal com os seus Domínios e Nações estrangeiras* (1812-1820).

IBGE, *Estatísticas Históricas do Brasil.* Séries Econômicas, Demográficas e Sociais. 2. ed. revista (vol. 3). Rio de Janeiro: IBGE, 1990.

IHGRS. Memorial da câmara da Vila de Porto Alegre (1803). *In:* RIHGRS, 128, Porto Alegre, 1992.

Secretaria de Estado de Cultura. *Las Relaciones Luso Españolas en Brasil durante los siglos XVI al XVIII.* Madrid: Ministerio de educación cultura y deporte/Secretaria de estado de cultura, s/d.

RADAELLI, S. *Memorias de los Virreys del Rio de la Plata.* Buenos Aires, 1945, p. 25-197.

ABREVIATURAS

AAHRS – Anais do Arquivo Histórico do Rio Grande do Sul.
AG – Avisos de Governo.
CG. – Correspondência dos governadores.
CS – Colônia de Sacramento.
Cód. – Códice.
Cx. – caixa.
doc. – documento.
FCE – Fonde de Cultura Económica
L – livro.
Lat. - Lata.
Vol. – volume.
HAHR – Hispanic American History Review.
INEL – Instituto Nacional de Estatística, Lisboa.
RACL – Real Academia de Ciências de Lisboa.
RIHGB – Revista do Instituto Histório e Geográfico Brasileiro.
RIHGRS – Revista do Instituto Histórico e Geográfico do Rio Grande do Sul.
RJ – Rio de Janeiro.
RJC – Real Junta de Comércio.
RS – Rio Grande.

AGRADECIMENTOS

A publicação deste livro, que assombrou praticamente oito anos da minha vida, encerra em definitvo um ciclo. É justo, portanto, rememorar aqui algumas das pessoas que de um jeito ou de outro atravessaram o seu processo de produção.

Mas começarei pelo início: antes de mais nada tenho de agradecer ao prof. e maestro Werner Altmann. Antes dele lecionar na Unisinos – isto já deve fazer muito mais de dez anos – a USP era uma realidade muito distante para mim. Já ao prof. Jorge Grespan agradeço por ter aceitado uma orientação em uma área que não é exatamente a sua especialidade; seguro, porém, que sem a sua referência e a sua ajuda, a tese não ultrapassaria as discussões paroquiais e este livro jamais teria sido publicado. Não bastassem os quase 5 anos de orientação, tenho de agradecer o seu belo prefácio e todas as diligências para obter o auxílio da Fapesp para publicação do livro.

Enquanto estive no Rio Grande do Sul contei com o apoio das profas. Heloísa Reichel, Helga Piccolo, Sílvia Petersen e dos profs. Luiz A. Farinatti e Fábio Khun. Aqui em SP, nos dias de USP, agradeço as orientações e conversas com os professores, Lincoln Secco, Pedro Puntoni e com as profas. Ana Paula Meggiani, Vera Ferlini Ana Lúcia Nemi. Tenho de lembrar ainda dos colegas à época, Danilo Ferreti, Rosângela Leite, Lucas Janoni, José Evando de Mello, Rodrigo Ricupero, Augusto da Silva e Pablo Month Serrath.

Em Lisboa os profs. Jorge Pedreira e Nuno Monteiro deram o apoio institucional necessário para eu desenvolver minha pesquisa. Os profs.

John Fisher, Fábian Harari e Javier Cuenca Esteban me enviaram textos que não pude obter nas bibliotecas daqui.

Depois de terminar o doutorado desenvolvi pesquisas no Cebrap, uma parte delas incorporada neste livro, onde tive a oportunidade de discutir com um grupo excelente de pesquisadores. Registrarei aqui apenas os nomes de José Lindomar Coelho e Cristiane Furtado com quem mantenho uma sólida amizade. Na Unifesp, onde venho desenvolvendo um projeto de jovem pesquisador desde o ano passado, tenho recebido o apoio dos profs. Luis Felipe Silverio e Wilma Peres.

Este livro talvez não saísse, ou então sairia de modo muito diferente e provavelmente não nesta década sem o apoio especial de duas pessoas. Em primeiro lugar, minha editora Joana Monteleone que durante mais de três meses procurou convencer-me a publicar a tese de doutorado e me deu total liberdade para fazer as necessárias modificações para transformar a tese em livro. Já o meu grande amigo e companheiro intelectual, professor Gustavo Acioli, foi uma das poucas pessoas que leu esta versão e fez alguns comentários importantes que procurei incorporar; espero sinceramente que a publicação do livro seja um incentivo para que ele finalmente decida-se a publicar a sua importante tese de doutorado.

Começo agora com as referências mais "domésticas". Com o Mario e com o Daniel eu dividi um apartamento aqui em São Paulo por mais de dois anos; cada um seguiu o seu caminho, mas vez que outra nos encontramos, ainda que eles morem "do outro lado do rio".

Minha família lá no Rio Grande do Sul fez o possível para me apoiar nesta jornada. Meu irmão, Rafael, me agüentou durante um ano e meio em seu apartamento em Porto Alegre; meu pai, Walter, e minha irmã, Guta, me deram uma bem-vinda ajuda financeira para poder sobreviver aos dias de desemprego; minha mãe, Iara, gastou centena de horas com rezas para um ateu. Minha família paulistana, ou seria melhor dizer "cambuciana", Roberto, Martha, Felipe, Marisa e Dona Linda, me aceitou como agregado desde 2006.

Finalmente, uma lembrança muito especial para a Nina. Quando a conheci só tinha uns esboços de dois capítulos escritos. Ela não apenas presenciou os momentos finais de elaboração da tese, como ajudou muito na sua conclusão e revisão. Desde então a Nina tem me acompanhado neste relativamente longo período de vida após-doutorado, tolerando meu modo cáustico e desorganizado de ser, mas incentivando meu hábito em acumular livros. Esta obra é um presente para ela que pela primeira vez vai ganhar de mim um livro com a dedicatória impressa.

Impresso na primavera de 2009
pela gráfica: Gráfica Parma